文化叢刊

青春之歌

追憶1970年代台灣左翼青年的一段如火年華

鄭鴻生 著

目次

楔子

那是個令人心神不寧的早春夜晚，我坐在小斗室裡傾聽著外頭的車聲，尤其是吉普車的聲音，神經隨著車聲的漸近與漸遠也跟著緊繃然後鬆弛，幾天來都是如此提心吊膽、反覆不已。

這個不到十米見方的小斗室，在擺上一張單人床、一張小書桌、一個小書架以及一個達新塑膠衣櫃之後，就沒有太多轉圜餘地了。斗室雖小，但門戶獨立，一個離家北上求學的大學生住起來是相當舒適。這間租屋位於台灣大學實驗農場邊緣、靠近公館的蟾蜍山腳下，一出門沒幾步路就是台大的實驗農場。平常上課的日子，我就騎著腳踏車搖搖晃晃穿過一片片農田，再跨過基隆路(今天的舟山路)進到校園。不到學校的日子，我也可以窩在這裡，到聚集在山腳下的小吃店解決口腹問題。

對於一個即將畢業的大四學生，這真是單純而詩意的大學生活最後的時光。然而單純的日子早就放棄，詩情畫意離我更遠，在最後一個學期開學前的那幾天，我突然陷入一個無力抗衡的處境。幾天來我的大學夥伴黃道琳、錢永祥、宋秩銘……，他們已經一個個被吉普車帶走，我哲學系的老師陳鼓應與王曉波也隨之步入後塵。而吉普車是從警備總部開出來的。

幾天來每當我獨處蟾蜍山腳的這間小斗室，對於外頭傳來的吉普車聲就特別敏感。雖然盤算好警總抓人的下一波應該就輪到我了，心裡頭也似有所準備，但每當一輛吉普車聲由遠而近傳來時，我的心神也不免跟著逐漸緊抽，直到車聲遠離。要命的是附近就有一個小軍營，吉普車是一天到晚進進出出。

那天晚上好友蘇元良來到蟾蜍山腳陪伴我，正當我們陷入周遭師友多已「進去了」的茫然中，他的女朋友突然推門而入。她遠從台大校門口跑來，上氣不接下氣告訴我們，有一個人在那裡引刀自刎，手上還拿著大字報寫著要求釋放錢永祥的字樣。我們一驚而起，推想這位以自己的生命來抗議明志的勇者，除了我們的老朋友郭譽孚外別無他人，於是急忙趕往校門口。但趕到時那裡已經回復平靜，郭譽孚已被送往醫院。

這是民國62年2月18日華燈初上之時，郭譽孚手上拿著的抗議海報寫的是：

「和平、統一、救中國」

「釋放愛國學生錢永祥、周一回」。

▪ ▪ ▪

郭譽孚送到台大醫院後挽回一命，我也幸運逃過此劫，而進去了的師友也都陸續放了出來。但是在1970年代初期的台灣，龐然的黨國機器這麼猛然的一擊，確實立即收到令人噤若寒蟬的效果。這是學校剛註完冊還沒開學的早春二月，距離我們在民國60年春天介入引爆台大學生保衛釣魚台運動，隨後又捲進台大校園的民主抗爭，還不到兩年的時光。

在白色恐怖依然籠罩的1970年代之初，台大學生曾經不顧威權體制的高壓，在保衛釣魚台運動的帶動下，掀起過一場學生民主抗爭，包括爭取言論自由、廢除審稿制度、普選學生會主席、全面改選中央民代，以及走出校園關懷弱勢的「上山下鄉」等等訴求[1]。這一連串的校園民主抗爭，卻在學生中的左右翼對民族主義問題的激烈爭辯，並引來黨國當局對左翼學生的嚴厲鎮壓之後戛然而止。這個校園民主抗爭的熱鬧景象起於民國60年春天的保釣運動，一直維持到民國62年春天警總動手抓人後告終，前後整整兩年。隨後當局更於民國63年以「台大哲學系事件」來肅清殷海光在台大的殘餘影響。

我們這群師生與台大哲學系有著或多或少的牽連，或者是系裡的老師與學生，不然就是以哲學系學生錢永祥爲中心聚到一起的各方好友。而我們在那幾年的活動以及最後闖的禍，看似「台大哲學系事件」的前奏，卻應該倒過來看，「台大哲學系事件」其實是我們那幾年狂飆般橫衝直撞的必然結局。

在高壓的威權體制下，我們這群學生從中學時代起就個別受到羅素、殷海光、李敖、陳映真等人反抗精神的影響。從高中到大學我們先是摸索著一條追尋個人之自由權利以及個性之全然解放的道路而成長，我們追尋的是一條個體的反抗之路。上了大學之後，大家因緣際會湊到了一塊，並一起介入了歷史

1 這段珍貴歷史曾經詳實載於洪三雄《烽火杜鵑城——1970年代台大學生運動》（自立晚報社，民國82年）。

性的保衛釣魚台運動。而保釣運動卻激發了我們原本就已深受感染的 1960 年代全球性叛逆激情。從此我們發現了一條另類出路，一條不只追求個人自由，並且也要求集體解放之路。我們不只是爲了自我的個體而去反抗各種形式的壓迫，也憧憬著一個集體的、全人類的解放前景。相對於黨國的威壓、專搞身分認同的族群意識，以及號稱追求個體自由卻又孳生出霸權行徑的英美式民主等這些「右傾」勢力，我們自認是選擇了一條「左翼」之路，一條對任何形式的壓迫都抱著終極反抗態度的道路。我們於是懷著這樣的激情介入了當時台灣大學的校園民主抗爭，直到黨國出手鎮壓爲止。

這個台灣遲來而又短命的「60 年代」如今看似消逝得無影無蹤，而我們的理想與奮鬥也似一蹶不振。但台灣後來發生的一連串政治變化、牽涉到的議題理念、激盪出來的情懷，卻都可在這裡找到其原型或變種。這是「台灣民主化」過程的一個重要轉捩點，今天很多糾結難解的理念、情結與意識形態都已在這裡逐步成形並互相交鋒。

三十年之後，這些往事竟還歷歷在目，而其中的恩怨情仇更不時湧上心頭，是以在這歷史性的關鍵時刻，奮筆寫下這群熱血青年一起走過的這段如火年華，正是「不信青春喚不回，不容青史盡成灰」。

1970年代初的台大校門口。在羅斯福路與新生南路之交，「博士書店」招牌隱約可見。這時台大校門口並無圍牆，是黨外競選演說的好廣場。1971年四月，從這校門口走進台大，馬上可看見大學論壇社掛在農推館側牆、十分醒目的一對「中國的土地」與「中國的人民」保釣大布條。

1973年春天，郭譽孚沿著羅斯福路走來，在博士書店要了張紙，再走到對面的「大學口」以血明志，抗議情治單位的拘捕學生。

羅斯福路四段盡頭，那座迷濛的小山頭即是蟾蜍山。我從大三起賃居北麓，南麓有條萬盛街沿著瑠公圳支流而行。黃道琳等人曾在這條街住過，是我們製作保釣大布聯並激盪另類思想的所在。

當時，瑠公圳在新生南路部分並沒有加蓋，像條小河。往北走不遠，台大側門斜對面有家「全成冰果室」，是我們編輯《大學論壇》時混跡之處，也在這裡看了不少黃俊雄電視布袋戲。（陳雪梨提供）

第一章
前夜

認識錢永祥，是在 1970 年代之初，民國 59 年的早春，我剛上大學的第一年。

下學期開學不久的一個雨夜，我照例在台大總圖書館讀書。就像一般外地來的學生，我所住的八個人一間、燈光昏暗、擁擠不堪的男生宿舍並不適合做功課，只好經常來到圖書館。何況老圖書館裡高敞而典雅的大閱覽廳更提供了某種神聖的學術氣氛，就成了我上台大之後第一個學期經常流連之處。

然而就在這個下雨的春夜，心理系的蘇元良突然急切來到圖書館找上我，興奮地要我，還有政治系的鄭梓，同他一起加入大學論壇社，還說論壇社的錢永祥已經答應了。當晚我與元良一樣興奮，收起書本，同他一起憧憬著加入大學論壇社的種種前景。元良和鄭梓都是同我一起從台南一中北上求學的好友，在高中時代我們就對號稱台大最有思想深度的刊物《大學論壇》景仰萬分。

就在不久前上學期即將結束之際，我才在總圖書館門口看到了一疊剛出爐的《大學論壇》第 29 期。這一份我素來崇拜的刊物，如今厚厚一冊讓我捧在手上更是沉甸甸的，很有份量的感覺。它的整張封面封底是以新潮的騎馬釘裝訂，上面印著一幅抽象表現派作品，布紋紙的材質更讓整個圖畫有了立體感，當時真是不同凡響。

刊物裡頭兩個響噹噹的名字，社長李潮雄與總編輯錢永祥，更是如雷貫耳了。翻開一看這期的內容，從鄔昆如的存在主義與孫隆基的中西文化比較，到張照堂的普普音樂，曹永洋和但漢章的新潮電影與戲劇，可說涵蓋了大半的前衛論題，而最後還有一長篇英格瑪柏格曼的經典名片〈第七封印〉腳本的全文翻譯。這些內容可說是當時台灣文化圈的菁華產品了，足以讓我抱著崇敬之心詳細拜讀，而今元良居然有此膽識，拉著我們這些南部來的去加入這個文化菁英群，心中自是十分雀躍。

大啓蒙時代

這時的台灣，低雲壓境。曾在 1950、60 年代位居台灣思想界風暴之心的台灣大學，正陷入青黃不接的低潮。從 1950 年代就撐起反抗黨國威權大纛的哲學系教授殷海光，與在 1960 年代初大聲要求「老年人交出棒子」[1]，為年輕人發洩出滿腔鬱悶的歷史系出身的李敖，以及他們個別參與甚深的《自由中國》與《文星》雜誌，都早已陸續封筆或遭禁。而李敖聯合殷海光的

1　這裡的「老年人」當然不是一般的老年人，而是指政治與意識形態領域的當權者。

殷福生先生追思禮拜

時間：中華民國五十八年九月廿一日下午三時

地點：臺北市新生南路三段九十號懷恩堂

台灣知識青年自由精神的啟蒙者，威武不屈的台大哲學系教授殷海光先生，生於西元 1919 年，逝於西元 1969 年 9 月 16 日。當作者聽到了這個悲愴的消息時，正在竹子坑接受大專入學前的暑期集訓。五年後，又是在軍中服役時，作者聽到台大哲學系的大整肅，殷海光的影響遂被清除殆盡。（殷海光基金會提供）

其他學生在1960年代中期延續五四論述，並用以攻擊威權體制而挑起的「中西文化論戰」，這時也不再是熱門議題，原來熾熱的論辯火花幾乎灰飛煙滅，當年的參與者不是身陷囹圄，遭到封口，就是遠走高飛，流散四方[2]。

殷海光與李敖等人於1950、60年代台灣的勇猛衝撞，爲我們這些戰後出身，活在反共教育與白色恐怖陰影下的知識青年，極爲關鍵地引發了思想啓蒙與精神解放的作用。當父親還必須將《自由中國》雜誌偷偷藏在衣櫃深層的時候，讀中學的我已經有更多機會接觸到比《自由中國》更有企圖去挑戰到威權思想核心的《文星》雜誌，以及主導這個挑戰的李敖從《傳統下的獨白》開始的諸種著作。雖然殷海光與李敖的書多被查禁，但年輕的一代仍然可以在舊書店的角落或街角的書攤，偷偷買到翻版書。

殷海光對於當年陷於威權體制精神困境中的知識青年而言，除了是一位民主自由的鬥士之外，更具威力的毋寧是他在思想方法上的論述。殷海光是當年邏輯經驗論的引進者，這套西方顯學成了他用來批判威權體制的強大武器，爲青年學子「發揮相當重要的啓蒙功能，打破了舊有的神話、傳統與偶像」[3]。而最重要的是，殷海光爲年輕人提供了獨立思考、不盲從於既定秩序與主流價值的一個大丈夫威武不屈的精神典範。

年輕而叛逆的李敖施展出來披荊斬棘的大動作，對整整一

2　參與論戰的殷海光的學生何秀煌、許登源、洪成完等人這時或已出國，或是偃旗息鼓了。

3　錢永祥與邱義仁關於台大哲學系事件的對話：〈自由主義早到了〉，刊於《中國時報·人間副刊》，民國84年7月27、28日。

代年輕人的影響就別具意義了。他不從政治層面，而從在文化與個體的層次來進攻威權體制，結果更有力地撼動了它的整個精神樑柱。當年學生所感受到的切身問題其實並不全在政治體制上，很大一部分來自整個教育體制的威權式管教、日以繼夜的考試以及師長喋喋不休的虛僞道德教條。這時的黨國威權體制號稱繼承了中華五千年道統，然而學生舉目所見，看到的那些直接管教者，包括校長、訓導處、教官與老師，以及地方首長與民代等那些政治人物，絕大多數配不上這個道統的標準，不少甚至與之背道而馳。當年的黨國威權體制就是以這個「道統」之名來管教學生，開始追尋理想的年輕學子一方面親身感受到教育體制的壓迫與地方政治的糜爛，另一方面卻又迷惑於高高在上的「道統」的神聖性，內心充滿了矛盾。

李敖爲我們這些迷惑的青年學子揭穿了這個「道統」的欺騙性。他並不直接攻擊政權本身，而是挖其牆角，尤其是意識形態的牆角。《傳統下的獨白》一書所散放出來的反抗權威的精神，對一個處於叛逆期的中學生而言可謂正中下懷，胸中快感的發洩真是難以言喻。他也開始間接挑戰國民黨的反共宣傳，當他寫到民國38年那時，一些北大教授爭先恐後搶搭飛機逃到台灣的種種醜態，令人極爲驚訝，原來台灣那麼多「德高望重」的大師，竟多是政權的共謀？而留在那裡沒走的倒還可能是有風骨的君子了？

在「中西文化論戰」中，李敖與其戰友進一步以「全盤西化」來全面進攻盤據在台灣思想與文化領域的各種「牛鬼蛇神」，等於是剝除了當年跟著國府來到台灣的那批學術思想大師的「神聖外衣」。這些都是對黨國的反共意識形態的嚴厲挑戰。雖然當局立即發現這些挑戰者問題的嚴重，進而全面查禁他們的書刊，而這個文化論戰的議題至今也未塵埃落定，但從此而後「西化」與「現代化」的信念遂取得了道德的優勢，幾乎成了受過這次洗禮的我們這一代人的不歸路。黨國的「道統」在有理想的青年心目中基本上一去不返，它在台灣苦心灌輸的反共意識形態接著也在較有社會意識的年輕人心中開始動搖。

殷海光與李敖在這個時期的奮鬥，有若讓五四運動的歷史在台灣重演了一遍，爲戰後出生的台灣青年補了一門重要的中國現代化之課。雖然當時環境與條件已經大爲不同，有如傅大爲所說的「脈絡的斷裂」[4]，卻又弔詭地爲其追隨者鋪上了「左傾反帝」的一條路，即使殷海光曾熱心介紹過主張徹底自由市場的海耶克，而李敖提倡的則是徹底的個性解放。

但是到了 1970 年代初，這些起過深遠影響的人物卻不見蹤影。李敖不只早已離開台大，也被全面封嘴，年輕的我們只能在地攤與舊書店偷偷尋找他的翻版書，渾然不知他已捲入謝聰敏、魏廷朝與彭明敏等人的政治案件。而高舉台大抗議精神大纛的殷海光，則不僅早被禁止演講與發表，甚至禁止教書，終至積憤成疾，而於前一年辭世[5]。

與此同時，文學界卻有一個深沈而動人的聲音出現，這是充滿著強烈社會意識的陳映真的小說。從〈我的弟弟康雄〉到

---

4 傅大為〈科學實證論述歷史的辯證——從近代西方啓蒙到台灣的殷海光〉，《台灣社會研究季刊》第一卷第四期 (民國 77 年)，頁 11-56。

5 殷海光逝世於民國 58 年 9 月 16 日，享年 50 歲。關於殷先生的生平與著作，請參閱桂冠圖書公司的《殷海光全集》，以及即將出版的錢永祥等編著《殷海光導讀》。

〈將軍族〉，再到〈一張張悽慘無言的嘴〉，他的短篇小說對他所謂「市鎮小知識份子」的我們這種人有著無以倫比的震撼力。然而就在我們高中時代爲他的小說感動不已時，也不知道他已經因爲要進一步去實踐理想，而於民國 57 年就身陷囹圄了。

這些前輩在中學時期賜予我諸多思想養分，讓我熱烈地浸淫在他們的理想與激情之中，然而當我在民國 58 年秋天懷著憧憬之情，從南部來到他們活動所在的台北，來到台大社會系就讀時，哲人已渺，已不見他們的活動與身影。在入學前的大專暑訓，我就從同在營中的元良處相繼聽到陳映真已經入獄，而殷海光辭世了的消息，心中落寞之情難以言喻。因此，即使這時我還懷著初上大學的喜悅之情與新鮮之感，卻無法不感受到這種斷裂的情境與沈鬱的氣氛，恍如一個尙待啓蒙的黑暗時代，有人才剛點燃幾支火把，倏忽間卻被撲滅得乾乾淨淨。

尋覓殷海光的足跡

我於是在落寞與困惑中度過了大學的第一個學期，大半時間沈浸在老圖書館的學院氣氛之中。然而就在第一個學期即將結束之際，這麼一本豐厚的《大學論壇》又爲我點燃起心中之火，讓人重新看到希望之光。而緊接著元良又來拉人入夥大學論壇社，就更令人興奮了。

這時候的大學論壇社社長是電機系二年級的李潮雄，總編輯是哲學系二年級的錢永祥。他們兩個人在就讀建國中學時就是建中青年社的編輯夥伴，而《建中青年》在當時全台灣中學生的文藝青年心目中，則是最有學問與深度，最代表前衛、進步與叛逆的標竿，因此他們兩位以及其他在刊物上留名的，也都成了我們胸懷大志的高中生敬佩的對象。如今他們又同在台大接編《大學論壇》，更是讓人拭目以待。

在這缺乏導師的年代，可以突破威權體制對知識與消息封鎖的任何人物，都是大家渴求賜教的對象，而錢李兩人的大學論壇社也奮力扮演著這麼一個校園火種的角色。民國 58 年秋天他們上了大二，剛接手論壇社的這個學期，曾經辦過一場談「存在主義的希望概念」演講會，剛上大學的我就在這一次講演會上第一次「瞻仰」了他們。

演講會的講者是剛從德國慕尼黑大學拿到哲學博士，回到台大哲學系任教的鄔昆如。鄔昆如以他的學位與才識，及其帶來的德國學院風格，在當時人才有些凋零的哲學系自然馬上受到器重，負責教授重要的「西洋哲學史」課程，也頗受學生歡迎。大學論壇社舉辦的這場講演會，就由直接到歐洲取經的鄔昆如來談源自歐洲的存在主義，當然吸引力十足，把演講廳擠得水洩不通。

存在主義在當時是個流行卻又危險的題目，被當局指稱是與共產思想有著曖昧的關係，而來聽演講的學生也都懷抱著危險的期盼，希望聽到一些另類的反抗訊息。鄔昆如以其學識及口才雖能將這危險的題目講得安然無恙，充滿知性的深度，卻難以完全滿足學生壓抑著的渴求，不免令人有些失望。然而演講完後，他對著圍繞周圍不死心的學生又講了一個回國時的小故事，終於彌補了這個心理距離。他說當他回國入關時，行李上有一本紅樓夢的英文譯本，無知的檢查人員只看到封面上那麼一個斗大的英文「Red」字樣，就當成「匪書」沒收了。這個故事讓大家在失笑之餘，也與他同仇敵愾起來了。

就在這次演講會上，我初次見到了錢永祥與李潮雄，他們的樣子卻是大大超乎我原來所能想像。本就英挺的主持人李潮雄當晚穿著十分筆挺合身的全套深色西裝，白襯衫上繫著一條紅領帶，頭髮梳理得很整齊，英俊白晰的臉龐上戴著一副當年流行的黑框眼鏡，散發著文士的風流倜儻。剛從南部來的我衣著神色皆不脫土氣，所穿長褲還是從父親舊西褲修改而來，完全沒能想像一個大學生能有整套筆挺西裝的打扮。

錢永祥的風采卻又完全不同。我原來就聽說他是蒙古族，因此想找出心目中那種能夠馳騁大漠的模樣，卻是徒勞。我這天看到了一位憤怒青年，他那泛紅的臉色、緊抿的嘴唇、拉長的臉、以及滿頭捲曲凌亂的衝冠怒髮，在在顯露著他那滿腔的不快，發散出的是對這時代的深切憤怒。台大顯然沒能提供他追求知性的條件[6]。

聚義全成冰果室

於是在雨夜的圖書館之約後一個晴朗的春日，錢永祥約了蘇元良、鄭梓和我三個人在新生南路台大側門對面的「全成冰果室」見面。當年新生南路中央的瑠公圳尚未加蓋，沒有水泥化的水道像條小溪，溪旁還稀疏長著兩排柳樹，在台大新生南

6　後來才知道他這時正處於失戀心碎的狀態，而這竟與這年夏天從美國回台探親的郭松芬有關。

路側門有一座橋通到對街，頗有小橋流水的味道。這天早上我們三個人興奮而緊張地來到全成，看到錢永祥與李潮雄兩人已經坐在那兒。錢永祥依然滿頭亂髮，罩著滿臉怒意，而梳著整齊亮髮的李潮雄則不時露出一抹與英俊臉龐不太搭配的犬儒笑意。他們的心神顯然被一件重大的事情盤據，對我們三個小毛頭的加入似乎抱著可有可無的態度。

他們兩人猛抽著菸，相對無語。桌上除了茶水外還散放著一堆文稿，正是下一期論壇的稿件，編輯部原來就在這家冰果室。而後不久我們又發現，整個大學論壇社主要就是社長與總編輯這兩個人，偶而會出現一位商學系女生，但她主要負責的是拉廣告。於是在全成冰果室見面之後，我們就成了那裡的常客，尤其我課餘沒事就往那裡探。當時全成是家傳統的冰果室，製冰的設備與配飲料的工作檯都放在店前，佔掉前面大半店面，剩下的只能擺一排桌椅，中間一條走道通到裡面較為寬敞卻又陰暗的座位區。

錢永祥總是選擇進門不遠的亮處坐著，可以看到外面，我每次去就見到他坐在那裡若有所思，眼睛瞪著外面，抽著悶菸，喝著熱檸檬茶[7]。他常常不把每根菸抽完，甚至有時沒抽幾口就捏熄在煙灰缸裡，好像點燃那根菸只是圖幾口之快。而且每根菸不管抽了多少，在還沒放棄前就已被又抽又咬又捏得歪七扭八，尤其是濾嘴部分，最後又被用力捏熄在煙灰缸裡成了一堆不像樣的東西。他的不快隨著吐出的煙霧瀰漫在空中，又酸又苦的熱檸檬茶則讓滿腔的憤怒化為酸澀。雖然我並不那麼欣賞

7 那年代的台北市沒有茶藝館。

他抽菸的樣子，但此後香菸與熱檸檬茶遂成了我新學會的品味，一種飽含著時代精神的品味。

當時爲論壇社寫稿的兩位作者，外文系的黃道琳與法律系的盧正邦不時也會出現，他們都是錢永祥的建中同學。盧正邦小時候在香港長大，穿著是十足都會人模樣，上下裝總是十分合身，手裡則提著一隻不常見於大學校園的黑色007手提箱，走進全成後就大剌剌地坐下來。他有著一張清秀的臉，唇上留著兩撇鬍髭掩飾掉幾分稚氣，於是小鬍髭與007手提箱就成了他的標誌。錢永祥調侃地介紹他說「從高中時代就會唱〈國際歌〉，而且是用德文唱的」，自傲的他用「哼」的一聲來回應我們期待的眼神。錢永祥又說「我們都叫他卡爾，但是請注意，不是英文的Carl，而是德文的Karl，K開頭的」，我們卻一時無法體會其中底蘊。這個神秘的都會族總帶著睥睨般的笑意，講起時局一定從「話說天下大勢」開始，顯示高人一等的世界觀。然而他終究不曾在我們面前唱過國際歌，顯然不以爲我們與他一樣上道，但這首歌曲背後所代表的那個神秘世界，隱隱約約在向我們展現，不再那般禁忌，那般恐怖。

當時已有博覽群籍之名的黃道琳身軀瘦小，穿的襯衫總是讓人覺得大了一號。他話不多，總是靜靜地抽著菸。相對於盧正邦的都會格調，他則有著小市鎮知識份子的氣質，甚至帶點鄉土氣，確實他是來自屏東新園鄉，並且從小就離家求學。先是小學五年級就來到台南市讀書，初中畢業後又繼續北上來到台北讀建國中學，少小離家北上求學，讓他有著歷經滄桑的神情。對一個來自比台南更南、更鄉下的他，在青春期一步步地來到做爲文化霸權中心的台北，感受到的壓力與挫折恐怕比我更大更深。這時他正爲下一期的大學論壇翻譯羅馬尼亞作家 Eugene Ionesco 的荒謬劇《犀牛》。

除了盧正邦與黃道琳外，錢永祥哲學系同班的束連元與吳企平也不時會來閒坐聊天。又高又瘦像根竹竿的束連元是最不像「外省人」的外省人。從小開始，從台南來到台北，外省人給我的印象總是能言善道據理力爭，而來自高雄岡山的他卻比甘於沈默的黃道琳還要寡言而溫和，缺乏台北男生的習氣反而成了他突出的氣質。台北長大的吳企平則讓我初次見識到舉止與談吐上的紳士風格，他總是儀容整潔穿著文雅，言談既不誇張也從不口出惡言。他們兩人總是形影不離一起出現在全成冰果室，雖然沒加入大學論壇社，然而往後幾年的日子卻無可避免地捲進了我們的「事業」。

最後的建中青年

於是在錢永祥將全成冰果室當成他的編輯室的這段日子，與他個人或大學論壇社有關的各方人馬，就在這裡進進出出。人少時大家圍聚一桌，人多時就散到兩三桌，全成於是又成了論壇社的會客室，而老闆娘也不以爲意。但是在人來人往之間，卻少看到社長李潮雄出現，而且當他出現時與錢永祥的互動也很少，兩個人總是煩悶地抽著菸對坐著，就像我們初次與他們會面時那樣。隨後我才知道李當時已經打定主意要離開論壇社，錢永祥十分氣憤，認爲大學論壇社扛在他們身上怎能說走就走。有一次我進去時恰巧碰上李正離去，而臉色漲得更紅的錢永祥隨後說他真想砸椅子，顯然李潮雄已經向他表明離開論壇社的決絕態度。

李潮雄當年曾是考進台大電機系的系狀元，在建中時代就以自修微積分聞名，同時也與錢永祥一樣是建中青年社的夥伴，可謂文理兼備。他在上了大二後，與錢永祥一起接手大學論壇社，推出了那麼有份量的第 29 期，並且顯然在思想與生活上也與錢永祥打成一片。

一個工學院的學生竟然投入到要與黨國威權體制以及主流社會價值對抗，卻又找不到出路的，如此沈重抑鬱的精神世界裡，顯然也就無心把電機系繁重的功課唸好。他在電機系的課業已經撐不太下去，於是企圖與論壇社一刀兩斷。有天晚上我還為此跑到台北後車站華陰街一帶找到他家，那是一家看起來像台北老商號的店面，我同他談了一個晚上當然無功而返。我當時怎能理解到他心理的困境？

然後就在學期結束時，他突然來到蟾蜍山腳下的舊台大男生第七宿舍找我，想對後進有所交代。我們一起走在山邊農田之間，他說了「留得青山在，不怕沒柴燒」的話，希望我們幾個小子能把論壇社撐下去，聽了令人惶惑不已。李潮雄離開論壇社後也無心唸完電機系，後來就休學當兵去了[8]。這些複雜晦暗的精神處境，我們幾個南部小子在當時真是難以想像，總認為這些頭戴光圈的學長代表的是光明與希望的前景，是可以追隨的時代先鋒。

當時《大學論壇》對錢永祥與李潮雄都有著特殊的意義，這份刊物代表著台大進步思想與抗議精神的一個重要傳承。這

8　李潮雄現在當起律師，顯然是退伍後重新來過之事。

個傳承到了他們手上眼看就要斷絕，一方面李潮雄因個人因素而想卸下這個不相稱的重擔，另一方面錢永祥還有著無顏見江東父老的包袱。他們是從周天瑞手上接下論壇社的，而論壇社的前輩還包括柯慶明、孫隆基、林添貴、郭譽先、胡卜凱、王杏慶、王曉波等人，他們或者出國、或者留下唸研究所、當講師，都影響著他們兩人如何將《大學論壇》辦下去的心境。李潮雄對我們有著「留得青山在」的期望，錢永祥卻不認爲我們幾個南部來的小子能夠接得下來，雖然他自己也是搞得很累的樣子。我們當時真難以理解爲何上個學期才出了一本精彩紮實的大學論壇，會突然間墜入青黃不接的境地。何況我們在高中時代是讀著他們的《建中青年》成長的，建青時代的那股衝勁如今安在？

How many roads must a man walk down
Before they call him a man?
How many seas must a white dove sail
Before she sleeps in the sand?
How many times must the cannon balls fly
Before they're forever banned?
The answer, my friend, is blowin' in the wind
The answer is blowin' in the wind...

Blowin' in the wind — Bob Dylan

第二章
一九六八——南一中與建中的邂逅

If you miss the train I'm on,
you will know that I am gone
You can hear the whistle blow a hundred miles,
a hundred miles, a hundred miles, a hundred miles, a hundred miles,
You can hear the whistle blow a hundred miles...

500 Miles — Hedy West

紅樓傳奇

民國57年(西元1968年)前後，錢永祥一夥人在辦《建中青年》時，李敖與《文星》皆已封嘴，不只《自由中國》的最後支柱殷海光遭黨國全面封鎖，繼而悲憤以終，爭辯中國現代化問題的「中西文化論戰」也已煙消雲散，只剩下尉天驄、陳映真等人所辦的質疑現代主義的《文學季刊》，繼續挑戰當時的黨國威權體制及社會主流思想。

台灣社會雖還處於黨國如此全面威壓的狀態，然而這些前輩所播下的啓蒙與反抗的星火卻已散播開來。戰後出生、沒經歷過1950年代白色恐怖的知識青年有若初生之犢，全力吸吮著這麼一個小小的文藝復興所能提供的奶水。在此條件下，錢永祥這夥建國中學學生(還包括徐錚、李潮雄、蔡傳志、溫肇東、張復、施智璋等上下兩屆)把《建青》搞得有聲有色，不僅極爲前衛叛逆，而且思想的視野與深度都遠遠超過一般高中生甚至大學生所辦的刊物。雖然只是學生的東西，但在《文星》不再的情況下，它與台大的《大學論壇》一樣，都被我們當作真正夠水準的思想與文藝刊物來閱讀了。

錢永祥在未加入建中青年社之前，就曾以一篇〈自由的真諦〉與校方辯論建中學生中午是否可到植物園散步的問題，隨後即在《建青》上展露了極爲早熟的知性心靈。他那時正從霸氣十足、橫掃古今哲學的英美顯學「邏輯經驗論」的浸淫中，轉到神學與宗教哲學領域的探索。爲此他在《建中青年》上翻譯了艾爾(A. J. Ayer)探討邏輯經驗論思想起源的〈維也納學圈史〉；介紹了當時很有影響力的神學/哲學家保羅．田立克(Paul Tillich)的思想；還從笛卡兒的本體論證談起，發表了對歐洲大陸理性主義上帝觀的思想整理——〈大陸理性論者的上帝論〉[1]。

在建青上談論這些具有知性深度的不只錢永祥一個人，還有譬如張復討論存在主義者海德格的〈人與世界論題〉、施智璋翻譯田立克小傳〈邊境上的人〉等等。這批建中青年顯然已經超越陳映真當年十分轟動的小說〈唐倩的喜劇〉所描寫的早前文藝青年的精神狀態與格局，不再只是像 1960 年代浮游群落的前輩們泛泛而感性地在套用西方的思想與教條，而想認真走進知性的領域。這種對知性的要求反映在建中校友郭譽孚給建中青年的呼籲上[2]，他期待建中青年：不再只會發出像「在希望中奮鬥」這種「熱烈而空洞的宣告」；不會在「批判瓊瑤」與「討論建中大學化」的迷團中，缺乏「所當具有的常識」；不能再像長輩的時代，「只是止於希望，幻想烏托邦，而缺乏對於人事物的了解」。最後他希望建中青年在了解與解決問題之前，「先能建立一個廣泛而儘量堅實的知識基礎」。這是一個企圖從王尚義「失落的一代」走出來的呼聲。

當然這批建中青年還是不能免於感性情懷，《建青》上的文藝作品以及談文藝的文章還是佔大部分。尤其在前衛的《劇場》雜誌帶動下，電影當時已經成了嚴肅而熱門的藝術形式，法國的新潮導演楚浮與高達、義大利的費里尼與安東尼奧尼、日本的黑澤明等人的作品都極爲打動當時文藝青年的心靈，比

1　這些陸續發表在《建中青年》43、44期（民國 57 年）。

2　〈由建中青年到建中青年〉，《建中青年》44期，頁 8-12。

起晦澀的哲學思辯更易引起共鳴。這個劇場風潮也在《建中青年》上有著熱烈迴響，宋秩銘即是當年熱心的作者。而與新潮電影一起進入台灣的，還有 1960 年代的西方叛逆與抗議青年的種種風潮，譬如花童、Beatnik、Hippies 等等，也同樣在建青上屢有引介，李大維就曾寫過〈從塵世樂園到最後的大亨〉[3]，以美國文豪費滋哲羅的小說內涵來談叛逆的 1960 年代。

金戈戈的吶喊

西方叛逆與抗議的1960年代風潮流入台灣最菁英的高中生心裡，其實並無太大障礙，然而西方當時的另一種叛逆與抗議—反越戰，則顯然因爲台灣嚴重的政治禁忌與反共意識形態，而未能在《建中青年》上有所迴響。然而在同屬反共盟邦的美國與台灣，青年的心靈畢竟一脈相連，既感染了文化上的叛逆氣息，政治思想上的連結與牽扯也就在所難免，何況當時的黨國威權體制在道德基礎上，已經被李敖與文星雜誌的豪傑們切開了一條大裂縫。

在當年的《建中青年》上，我們也可發現多條透氣的裂縫。其中錢永祥以金戈戈爲筆名寫了一篇〈致友人書〉[4]，娓娓敘述他對上帝存在的哲學論證的看法、邏輯經驗論與倫理道德的關係，以及存在主義在台灣的思想條件。他論說：我們的社會由於缺乏西方文化才有的存在主義的社會與思想根源，也就無由

3 《建中青年》43 期。

4 《建中青年》43 期，頁 27-33。

1968年6月建中畢業典禮之日，引領時代風騷的兩屆《建中青年》留影：後排是畢業生錢永祥（右二）、李潮雄（左三）、徐錚（左二），前排是當屆的張復（右一）、蕭堉真（右二）、施智璋（左三）、 溫肇東（左二）與蔡傳志（左一）。（錢永祥提供）

產生類似的焦慮、失落與委棄等時代感，從這個質疑出發，就導出我們必須對台灣青年的反抗另尋源頭與出路。並由此引伸到許南村（陳映真的評論筆名）挑戰性的理想主義所引發的爭議，而最後，當提到不少讀自然組的同學內心的痛苦交戰時說：

> 我已不忍再提一些問題使他們發現自己何在，因為我擔心他們會清醒而看清了四週的海市蜃樓。試想，如果我們一貫努力的目標一旦被證明為全無價值時，心靈會發生如何的激變？……我們賴以在逆境中求生的意志，我們人生已肯定的目標，能讓我們積極活下去的原動力，一旦全被擊碎時，吾友，你將不只痛哭罷！

錢永祥對周圍處境如此深刻的質疑，在建青上以一篇宣言的形式發表：

〈Manifesto…the last story of my childhood…〉

只如果社會不再有任何些微的變動■我們就可保證我們的一切將很守成■無論是任何以誠實態度出現的觀點都必會首肯的一些目標乃是在一極不穩固的端賴由人組成的群眾的贊擁之下方有的基礎上建立的■壞在由於對此種基礎的有意地或無意地誤解乃有 Dogma 之出現■由 Dogma 遂將原來由自然地不可避免地發生的因素造成的社會變動所造成的人類心智形式或與內容之改變橫加阻遏■此種意義下的反動就須由有 Bohemian 風骨的人物——我說「例如」——老舊之 Beatnik 與/或 Teddy Boy 與/或 Lost Generation 或 Contemporary 之 hippies 與/或 Flower People 知性地不亂攪地不群眾地加以毀滅——我說「毀滅」■即使此 Dogma 是以你本人的形式出現的。

上帝■阿爸■我的父神■你將我命定地賜給了命定地有罪的人類■命定地替他們贖他們命定的罪■你不覺得這是既無聊又矛盾又難堪的嗎？

MANIFESTO IS TRUE BY DIFINITION，THUS SPOKE 金戈戈[5]。

5　《建中青年》43期，頁 77。

1967 年出刊的《建中青年》43 期散發著早熟的知性鋒芒與敏感的社會意識，載有金戈戈令人感懷不已的〈致友人書〉與膾炙人口的〈MANIFESTO〉，還有張復、宋秩銘、李大維等人的作品，風靡了全台灣中等學校的文藝青年。（林載爵提供）

這篇極具挑戰威權、隱含政治抗議的宣言當時膾炙人口、傳頌一時，至今仍爲同輩人所懷念。然而這種叛逆卻也透露著兩種力量之間無可調和的巨大矛盾，一端是能夠觸摸到 17、18 世紀歐洲理性論哲學家如何處理上帝問題的深刻知性心靈，另一端則是對 1960 年代末鬱悶而充滿壓迫性的台灣現實處境的敏感神經，這個知性與感性之間的巨大差距有若萬丈深淵。哲學思辯的這種知性頂峰，顯然對台灣當年的現實環境無能爲力，而錢永祥在一般人都還很青澀的高中生時代，卻同時具備了這種深刻的知性能力，以及對與之完全不能匹配的壓迫性社會條件的敏感神經。從高中到大學，錢永祥的這個知性能力與現實觸覺間的巨大矛盾，及其所產生的知性追求與介入現實之間的心理衝突，在往後的日子裡一直左右著他，也深深感染著他周圍的幾個朋友。當年陷此困境的知識青年都一樣嗜讀舊俄小說，尤其是屠格涅夫的《前夜》、《父與子》與《羅亭》，書中主角英沙洛夫、羅亭等人的生命處境更令人心有戚戚焉。

There is a house in New Orleans,
They call it Rising Sun.
And it's been the ruin of many a poor girl,
And God, I know I'm one...

House of the Rising Sun

然而遠在南部的我們讀到這幾期《建中青年》時，並沒能意識到這種心理衝突的意涵及其嚴重性，只是驚訝於建青作者的早熟與深度，心中充滿崇拜與憧憬之情。因此當我們在民國59年春天加入論壇社時，卻發現錢永祥與李潮雄從《建中青年》到《大學論壇》的這一條火熱線索，竟然面臨斷線的危機，而我們三個南部來的小子偏不巧在這個時候接上這段尾巴，心裡真有說不出的困惑。這機緣並非元良一時之興而來的偶然，必得從1968年的台南說起。

火熱的南台灣

民國57年年初的台南一中，我高二上學期即將結束時，經過整個學期的心理掙扎終於決意從自然組轉到社會組。在我出生的那種戰戰兢兢的台南小康之家，一個學生最好的出路是學醫，退而求其次理工科也行，但就是不要讀文科[6]。在我父母輩所能接觸到的有限世界裡，讀文科的出路不是貧窮潦倒就是成為貪官污吏，當然還有更可怕的事，就是去碰觸那個禁忌的世界而可能引來的殺身之禍，甚至殃及族人。這個一般的想法當然強烈地影響著學生的選擇，台南一中在我們上了高二分班之後，一個年級二十班裡頭就只有一兩班社會組，是被主流學生視為書讀不好的邊緣末流。

除了自命不凡之外，或許是當時整個時代已經開始起變化，或許是因緣際會讀多了課外書，我心中所充滿的各種困惑與激情，很顯然是不能在醫科或理工科的道路上找到答案，而且正值年少反叛期，也不想心甘情願走上一條平坦的主流之路，因此在違抗家人的意願下在高二下學期轉到了社會組[7]。當時轉組需要家長蓋章同意，我逕自找來父親印章，沒經他們同意就造成既成事實，沒想到台南一中的社會組竟是個臥虎藏龍之處。

這時高我一屆喜好文藝的表哥林展義讀的正是社會組，他本來就為我的轉組起過不少催化作用，而在得知我的決定後，有一天在學校裡他帶了一位同班同學謝史朗來找我。這時謝史朗在南一中就頗有文名，他那老成的容顏、炯炯的眼神與銳利的嗓音也令人印象深刻，而且他還帶給我一本剛出版的《建中青年》第 43 期，更是讓我受寵若驚。

6　社會組裡與商無關的文法科系之概稱。雖然商學各科已漸流行，但尚未感染到保守的台南。

7　陳水扁也和我同時從自然組轉到社會組。這時社會組在高二只有兩班，被排在最後面，我們同時轉入 20 班，高三重新編班後我們又都編入 18 班。他這時給人的印象是用功讀書、不參與活動的乖學生。

他們是高我一屆《南一中青年》社的一夥人，其中還有邱義仁與區超蕃。已是高三正面臨聯考壓力的他們，這時正在尋找一個市區內的方便地點來成立圖書室，並計畫搞讀書會。展義在得知我決心脫離主流之後，不僅給了我很大的精神支持，還大膽向謝史朗建議使用位於市中心的我家，令我極爲興奮。

來自高雄的謝史朗和一起在台南上學的幾個弟弟在市郊租屋合住，他將幾年來所累積的圖書全部搬來之後，我才驚訝於他藏書之多與涵蓋之廣遠超乎當年高中生的身份，其中包括幾乎整套的《文星雜誌》、《現代文學》、《劇場》與《文學季刊》，甚至還有早期的《筆匯》，都是當年最前衛的啓蒙刊物。而在這之前，當我聽到謝史朗有志於哲學時，還問過展義「哲學到底是研究什麼」，但也只得到支吾其詞的答案。而今在他的藏書中就有諸如柏克萊與休謨關於經驗論的經典翻譯，讓你見識到什麼是哲學思辯。他的藏書馬上爲我在思想上開了眼界。

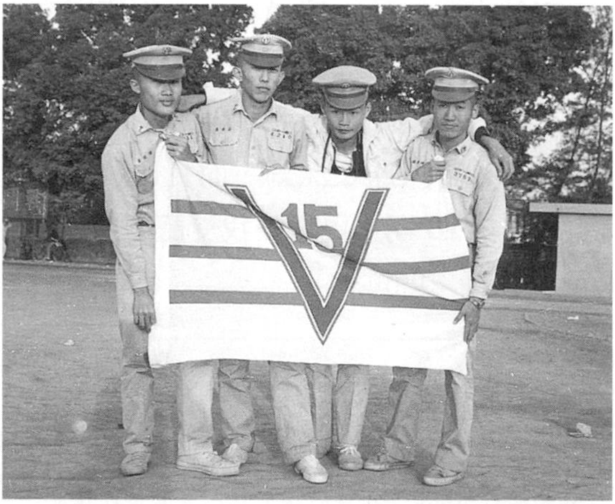

謝史朗(右一)、林展義(左二)與高三同班在南一中運動會的班旗下合照。讀文組的南部高中生除了頂著文藝青年的光環外，其實還頗重視強壯體魄的。表兄展義就在這時引介謝史朗給作者，一起搞了圖書室與讀書會。　(謝史朗提供)

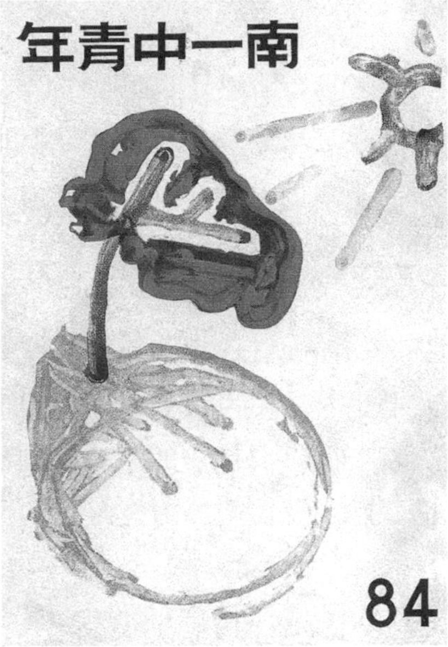

《南一中青年》雖與建青形成不平等的南北對比，林瑞明、林載爵、鄭梓、蘇元良等人也在努力澆灌著這份南方的知性觸角與文學心靈。與此同時，交棒了的高一屆謝史朗、邱義仁等人則在畢業之前還以讀書會來互相砥礪。
（林載爵提供）

來了這麼多書，原本不贊同我讀社會組的父親居然還為此特地去訂做了一個角鋼大書架，似乎書籍本身所代表的知識價值已足以超越內心的不安，讓他也同感振奮了。然後大家又訂了一套借書規則，由我當起圖書管理員來。

於是下學期開學後，這個讀書會就由謝史朗帶頭開張，每次總有男女生 7、8 個人。女生出現在中學生的私人聚會場合，對我而言可是第一遭。台南是個很保守的地方，青春期的少年男女互相之間既沒有舞會，也沒有一起郊遊的機會，要能有所接觸就只有兩條公共管道，一個是台南市青年救國團所辦的文藝創作活動，另一個就是長老基督教會的青年團契。謝史朗幾年來在救國團裡的文藝活動，結識了多位女生，也拉來參加了讀書會。

雖然謝史朗志在哲學，但這個讀書會所讀的東西卻大半是大家較易有所感受的文學作品，我們曾討論過張愛玲的〈留情〉與陳映真早期登在《筆匯》上的〈我的弟弟康雄〉。謝史朗要我們不只把它們當作小說來讀，而且要讀出它們背後所蘊含的時代意義。我們不僅讀書，也聽 Joan Baez、Peter Paul & Mary 以及 Bob Dylan 的抗議歌曲，開始汲取美國民權運動與反戰的養分，而陳映真作品中極為濃厚的社會意識也在我們之間傳播。我們也看法國的前衛電影，當時正放映「幸福」與「男歡女愛」[8] 這兩部名片，謝史朗還曾在《南一中青年》上寫過深入的影評。而我除了反覆咀嚼這些影評的理念，努力去掌握電影的深意之外，更驚訝於影片中沒有剪掉的性愛場景[9]。

這個學期的讀書會、謝史朗的書以及那幾期《建中青年》，為我在思想上開啓了一扇大門，給了我決定性的啓蒙作用。

On a wagon bound for market, there's a calf with a mournful eye.

High above him there's a swallow, swingin' swiftly through the sky.

How the wind's laughin', they laugh with all their might.

Laugh and laugh the whole day through, and half the summer's night.

Donna, Donna, Donna, Donna...Donna, Donna, Donna, Don...

Donna, Donna — Joan Baez

---

8 Un homme et une femme, Claude Lelouch 導演, 1966.

9 遠離政治中心的南部電影院這時開始有「插片」，或是插些不相干的，或是插回原來被電檢處剪掉的。「幸福」一片被剪掉的幸運地被電影院接了回去。

威權體制的觸角

在我們搞讀書會的1968年台灣，氣氛抑鬱而荒誕，台南的地方政治業已走上糜爛之途。早年台南市曾出過一位黨外紳士葉廷珪，三次挑戰國民黨成功，當了第一、三、五屆的市長。然而在他之後，整個台南的政治開始敗壞，至今猶烈。葉廷珪之後歷屆政治人物大多粗鄙無文，最好的也只能砍樹鋪路，填河蓋樓，大搞所謂地方建設。而在民國57年前後也開始有些令人咬牙切齒的事件，連記者也看不過去而揭發出來，譬如有位副議長親率保鏢去追捕逃回台東的雛妓這類事。這種糜爛的情況在當時的青年學子心中有著極大的衝擊。

台南一中的教育環境自然也高明不到哪裡。幾年來當局爲了反制對岸的「文化大革命」而推出「中華文化復興運動」，以致口號與教條竟日喋喋不休，從作文、演講、朝會到滿牆標語，簡直無所不在。當時南一中的老師大多只能訓練學生應付聯考，少有傳道解惑的[10]。有些老師甚至連幫學生應付聯考都不可得，我們高一的國文老師除了國文程度比學生差外，還老是遲到早退，而且遇到白話文的課文時，還會將它當成文言文，再用他那不成章法的白話，企圖從頭到尾重講一遍。有一位英文老師碰到太長的英文單字一時唸不出來，就必須先在嘴裡唸唸有詞複誦數遍之後，才能脫口而出。我對於這樣的教育環境

10　教導過我的南一中老師只有幾位能不為聯考所囿，如教國文的高三導師羅聯絡、教文化史的戴貞元等。

自然極為不滿，高二時就曾經在作文簿上將指定的「中華文化復興運動之我見」這個題目抄了十遍交卷，而那位孔德與康德分不清楚的老師竟也無可奈何[11]。

當然台南一中並非沒有我尊敬的老師，在我仍為讀自然組還是社會組的前途猶豫未決的高二上，我們班上有位十分認真的軍訓教官，一位正人君子，每次上課總會講些救國濟民為人處世的道理。心思單純的我聽了很是受用，也因此自動報名入黨[12]，以為周遭所見雖然是荒誕的教育環境與糜爛的地方政治，但政府當局應該是有心改革的，而也唯有參與進去一起努力才能改造社會、建設國家。何況在更年少的時候，蔣經國的《風雨中的寧靜》還曾令我感動不已。

然而這竟然是個短暫的幻想，當正式黨證在下學期發下之時，我已轉入社會組許久，並且已經對這個黨徹底失望了。這個幻想的急速破滅，除了謝史朗的讀書會與藏書的影響外，那位我曾敬重的教官竟成了最大的因素。當我轉入社會組時，他正好又是那一班的導師，於是我繼續將他當成是可以溝通的師長，在週記上想與他討論我正在咀嚼的自由主義與個人主義觀念。然而他並沒有在週記上對我有所回應，反而是把父親叫到訓導處訓誡一番。

本來轉組的事就讓我心懷愧疚，又鬧出這件事更讓我極為心痛。這在當時是很有效的一招，讓驚惶的父母來哀求子女，此後我當然不敢在週記上寫下任何心裡頭的話了。然後他又認

11 有一篇課文提到孔德(Comte)，一位社會學先驅，而我們這位老師卻多嘴解釋說他就是康德(Kant)，只是翻譯不同。

12 當時台南一中並未強迫或誘使學生入黨。

定我是受到李敖的影響，竟在班會上大罵李敖是「失意政客」，如此卻暴露出他既不曾讀過李敖的東西，也不知李敖爲何許人的無知，只是奉上諭認定李敖是大毒草。最後他又在訓導處渲染說南一中出了個學生是「毛澤東第二」，更是離譜地令人啼笑皆非了。

這次事件有如當頭棒喝，讓我如夢初醒。同時又有位同學借了我一本舊書，封面幾乎已經不見了，內容卻極精彩，是一位美國記者(不是斯諾)在二次大戰前後對中國戰場的觀察報導，對當年國府與國軍腐敗無能的情況幾乎毫無掩飾，馬上可以對照台灣當時的情況，令人恍然大悟這竟是一個「腐敗無能」的政權。從此我就不再對黨國寄予期望了。

教官在當時的中學生心目中是黨國威權體制的象徵，他們在學校的地位沒人敢挑戰。有一次我們在熾熱的太陽下上軍訓課，我們教官照例要班長先把隊伍帶到操場邊一處樹蔭處集合，而另一班上體育課的老師也同時看上這塊樹蔭，於是兩班學生在一起就顯得侷促了。當我們的教官走過來，發現必須和別班共用這塊空地時，臉色變得極爲難看。他語氣嚴峻地整理隊伍，大半同學都發覺氣氛不對，戰戰兢兢按著口令動作，但就有一位不留神的沒能跟上。教官將這位倒楣的同學叫出隊伍，一個巴掌就打過去，全場頓時鴉雀無聲，包括原來還有些吵雜在旁邊上體育課的那班師生。那位體育老師自知不敵，隨即默默將隊伍帶開，讓我們班獨享這塊樹蔭地，我們教官立即露出和悅的顏色，而我們學生也鬆了一口氣。

一般而言是整個訓導體制在執行威權教化的功能，這裡凝聚著各種荒謬與不堪。我們隔壁班上有位同學在期考前曾經準備好一張小抄，不料發現帶著考卷走進教室是位以監考嚴厲出名的老師，於是將小抄揉成一團，隨手丟到後面字紙簍，乖乖作答。然而學期結束不久卻接到一張退學通知，令他莫名所以。原來那位監考老師不只緊盯著學生的作答動作，還在教室前後仔細搜尋，結果找到了那團可能因沒丟進垃圾桶，滾到地上的小紙條。他默不作聲，等考試完後回到辦公室，將考卷一張張與那紙條比對筆跡，辨識出寫小抄的這位同學，然後不問是否當場抓到作弊，就以這張拾到的小抄當證據，將全案移送訓導處。而訓導處居然不曾找來這位同學問清實情就缺席審判，輕率將他施以退學處分。顯然只要他有犯意即屬大逆不道，到底有無真正犯行無關緊要。必須在退學處分上簽字的班上導師，既出於怕事，又抱著與訓導處一樣的心態，也是沒找來學生問明緣由就簽了字，以致事情無可挽回。面對這種荒謬的情境，學生與家長在當時毫無抗辯的餘地，而我們知情的同學也只能在心中爲他抱屈不已[13]。

我們又有一位令大部分師生都很反感的校長，大家給他取了個金龜的綽號。他爲了升學率從高一起就按數學成績進行能力分班，每年都要重分一次。高一的時候除了數學能力分班外，他又另外按照英文成績再分一次，在全年級統一的英文上下課時間，大家背著書包趕著換班，搞得人仰馬翻。我們又經常從老師口中聽到他如何地威權與敗德。每天早上升旗典禮時，排在後面隊伍的我們原先總是頗爲不解，爲什麼每當司儀喊出主席就位時，立正站好的我們必須等上良久才看到他站上司令

13　他的監考老師與導師這兩人可都是台南本地人。

台。後來才發覺，朝會開始時他並不等在司令台旁，而是站在很遠的那棵大榕樹下，直到司儀將隊伍整好並喊出主席就位之後，他才從那裡一步一步走過來。知道緣故後，大家更是有氣了。

有一堵舊圍牆被拆了蓋新的，卻在接著而來的颱風中應聲而垮。他又嫌舊司令台不夠氣派，還在操場另一邊蓋了一個新的司令台，題上「杏壇」兩字，學生卻將它讀成「性壇」，然後將對面「堅強奮發」的標語倒過來唸。沈不住氣的還曾在實驗大樓的白牆上漆了「金龜滾蛋」的大黑字，洗了很久之後污痕仍在。而到了畢業典禮，就會突然有一群金龜子在整個禮堂亂飛亂竄。南一中在他的治理下氣氛十分沈悶，直到我們高三上學期結束時他被迫退休，換來一位新的校長。

民國 58 年春天，我高三下開學時來了位新校長，就是導演李安的父親李昇。他來到南一中的第一件事即是解放學生的頭髮，將南一中學生的光頭傳統掃進歷史垃圾堆。新校長准許學生留平頭，不過我們應屆畢業生卻有人就此留長不剪了。然後每天升旗典禮時，我們也不需在烈日下苦等校長走上司令台，新校長在朝會一開始就已站到司令台旁了。

南北串連・1968

1968 年的台南，地方政治儘管敗壞，學校氣氛儘管窒悶，聯考壓力儘管沈重，我們這群人卻是反潮流而行，沈浸在讀書會所啓發的另類世界裡。然而謝史朗、邱義仁他們都是應屆畢業生，短短一個學期後畢業與大學聯考接踵而來，另一個人生階段的開始。而就在他們即將上大學的這年暑假，南北兩幫文藝青年有了一次會師的機會。

高中時期的錢永祥除了建中青年社外還結交了另一批人，包括讀建中補校編過建青的宋秩銘與郭譽孚、景美女中的解秀峰與紀欣、以及北一女的何美鄉與陳雪梨，這些人都與建青有過各種因緣。宋秩銘家在羅斯福路一段路口，距離建中與北一女都不遠，建青的這些編者與社友於是利用他父親屢屢出差的機會經常進出其間，幾乎將他家當成了編輯部。

民國 57 年前後，錢永祥與宋秩銘、郭譽孚及陳雪梨幾個人甚爲親密，在他高中畢業的這年暑假這幾個人聯袂南下，路過彰化雲嘉，最後串連到台南。這一南北串連可是當時這個圈子裡的盛事。這群台北人先到彰化中學拜了陳忠信的碼頭，他當時也是建青的作者，正沈浸於數理邏輯的世界[14]。然後一夥人又在員林的柳橋邊大唱「離家五百里」，在雲林台西尋找錢永祥的一位老同學，又到嘉義找了宋秩銘的表哥，最後到達台南。

他們住到宋秩銘的台南老家，特別去拜訪了宋秩銘的叔父，當時台南神學院的院長宋泉盛[15]，討論解放神學與保羅·田立克。最後的高潮是與台南一中學生的會師，在進行了一番志向與思想上的剖腹交心之餘，身體壯碩的郭譽孚還提議大夥兒到南一中附近的勝利國校比賽足球，以示有志者的文武全才。而這夥無拘無束的台北少年男女在一路南下的旅程中，也漸體驗到中南部的保守民風。

---

14 陳忠信在《建中青年》45期(民國 57 年 6 月)上面寫過一篇〈也談詭論〉。

15 宋泉盛當時曾因主張台灣自決而被情治單位密切關照。

與他們會面的這批南一中學生涵蓋了《南一中青年》社的前後兩屆人馬。前一屆就是謝史朗、邱義仁、區超蕃等人，他們在這之前就曾北上拜過建中青年社的碼頭，在宋秩銘家與錢永祥等人見了面，還去找了後來與陳映真同案入獄的丘延亮。同時謝史朗除了曾與郭譽孚互贈詩文外，也才在《純文學》雜誌上發表了一篇討論現代詩的文字，而令錢永祥折服不已。

南一中的另一批人馬則是與我同屆的蘇元良、林載爵、林瑞明、鄭梓、張文清等人。蘇元良之兄與郭譽孚、宋秩銘相熟，這批台北人早先也曾到台南來開示過這些小老弟。民國57年春天，就在謝史朗與邱義仁辦讀書會的同時，浪漫詩人林瑞明也帶頭在台南一中組織了一個「丹心會」，將當屆南一中青年社的大半成員網羅旗下。

「志在恢復漢唐雄風」

林瑞明這個丹心會的名稱自是取自文天祥的「人生自古誰無死，留取丹心照汗青」，他在這個地下社團的會員聯絡簿上提了一句「志在恢復漢唐雄風」以展現他的遠大志向，反映出當時青年學子對國家民族的浪漫情懷。他並以同盟會的成就自我期許，要大家「激進圖強，勇往直前」。相對於大部分順服於體制的學生，他們當然是激進的。

這個「同盟會」並非要推翻政府，詩人林瑞明這時其實十分忠黨愛國，面對充滿懷疑精神的其他成員在聯絡簿上對現狀的質疑時，屢為黨國辯護，並不時引述孫中山與蔣中正的言論。也就是說他的這個「同盟會」所要奮鬥的對象並非當今政權，而是對岸的「共匪」。這在今天看來或許幼稚，但是敢於承擔起「統一中國」歷史使命的這種志氣，卻也譜出了當時青年充滿浪漫情懷的青春狂想曲，以及他們敢於觸探禁忌的勇氣。

大部分丹心會成員對黨國那套意識形態都抱著懷疑態度。曾有長老教會團契經驗而正處於反叛期的蘇元良，自是不容易被另一套威權意識所馴服；在台東長大的林載爵則有著他一貫的對人文精神的堅持，不時要挑釁林瑞明的愛國言論；而張文清則處於憤世嫉俗的犬儒階段，不時發出冷嘲熱諷。這些人遂在丹心會的聯絡簿上為那高高在上的黨國意識形態，你來我往吵了開來。不過當時雖然有這種觀念與態度的歧異，大家卻都有顆一樣誠懇熾熱的心，有個一起創造一番事業的共識，並沒有心靈上的齟齬。

1968年青年節前夕，讀高二的林瑞明在南一中組織了「丹心會」，並在連絡簿上題辭「人生自古誰無死、留取丹心照汗青」，內頁則題「志在恢復漢唐雄風」，號召「關心國家興亡之有志之士」參加，網羅當屆南一中青年社大半成員。這個地下組織在林瑞明北上建中讀高三後無疾而終。 （林載爵提供）

而從海峽對岸來到台灣還沒幾年的鄭梓，則自覺地不願陷入另一種意識形態的桎梏。1960 年代初，鄭梓在 12 歲那年由他的祖母帶著，祖孫兩人從老家福州買通人蛇集團，一路歷經艱難經過香港輾轉來到台灣，投奔到台南他的父母家。他父親那時正在台南法院工作，而後他就在台南小心翼翼不漏身份，讀完了忠義國校與台南市中，直到上了高中與我們混在一起之後，他才漸漸融入了同輩的圈子[16]。

郭譽孚(左起)、錢永祥、陳雪梨與宋秩銘，四個人曾於 1968 年暑假聯袂南下與南一中青年會師。這張照片攝於隔年，此時錢已上台大哲學系，一副土樣子的郭和宋正入伍當兵休假回北，而陳還在北一女讀高二。此後世事倥傯，此景難再。　(郭譽孚提供)

16　解嚴後，輪到鄭梓將他老祖母送回福州，並在那裡置屋讓她安享晚年。民國 90 年，他的老祖母以百歲高齡辭世，此時已年過半百的鄭梓自謂他們祖孫兩人是「百年離亂，半世恩情」。

1968 年的台南，林瑞明的丹心會與謝史朗的讀書會同時火熱地進行，暑假時更與錢永祥那夥人有了一場南北會師的盛會。過了暑假，建青那幫人分道揚鑣，錢永祥上了台大哲學系，宋秩銘與郭譽孚則因聯考落第各自入伍當兵，而陳雪梨這時才升上高二。南部的謝史朗一夥人則都上了台北的大學，有志於哲學之路的謝史朗與邱義仁都如願考上哲學系[17]，讀書會與圖書室也就結束[18]。父親幫我找來一個大木箱將謝史朗的藏書裝妥，並雇來一輛三輪拖車將這沈重的木箱拖到火車站再託運到台北。

與我同級的林瑞明卻因英文成績太差，面臨留級命運，就乾脆北上插班到建國中學讀高三[19]，丹心會也因失去主導人物不再繼續。不過留在南一中的我們這些人上了高三之後又聚攏在一起了，尤其是在一位朋友自殺未遂之後。

何處是指路明燈？

張文清在高二之後突然從原先的激昂變得犬儒。他原來對國家社會充滿著憤恨與不滿，有時甚至會訴說得痛哭流涕，如今卻轉變成嬉笑怒罵的態度。在我們高三班上他爽朗的嬉鬧笑聲最是響亮，甚至談笑風生向同學說起一項自我了斷的計畫。

---

17 不善考試的謝史朗考上文化學院哲學系，邱義仁則上了輔仁哲學系。林展義考上東吳法律系，而區超蕃則如願上了師大美術系。

18 雖然沒了這個地下圖書館，我在南一中因而也傳出幾分名聲，先後有多位學弟登門求見，因而認識了吳信元、劉德明、吳蓮進、蔡建仁等人。

19 隔年林瑞明考上成大歷史系，又回到台南來，而他的這群老朋友反而都離開台南北上求學了。

於是當有一天沒看到他來上學時，有同學還笑說他一向效率不佳，不會執行那計畫的。然而消息傳來，他真的執行了。他夜半跑到安平海灘將自己用沙蓋滿，喝了甲醚加安眠藥企圖一睡不醒，然而到了天色泛白他的意識卻依然清楚。雖然他自了未果，卻嚴重損壞了視神經，此後便休學在家。我們去探視他，見到他依然犬儒般嘻笑，也接受命運的安排，活了下來。我為此極感困惑，在《南一中青年》上寫了一篇〈意識形態的桎梏〉，以為人的不得自由總是因為某種精神上自我閉鎖的困境。

對於心靈較為敏感的青年學子，當時教育體制的壓迫性是極為令人難受的。我們當時處於沒有導師的時代，而雙親那一輩基本上又是接受日本殖民教育的「失語的一代」，與我們在思想上幾乎不能溝通。因此屬於青春期敏感神經所產生的很多問題與困擾，在這種精神上與心理上孤立無援的情況下，只能自我摸索著前進。我們在思想與理念的層次，可以藉著咀嚼羅素、殷海光、李敖的東西來自我提昇，然而生命上與心理上的具體問題卻難以找到指路明燈。

我轉入社會組後，結識一位外省同學王志文，他在反對黨國威權體制上與我甚有共鳴，因而惺惺相惜，還請我到他家吃飯，認識他的家人。他驚訝於本省子弟會有如此見識，而我倒驚訝於他身為外省軍人子弟竟也會有如此反抗的念頭。就本省子弟而言，反抗可說是順理成章，然而對於一個外省軍人子弟，對父兄輩的直接反抗卻可能是個痛苦的折磨。上了高三之後，王志文尋到了另一條反抗的出路，他加入基督教的一個激越教派，然而一向抱著不可知論的我，並沒能與他一樣在神前激動地懺悔[20]。

我這時所認識的外省軍人子弟中，對黨國威權體制的看法能有所共鳴的，當然不只王志文一人。好友江楓是高雄岡山來的四川子弟，他雖讀自然組，卻很有人文素養。成大與南一中只有一牆之隔，寄宿在學校附近的江楓也認識了一些成大學生，包括很前衛的Σ(西格瑪)社的人。他曾興奮地向我描述過西格瑪社的一次活動，一位成大學生扮演耶穌，扛著一副十字架繞著校區而行。我們這群南一中的學生當時雖然與意圖承擔人類苦難的西格瑪社人沒有交往，卻沒料到數年之後雙方的發展竟也有些交集。

江楓有很多本省朋友，相處之間完全沒有隔閡，我們還一起去岡山空軍眷村他家玩。江伯母不僅熱情招待我們，臨走時還送了每個人一大罐岡山土產辣豆瓣。古道熱腸的江楓是張文清的初中同班，當我告知文清之事時，他不禁悵然良久，一語不發，竟只能將正在手上把玩的幾枚銅板用力摔到地上，鏗鏘之聲至今難忘。

相較於張文清與王志文的某種激越，我在升上高三之時，也曾一度與一位同班何姓好友沈浸於休學在家自習的念頭。當然家中雙親的想法並不容許我如此自主，而且我自覺轉組已經夠背離他們的期待了，也沒勇氣採取進一步的行動。但是我的何姓朋友就真的休學去了。

我於是無奈地升上高三，又當上班長，不料卻發生張文清的事情，把大夥人又拉到一塊了。有次趁著轉學建中的林瑞明

---

20 直到後來我才知道原來是錫安山新約教會。

回台南的機會，大夥兒聚到張文清家，他依然談笑風生。大家在他的房間發現掛著一份裸女月曆，在保守的南部很不尋常，我們處於那種尷尬的年紀，除了生理上的反應外，並不好意思多看兩眼。然而浪漫的林瑞明卻是大方地駐足欣賞，並且正經地給了個評語「真是太美了」！

我們在高三這一年便不時如此聚在一起相濡以沫，捱過聯考前焦灼而苦悶的日子。

Hey Jude, don't make it bad
Take a sad song and make it better
Remember to let her into your heart
Then you can start to make it better
...
And any time you feel the pain
Hey Jude refrain...
Don't carry the world upon your shoulder
For well you know that is a fool
Who plays it cool
By making his world a little colder...

Hey Jude — The Beatles

▪ ▪ ▪

1968 這一年，越戰打得正酣，幾年來台南機場就不時有美軍 F-4 幽靈式戰鬥機與 B-52 轟炸機起降[21]。他們飛過市區，飛過學校上空，震耳欲聾[22]。這一年在美國，金恩牧師與羅伯·甘乃迪接連遇刺身亡，然而民權運動與反越戰卻已取得初步成果，迫使美國總統詹森放棄競選連任；巴黎則爆發了學生與工人運動，幾乎引爆整個歐美世界；蘇聯的坦克碾碎了布拉格之春，文革的「破四舊」則進入高峰；當年渡海來台的紅衛兵王朝天正巡迴各個學校演講，他那種毫無禁忌的言詞，大令言語囁嚅埋首聯考的台灣中學生瞠目結舌[23]。這些都有如遠方的鼓聲與戰號，令人好奇而迷惘，卻又似春雷乍響，讓人莫名地興奮起來。而 1968 年暑假南一中與建中青年的這一次另類接觸，也為後來我們在台大的總總發展，鋪好了一條道路。

21　後來傳出可能還載有核子彈頭。

22　台南機場位於市區正南邊，起降線穿過市區上空。當震耳欲聾的軍機起降時會低空掠過市區，於是全市師生的一致動作就是暫停講課。

23 大概就是因為說話太無顧忌，王朝天後來就被長期軟禁在綠島。

第三章

山雨欲來——最後的大學論壇

民國 58 年夏秋之交，我在上大學前的大專暑訓聽到了陳映真入獄及殷海光去世的消息後，在 10 月中旬懷著既落寞又憧憬的心情北上台大註冊[1]。

我拉著高分考到經濟系的高中同班張錫峰，一起住進蟾蜍山腳下的男生第七宿舍，我們選了兩個上下舖位，他慷慨地讓我睡下舖。剛從暑訓出來，大一的本地男生都長得又黑又土，希望頭髮長快點。張錫峰則相反，他繼續留著平頭好長一段日子。不僅如此，他還繼續穿著高中時代的黃卡其褲與藍夾克，而且還背著台南一中的書包去上課。這在當時不僅反流行，還絕無僅有，因爲大半南部來的學生都想儘快褪掉土氣的標誌，成爲一個台北的大學生。然而張錫峰雖然反其道而行，卻無礙於他得到同班台北女生的青睞。

1　這一年大專暑訓分兩梯次，第二梯次從 8 月下旬到 10 月上旬，來到學校註冊時，高年級都已開學上課了。

鄉愁的夜平快

男生第七宿舍住的是法學院與醫學院的大一新生，自信滿滿的醫科生在宿舍裡聲音最大，尤其是一位來自高雄中學的王復蘇。法學院學生方面經濟系則是後起之秀，開學不久張錫峰就興奮地向我提起他們的系狀元郭恆春，說他滿腹經綸、胸懷大志，高中時就已經通曉俄語，是一位如何的奇才。認識郭之後，我更驚訝於他城府之深。他認爲俄國能夠在短短數十年內從一個歐洲最落後的國家變成世界霸主，必有可學之處，這是他學習俄語的動機。這麼一位奇特人物也很快成了宿舍裡的中心人物。

考上政治系的鄭梓住在他親戚家，元良也自行在外租屋，都沒住到宿舍來與我們湊熱鬧。在初次回南的一個晚上，我與鄭梓約好他先到宿舍找我，一起去搭「夜平快」的火車南下，並且算好只要在午夜十二點最後一班發車前趕到即可。我第一次長期離家，又正得著感冒，當晚鄉愁正濃，心情悲戚，在宿舍左等右等不見他蹤影，無聊地聽到電台播放著當時流行的Guantaramera，直到十點半才看到他笑嘻嘻地出現。

我們看看時間還多，就好整以暇往台大方向走，想搭公車到台北車站。正走著，剛好後面來了一部空計程車，遂一時偷懶，揮手攔下車子。司機得知我們要去搭夜平快就抄近路飛快直奔車站，到達時才 11 點還差幾分。我們於是悠哉悠哉地走進站買票，還看到一列火車就停在南下第一月台[2]。然而票務員一邊遞給我們車票，一邊卻緊張地催促我們「趕快上車！這是最後一班了」。老天！原來我們搞錯時間，最後一班夜平快是十一點，而不是十二點。還好陰錯陽差，我們居然及時跳上了最後一班夜車，解我思鄉之念。當夜，我懷著濃濃的鄉愁，低吟著"*Guantanamera, Guajila Guantanamera, Guan-tana-mera...*"的旋律，在晨曦初露時回到台南。此後數年歲月，我就靠著午夜的夜平快來載我回家。

然而隨著張錫峰反潮流的風格在他班上得到青睞的速度，我的鄉愁也很快消失無蹤。北上求學，脫離父母的羈絆，有著自由學風的台大遂很快讓我如魚得水。在初上大學第一個學期平靜的日子裡，除了當時一起住在士林，各有親密女友的史朗與展義積極向我介紹女朋友，而讓人心動難抑外，我對就讀的社會學系可謂胸懷大志。我常去老圖書館，不僅溫習功課，還花了不少時間翻尋藏書卡片。打從中學時代起，中國對我而言就是個大謎題，因此借了不少有關中國社會的書，其中還包括英文原版的韋伯的《中國的宗教》與何炳棣的《明清社會史論》[3]，然後抱著英文字典辛苦地邊查邊讀。老圖書館的學院氣氛讓我有著在學術上一展鴻圖的嚮往，而這時的台大校園也極爲平靜。我於是在老圖書館安然讀了一個學期的書，直到元良興奮地找上我來的那個春天的雨夜。

元良當初曾在醫科的路上痛苦徘徊過，最後聯考填志願時

2　這當然是台北舊火車站，買票大廳就看得到月台。

3　Ping-ti Ho, *Ladder of Success in Imperial China : Aspects of Social Mobility, 1368-1911*, (1962) .

還是以台大爲優先，考上心理系。我高中社會組班上當年考到台大的並不多[4]，加上讀心理系的元良，我們幾個人經常湊在一起，在台大的第一個學期過得不算寂寞。

請借問播田的田庄阿伯啊，
人在講繁華都市台北對哪去？
阮就是無依倚可憐的女兒，
自細漢著來離開爸母的身邊。
雖然無人替阮安排將來代誌，
阮想要來去都市，做著女工度日子，
也通來安慰自己心內的稀微……

〈孤女的願望〉— 葉俊麟詞，陳芬蘭唱

Innocence Lost

民國58年秋天，台大校園氣氛平靜，錢永祥與李潮雄兩人升上大二時以其《建中青年》的狂氣接辦《大學論壇》。這年年底他們出版了令人讚嘆不已的第29期，近乎致命地吸引了我們幾個南部來的大一新生，以致蘇元良熱切拉我與鄭梓一起入夥。我們當時帶著景仰崇拜之心入社，確實難以想像錢永祥與李潮雄他們的心境與難題，甚至會有辦不下去的窘狀。

---

4 我們高中班上這一年考到台大的除了張錫峰、鄭梓與我之外，還有經濟系的黃望修與商學系的陳水扁。陳水扁從高中起就不跟我們混在一起，上了大學後也沒與我們來往，後來就聽說他為了轉讀法律系而居然休學重考，可說是典型的聯考之子。

隔年春天我們加入大學論壇社，李潮雄也已離開，錢永祥遂帶著我們三個人繼續編輯下一期，不久又來了兩位歷史系的新生，頗爲典型的台北女生。我們上台北不久，還帶著下港人來到文化中心的自慚形穢心理，既感到台北女生高不可攀，又覺得充滿挑戰，然而錢永祥對她們兩位卻是愛理不理，這種態度令人驚奇。有一次提起李潮雄的文學院女朋友，他竟然不屑地哼了一聲「花瓶」。我隨後慢慢理解到台北都會女生在他心目中「附庸風雅」的形象，但對他的不屑態度還是覺得十分新奇。在旺盛的青春期從民風保守的台南來到台北，我似乎從沒學會對待女生的這種高踞姿態。

這一年來台大的報刊也正熱烈討論男女關係的議題。剛上醫科的王溢嘉曾在《大學新聞》上寫了一篇〈不要女人的男人〉，引來一些女生反彈；又有一位女生寫了一篇〈台大女郎缺乏羅曼蒂克味兒？〉也引發議論；最後更激起「戀愛問題」的筆戰。這些爭論觸及年輕人的愛情問題，並未直接論及兩性平權，卻透露出台大男生對於女生開始要在男女關係上有所自主，並且「附庸風雅」地介入男生的傳統領域，而深覺不安。然而這種議論方式對我也是新鮮事物。

這時大學論壇社的主要工作就是出版下一期，我們幾個新社員主要負責拿稿子送審，於是見識到校方審稿制度的顢頇無理。譬如魯迅的不准登，而周作人的則可以登，這本來就令人不滿，然而他們卻要將一段關於周作人的文字當成魯迅的而加以刪掉，因爲分不清周作人與周樹人（魯迅）兩兄弟，所以你就必須費心解釋，諸如此類。這些審稿人員基本上是怕事的一群，文章出了問題會怪到他們頭上。錢永祥這時顯然已沒有耐心直接對付訓導處了，就交由我們這些小鬼去衝鋒，去磨練與訓導處審稿人員纏鬥的功夫。

學校召開社團負責人座談會，錢永祥也不屑參加，就叫我去代表論壇社與會。我第一次參加這種場合，聽到各個社團負責人站起來侃侃而談，尤其是大學新聞社社長宋元，我則結結巴巴講不出什麼話來。

然後四五月間，錢永祥把稿子收齊之後交到彰化一家印刷廠，那本十分風光的第 29 期就是在這兒印製的。或許是因爲他曾在彰化度過小學到初中的歲月而有著特別的感情，就找到這麼一家遠離台北的印刷廠。於是在排版清樣出來之後，他就帶著我們前往彰化當場進行最後校對。我們幾個人在那裡前前後後待了超過一個星期，吃喝玩樂居然全由印刷廠老闆包了。然後又聽錢永祥隨口談起台大有位刊物負責人卸任時身上多了一套西裝。我當時並不知道一套西裝代表的價值有多大，但台北的大學生這樣的搞法，對我又是一次不小的文化衝擊，素樸的天真很快就失去了。

在彰化我初次嚐到檳榔的滋味，印刷廠老闆和他負責管廠的弟弟經常滿口紅茸，也必以此待客，那種辛辣苦澀的異味嚐來讓我有如失去童真。我也初次接觸到經濟起飛年代台灣的勞動者，這個時期電腦還沒影兒，印刷廠從排版到印刷一手包辦。排版仍用鉛字，需要人工檢字。檢字工人在檢字房的鉛字架前來回穿梭，一隻手同時拿著原稿和一個木製的檢字盤，另一隻手將一篇文稿中的不同字型與大小的鉛字，依序從鉛字架上檢出排在木盤裡。最後再交由排版師傅一整頁、一整版地排在可以上印刷機的大盤子上。我們來到印刷廠時，文章的初樣已經印出，就等著我們校對。負責我們校對稿的檢字工人是一位還沒當兵的年輕小伙子，小學畢業就來印刷廠，檢得一手飛快的好字。我們相處甚爲融洽，還一起逛夜市吃宵夜，而他總是帶著欣羨崇敬的眼神看著我們這些台北下來的大學生。

在彰化晚上無聊時，我們就聽著從台北帶下來的小收音機。有一晚錢永祥把收音機抓過去，開玩笑說「我們來聽聽『祖國』的聲音吧」，就順手撥到有著強大電波的大陸電台，於是傳來了「大海航行靠舵手，萬物生長靠太陽……」的樂聲。在這種窒悶的年代，從對岸傳來的無比雄偉的聲音無疑總會令人好奇萬分。而他將當時的「大陸匪區」戲稱爲「祖國」，聽在我耳裡卻恍如小時候祖母口中的「唐山」。

我們在彰化如此磨蹭了一陣，做完整個校對工作之後卻發現文章太多，超過上個學期的那本厚冊，要當作一期來出實在太厚。於是當場拆成第30與31兩期，又爲多出來的那期臨時設計了簡單的封面，重新編好之後才算大功告成回到台北來。

這段與大學論壇社以及台北人的初次經驗讓我既興奮又困惑，回到台北之後的一段日子除了趕緊補課之外，心中純真的舊世界似乎就此粉碎，幾度令我陷入迷茫的深淵。然而這個嶄新的感性世界卻以更大的力量在召喚，讓我不由得捲滾進去。

今日又是風雨微微 異鄉的都市
路燈青青照著水滴 引阮的悲意
青春男兒 毋知自己 欲行哪位去
啊——漂流萬里 港都夜雨寂寞暝

〈港都夜雨〉— 呂傳梓詞，楊三郎曲

布哈林的命運

民國59年夏天，印刷廠早在學期結束前就將刊物印好，我們卻發現論壇社沒有足夠的錢去領出來。學校對學生刊物的補助甚少——尤其像大學論壇這種反對派學生搞的異議刊物——因此必須自籌大半印刷費，主要是靠廣告。然而由於這學期以來社務幾近癱瘓，論壇社顯然沒去拉到足夠的廣告，何況一期拆爲兩期之後，臨時多出來的那期更沒有事先談妥的廣告收入了，而這些似乎也不在錢永祥原先的盤算之內。沒有足夠的錢去領，錢永祥只好任之擺在印刷廠的台北倉庫再徐圖計議。結果這個學期我們雖然編了兩期《大學論壇》，卻一期也沒發行。

更不妙的是在過完暑假回到學校之後，我們又聽到那家印刷廠因爲經營不善倒閉了，整個倉庫的東西包括這兩期大學論壇的四千本，已被債權人扣住。這下子搞得我們更加灰頭土臉，幾乎沒轍。後來錢永祥總算設法拿回了這兩期。

然而事情卻沒能如此圓滿下場，當我們把這兩期新出的《大學論壇》依規定送到訓導處時，訓導處卻暴跳如雷，威脅要處分我們，而這正是我從彰化的印刷廠回來後心中隱隱掛慮的。在這新出的其中一期裡，我們強行刊登了一篇審稿沒過的翻譯文章〈沙特論布哈林〉，存在主義哲學家沙特在這時被當局界定爲「親共」人物，而布哈林則是列寧當年的左右手、馬克思主義的理論家及史達林的死對頭與受害者。沙特在這篇文章裡以其存在主義的立場，探索革命者兼理論家的布哈林生命最後的存在情境與時代悲劇，對我們而言是一篇富有思想深度與嚴肅議題的文章，值得大家一讀。然而訓導處只要看到沙特與布哈林這兩個名字中的任何一個，就會皺眉頭，何況還將兩人擺在一起。因此在這篇文章的送審過程中，我們就曾與訓導處爭執很久，最後他們還是不爲所動，不准我們刊登。

而後在彰化的印刷廠校稿時，我卻發現這篇審稿沒過的文章還是排了版，顯然錢永祥不顧一切準備刊登，這是我初次看到他壓抑不住的憤怒與率性的發作。這可是一整篇文章，不是一段話或一個名字而已，非同小可，然而我不敢多言，卻暗自興奮，自忖著屆時將有一場抗爭的好戲，也就不計後果了。

果然訓導處在拿到刊物，發現我們強行刊登這篇文章之後，勃然大怒，不僅不准我們發行，還威脅要記過處分。錢永祥雖然到訓導處去爭吵了一場，然而當時我們勢單力薄，校園一片平靜，心想這事即使鬧開來我們也將毫無奧援，不僅當年的媒體不會對此事有任何隻字片語，學校裡的社團與刊物互相也無聯盟，不敢出來聲援。最後我們冷靜下來，決定不想爲沙特與布哈林兩人去冒記過甚至退學的危險來強行發行，於是只好將拿到手的兩期論壇，成堆地借放在學生活動中心的代聯會辦公室。這一屆的代聯會主席是新當選的政治系二年級李大維，他雖是錢永祥在建青時代的夥伴，也曾是個文藝青年，但這時已經志在成爲一個外交官，而從台大代聯會作爲一個起點，開始了他正統的從政之路。

這兩期《大學論壇》最後以撕掉沙特的這篇文章作爲條件才得以發行，我們幾個小鬼在代聯會的辦公室將這篇文章一本一本從刊物上撕下來，整個時代的荒謬都糾結在這些沙特與布哈林的斷簡殘篇之中。

總之我們加入大學論壇社後出刊的這兩期可謂命運坎坷，在那高壓的氣氛中，知性過於早熟、內心又滿是衝突的錢永祥也只能跌跌撞撞挨著前行，隱約意識到純粹用文字在刊物上進行思想論辯已經無啥用處，而我們要追尋的應該是一個付諸行動的場域，因此《大學論壇》作爲一個台大學生思想上的前衛刊物的使命也應該可以結束了。確實他高中時代的盛產期似乎已經中斷，這兩年來不再寫什麼文字。然而在沈靜的校園氣氛中，行動的場域又在哪裡[5]？

為什麼春天你要遲到，等得我好煩惱

你知不知道，你知不知道

再不來鳥兒也飛了……

〈春天為什麼要遲到〉— 莊奴詞 古月曲

費孝通的啓示

民國 59 年秋天，當我們一本本撕掉沙特論布哈林的文章時，我已從法學院的社會學系轉到文學院的哲學系了。當初聯考時我以社會學系爲第一志願主要緣於費孝通的兩本書——

---

5 1970 年之交，台大學生在戀愛問題的爭論之後，接著是對留學現象的反思，對學生冷漠於國家大事的嗟嘆，似有破繭而出的蠢動之勢。然而主流氣氛還是文藝性的，這可從當時登在《大學新聞》上的如下文章看出：邱彰〈當我踏入台大時〉、張晉城〈日本愛樂交響樂團演奏會後記〉、施信民〈談繪畫藝術的演變〉、黃榮村〈春季小品〉、楊庸一〈愛的發展——從佛洛依德談起〉、陳芳明〈焚蝶〉等等。

《鄉土重建》與《鄉土中國》。費孝通這個名字在當時的台灣是個禁忌，而他的這兩本有關中國傳統社會結構的里程碑巨著，先後出版於中國甫於抗戰勝利又陷入悽慘內戰之際，由於作者的「附匪」身份，在台灣更屬禁書之列。然而就在民國 57 年，台灣居然有人偷偷將其印出，兩本小書簡單地用深綠色封面包著，上面印的作者名字是「費通」。

這兩本書給了我不小的震撼，尤其是在歷經了 1960 年代「中西文化論戰」的洗禮之後。費孝通對中國傳統社會進行考察後，提出了「差序格局」的概念來解釋不同於西方的中國傳統人際關係。我在高中時讀到這些論述，有若得到了解開中國之謎的鑰匙，發現用我所了解的費孝通式社會學來認識自己所處的社會，竟會是如此有力，遠超乎「中西文化論戰」的視野與深度。於是在大專聯考的報名表上填寫志願時，只填上了當時台灣僅有的四個社會學系：台大、政大、東海與中興，最後再加上一個文化學院的政治系以防萬一。當時的大專聯考在報名時就得先填志願，大部分人都會把所有學校的上百個學系密密麻麻填在志願表上，而我則死心眼地盯住社會學系。

做爲西方「科學」的各種社會科學，在 1960 年代的中西文化論戰之後才真正大規模引進台灣，顯然論戰的成果爲此鋪了一條康莊大道。西方社會科學的各個分支，經濟學、社會學、政治學以及行爲學派影響下的心理學，隨著西化派在論述話語上的勝利，以及哲學上的邏輯經驗論在台灣思想界的得勢，都以近乎顯學的態勢吸引著有志的青年學子。商學系雖然仍是聯考丁組的最熱門，但在學問上有企圖心的學子，卻是把眼光投注在這些新興的社會科學上。

其中專搞數學模型、號稱最「科學」的新古典學派經濟學，也已成爲台灣經濟學界的主流。我前後幾屆有志讀經濟系的可謂人才濟濟，在這時大一新生所住的男生第七宿舍裡，除了醫科學生外，經濟系的最是志得意滿了，經常在走廊上高談闊論，而高幾屆的許嘉棟、梁明義等人已是他們出名的學長。

後起之秀的社會學這時還沒有一個清楚的面貌。譬如，我必須費心向迷惑的父母解釋，在聯考報名表上我只願填寫的幾個社會學系是啥些什麼，但現今台灣社會學界的頭面人物卻幾乎是這前後幾屆的學生。當時我們只知道這些「科學」才是值得追求的真正學問，並沒自覺到台灣的「學術」已經進一步被納入西方的意識型態領域裡，正如台灣的加工出口型經濟在這同一個時期被納入戰後全球資本主義經濟體系的一環那樣。

我如願進了台大社會學系，然而不只校園裡沒有殷海光與李敖，系裡也沒能找到如費孝通的大師。而且年輕躁進的我也不能滿足於僅對社會進行「科學性」的技術分析，在大一社會學概論的學期報告上，我擬了一個很大的題目，討論傳統的家庭制度，引了多位大師的著作寫了一篇洋洋灑灑的研究。然而朱岑樓教授卻批上如此評語「你應小題大作，而非大題小作」，令我頓感挫折，原來科學化了的社會學所要處理的應該是有如自然科學實驗室裡的小題目。

當時任何更大、更高、更深、更遠，更全面、更無所不包一網打盡、更貼近生命底層的東西，對我都更具吸引力。於是在大一下學期捲進錢永祥及大學論壇社的活動之後，哲學遂取代社會學成了要來回答我諸多生命疑惑的最高學問了。轉讀哲學系在這時水到渠成，而中國的謎題只好暫放一邊了。

殷海光的傳承

這時的台大哲學系頗為熱鬧，聚集了各方「英雄豪傑」。與我同時轉入台大哲學系的還有謝史朗，他從文化學院哲學系降了一級轉來，我們也就與曾是建青成員的張復同班了。邱義仁則早在前一年就從輔仁哲學系轉進來與錢永祥同班。大四的鄭南榕剛從暑假的大專暑訓補訓回來，還留著短短的平頭以及曬得黝黑的皮膚，他的班上還有蔡禎文、張景森[6]、莫一予等人。

1969年，南部來的、有志於哲學的大學新生邱義仁（右）與謝史朗（左）在外雙溪故宮博物院。故宮博物院此時才落成沒幾年，是各地學生必來頂禮膜拜之處，這時傳統文化的菁華對謝邱兩位都還有一定的吸引力。　（謝史朗提供）

6　與政治界的張景森不同人。

台大哲學系的老師這時卻是青黃不接，系主任洪耀勳剛退休，在美國任教的中生代學者成中英回來接任。然而成中英似乎總是在太平洋兩岸來回飛著，除了牽涉到一些爭議性的事件外，並沒能開展他所承諾的抱負。但是系裡的年輕老師如陳鼓應、趙天儀、葉新雲、林正弘、黃天成、胡基峻、李日章、楊樹同等人[7]，卻有著另一番氣象，而王曉波與楊斐華則是研究生兼助教。這些年輕老師在當時都是沒出洋留學過的土產學術工作者，但是哲學系自殷海光以降的啓蒙除昧與自由探索的精神，卻多具現在他們身上，並深深感染到我們學生。

雖然殷海光引進的邏輯經驗論在系裡的年輕老師中聲勢不小，但他們真正的興趣領域其實十分多元，林正弘專研數理邏輯，趙天儀傾心美學，陳鼓應、黃天成、李日章、王曉波則遊藝於中國哲學的各個領域。重要的是這些年輕老師之間雖然有學術領域的不同，卻少有研究上與人際間的敵對與疙瘩存在。在殷海光的精神與人格影響下，這時的台大哲學系是一個思想自由、風氣開放、富有朝氣的地方。邏輯經驗論理論本身雖然霸氣十足，然而對台灣的年輕學子所起的最大作用其實是在批判精神上面，在台灣當時的學院環境裡是挑戰各種御用與主流學術權威的武器，這正是台大哲學系承繼殷先生精神之所在。

我在台大哲學系雖然一樣沒能碰上大師，但並不覺得有太多遺憾，因爲這裡自由精神就有著致命的吸引力了。大部分受到殷海光影響的年輕老師都與學生十分親密，沒有架子。他們在授課上也極爲尊重學生的自主性，我修過陳鼓應的一門課，

7 殷海光的其他學生如何秀煌、許登源、劉福增等人皆已出國留學。

沒去上兩堂，只是用心地寫了學期報告就得到高分。這種自由精神不只吸引了我們這些人，還吸引來後來的張錦焜、范良光、施智璋、孫慶餘、羅其雲、王瑞香、許仁圖，以及更多的青年學子。這時的哲學系館還在古樸典雅的文學院後進，提供了充分的人文氣息。

自由開放的氣氛、年輕上進的老師、渴求真理的學生，這樣的組合自是十分歡迎剛從德國回來的鄔昆如以及美國回來的成中英，也都企盼著哲學系能因而開始重建思想上的前衛地位。在開學不久的一堂「西洋哲學史」課上，鄔昆如問起我們學生「你們前兩天有沒有去參加殷先生的週年追悼會」，殷海光去世於前一年，這時正是週年祭，在新生南路的懷恩堂舉行，鄔昆如當然去了。我雖然因為消息不靈通而沒去參加，但是聽起鄔昆如這麼說，覺得很是窩心。

然而就在這種企盼的氣氛中，卻是誰也沒能知覺到哲學系裡已有一股暗流在醞釀，沒能料到兩年之後會有台大哲學系的大災難，並導致殷海光自由與批判精神的斷裂與失傳。

山雨欲來風滿樓

轉到哲學系之後，我一邊摸索著哲學思辯之路，一邊跟著老錢繼續編輯第 32 期的《大學論壇》。這一期是奧地利哲學家卡納普（Rudolf Carnap）的專輯，他雖然不屬於聳人聽聞的思想家之列，但卻是邏輯經驗論的重要理論大師。錢永祥這時自任社長，蘇元良當總編輯，我為此翻譯了一篇卡納普的文章，阿東阿吳都過來幫忙。印刷廠則選在板橋，我們也沒勁與學校作對，順利將這期論壇出刊。卡納普硬梆梆的理論難以被校方挑出毛病，而曾經作爲挑戰台灣威權思想的批判武器如今卻顯得有氣無力了。

這時那兩位歷史系的台北女生早已逃之夭夭，鄭梓從政治系轉到歷史系之後找到了歸宿，不再參加論壇社的活動，而元良則開始被校園裡一個新興社團「慈幼會」所吸引。這個以服務孤兒院爲宗旨的社團是由化學系的江炯聰與歷史系的林聖芬推動出來的。他們兩人原本都在大學新聞社活動，在慈幼會 10 月正式啓動之前，《大學新聞》還以社論〈愛的呼喚〉給以全力支持[8]。這個社團顧名思義是進行社會慈善服務，卻有著走出校園關心社會弱勢群體的另一種意義。他們不談政治，卻深具活動能力，集結了校園不少社團如大學新聞社、登山社、晨曦社、校園團契等的支持，於是又有著跨社團活動的意義，不稱「社」而稱「會」。江炯聰在報導慈幼會成立的緣由時提到，爲了不流於只是「間歇性的施捨」，爲了能有「集中而長久的關照」，「先有組織的成立，而後有行動的展開，是一條值得嘗試的途徑」[9]，充分理解到組織對行動的重要性，這個面向影響此後台大學生活動的方向至鉅。而元良也喚回了過去在長老教會團契活動的經驗，讓他如魚得水，接受了慈幼會的召喚。

在慈幼會成立的同時，釣魚台列嶼的歸屬問題也開始浮現，校內外的報刊斷續有著報導。楊升橋在《大學新聞》的一篇批判台大人冷漠的文章上首次提到「關於釣魚台列嶼主權誰

8 《大學新聞》第 315 期，民國 59 年 9 月 21 日。
9 《大學新聞》第 317 期，民國 59 年 10 月 5 日。

屬的問題，在我們最高學府裡頭，到底有多少人去關心它、討論它」[10]。隨後又出現樂吾生與康義的幾篇相關文章[11]，在表面平靜的校園氣氛中，敲出了數響警鐘。

然後在北台灣冬雨開始之際，日本發生了三島由紀夫自殺事件。三島由紀夫這時在台灣已頗有名氣，志文出版社才出過他的一些小說如《金閣寺》，他的唯美傾向頗能觸動當時台灣知識青年灰色抑鬱的心靈。大學論壇社決定爲此舉辦座談會，請小說家鍾肇政與歷史系講師李永熾上場。我們到台風社借來紙筆，老錢選了一張黑色的大海報紙，用白漆塗上「三島由紀夫——其人，其文，其死」幾個大字，貼在佈告欄上非常醒目。我奉命去桃園龍潭接洽鍾肇政，在一個潮溼的冷天，搭公路局輾轉來到龍潭找到鍾肇政的老家。他手裡拿著一個客家傳統的暖爐，燒炭的小爐子放在一個精緻的手提竹籠子裡，很高興地接受了論壇社的邀請。

座談會當天老錢託一位朋友開一部借來的小汽車，到龍潭去接來鍾肇政。這場座談會居然十分成功，會場擠爆了人，大家關心的不只是三島的文學，還有他對生命的嚴肅態度，及其所採取的激越手段，至於對他極右翼的軍國主義狂想則既不瞭解也不太在意。在表面平靜的校園裡，這類有著嚴肅與激越態度的人物所帶來的是一種山雨欲來風滿樓的詭譎信息。

10　楊升橋〈不要做沈默的一群〉，《大學新聞》第315期，民國59年9月21日。

11　樂吾生〈看釣魚台的爭執〉（《大學新聞》第316期，民國59年9月28日）與康義〈維護釣魚台列嶼的主權〉（《大學新聞》第317期，民國59年10月5日）。

當時遠方確有一場山雨正在下著。這年 11 月間，接著加拿大和義大利等國與國府斷交之後，在聯合國大會「中國代表權問題」相關議案的表決上，支持中共的國家首次超過支持國府的。由於這議案還是屬於「重大問題」，必須超過三分之二的票數才算通過，因而國府的聯合國代表權暫時保住。但是這個信息卻代表著一種無可挽回的趨勢以及即將來臨的巨變，雖然不曾在平靜的校園裡引起太多漣漪，卻已在「憂國憂民」的學生心中投下了巨大的陰影。

何處安身立命？

這個時候大學論壇社雖然又開始走人，但在校園裡還是光環依舊，不斷有新生投效。當哲學系季小蘭等幾個新生加入之後，論壇社的活動幾乎成了哲學系的活動了。黃道琳這時也從投稿者變成了親密社友，開始與我們混在一起。上學期結束前季小蘭在家裡辦了一場舞會，論壇社一夥人都去了，疼愛女兒的父母和顏悅色地招待女兒的同學，我則必須開始學習這套台北學生的社交方式，也要避免去踩到舞伴的腳。這天晚上剛上外文系的陳雪梨也來了，這時她已準備赴美讀書，而季小蘭對老錢的痴情則開始顯現。

道琳這時住在公館過去景美萬盛街裡頭一棟有院子的平房，整棟房屋隔成數個房間分租學生。萬盛街這時只是一條沿著大水溝蜿蜒而行的小路，水溝上游好像有家染整廠，溝裡的水總是五顏六色。開學後，轉到台大的史朗與師大美術系的區超蕃及同班女友也一起住了進來，裡面一間大房間成了區超蕃的畫室。

於是萬盛街這裡頓時熱鬧起來，成了我們經常駐足逗留之處，有如巢穴。這裡原本住著一位土木系的郭耀楠，年齡與閱歷都在我們之上，總是善解人意地任著我們這群小子的胡鬧。

道琳住在萬盛街這棟房子最裡頭的一個小房間，簡單的家具之外最醒目的就是佔掉所有其他牆面的書架，其中大部分是英文書，透露著他對書籍與閱讀的深度樂趣。他又是個極爲整潔的人，書本文稿不管在書架或桌面上，總是排列堆疊得整整齊齊。對於一個從小離家在外的年輕人，不管外面的世界多麼令人感到疏離與挫敗，這個小書齋，這個書本的世界，似乎還是最能讓他安身立命的地方。

1970 年代初，黃道琳窩居的萬盛街租屋是我們經常混跡之處，謝史朗與區超蕃，甚至更早的王曉波、吳敦義與曹興誠都曾住過這裡。保釣運動時我們在這裡製作五四愛國口號的大布條，醉酒高歌之後我們也會以此為休息站；但大半日子是道琳坐擁書城的小天地。　（黃道琳提供）

台北的繁華世界對一個少小離鄉北上求學的小男生，既是充滿著挑戰與誘惑，又是個令人卻步傷心之處。道琳雖然學富五車文采燦然，卻不善言詞，既不能像台北男生那樣夸夸其言、高談闊論，也進不去他們自我膨脹的世界裡，即令有著滿腹的經綸與滿腔的激情，不善孔雀開屏的他只能散放著內在的魅力。當然這種沈潛的魅力對台北的「花瓶女生」是絕緣的，即使有緣可結，對他而言也是難以捉摸，難以符合他放不下心的家鄉父母的需求。在異性伴侶上，老錢似乎與他心有靈犀，兩人時而爲此對飲，談著台北女人「聖女與娼妓」的兩難，又爲著感情上失去了的童真而傷懷，互相撫慰著難得紅粉知己的悵惘。

一言說出就要放乎不記得
舊情綿綿每日再想也是妳
明知妳是楊花水性，因何偏偏為妳鍾情
啊——不想妳，不想妳，不想妳
怎樣我又再想起 昔日談戀的港邊…

〈舊情綿綿〉— 葉俊麟詞，洪一峰曲

在山雨欲來的這段日子，我開始與老錢和道琳兩人湊在一塊喝酒。來自台南小康之家的我，未見過酗酒情事，家中長輩也都不善此物，因此台北大學生不管以酒澆愁或借酒裝瘋，對我而言也都是新鮮事物。我們加入論壇社後的那年暑假，老錢曾經南下高雄掃墓，回程路過台南就召來府城所有的新知舊識，相聚於東門城外一家火鍋店。我初次見識到以灌醉對方爲樂的台北喝酒文化，也只能捨命陪君子，生平第一次喝得東倒西歪。老錢又喜歡邊喝酒邊唱歌，當時還沒聽說過卡拉 OK 這玩意兒，也無此需要，我們不是和著飯店播放的電台流行歌，就是自己唱了起來。

此後飲酒高歌成了我們解悶洩憤的儀式，往往幾杯下肚後就開始唱將起來，好似有著滿腹的辛酸與悲憤。我們喜歡一起唱一首〈昨夜夢醒時〉，每每一舉杯就唱出「記得昨夜——，醺醺酒醉——」。老錢最喜歡包娜娜的歌，尤其是〈人兒不能留〉，似乎還在悵惘於逝去的戀情；道琳的最愛則是洪一峰的〈舊情綿綿〉，這條老歌往往讓他低徊不已，我則更喜歡鄉愁滿懷的〈港都夜雨〉。

飲酒高歌是鬱悶年代的宣洩儀式，喝的是金門大麯，外加可樂。四對眼光一齊瞪著的是作者的清白胸膛。這是在蘇元良與鄭梓的租屋處，捕捉此影像的應該是鄭梓。我在此第一次學打麻將，第一次讀到尚屬禁書的金庸武俠小說；外地生的租屋處常是多少人的各式各樣的第一次。（作者提供）

有一次在碧潭的一家飯店樓上，不勝酒量的我幾杯黃湯下肚之後，歌還沒唱完，就得趕快把頭往窗外一伸，嘩啦啦全吐了出來，幸好窗外是隔壁屋頂而不是馬路。而後三個人醉醺醺回到萬盛街擺平。我與道琳都是出外人，家裡管不著，而家住台北的老錢居然每次總能安然無恙回家報到。卡爾盧正邦這時出現在我們這個圈子的頻率也越來越高，但幾乎滴酒不沾的他，甚少參加我們的讌飲狂鬧，更不曾在酒後唱出國際歌來。史朗則開始忙於籌組小家庭，也少參加我們的唱飲。

我們一夥人也會在中午上完課後來到邱義仁在溫州街的租屋，他這時與吳乃德合住，那裡有電視機可以觀看中午的布袋戲。黃俊雄在搬演完「雲州大儒俠」後，接著搬演「西遊記」。他爲戲中人物選取動聽的配戲歌謠，並親自填詞，包括來自日本迴腸盪氣的〈爲何命如此〉、好似南管古調的〈相思燈〉、帶著島嶼悲情的〈風雨斷腸人〉、民謠風的〈偌好你敢知〉、輕快的進行曲〈水噴噴的美猴王〉等等。這些布袋戲歌謠大家都能朗朗上口，唱上兩句。道琳笑起來時露出的兩顆突出門牙，爲他帶來了雲州大儒俠丑角人物二齒的口頭禪「哈麥」的綽號。大家一起飲酒時，又會學著二齒的搭檔劉三，唱起「咱若是心頭結規球，得來飲酒，濕一下，濕一下，偌好你敢知？」[12]

國台語流行歌是當時我們的最愛，老錢不屑地拒斥西方古典音樂，有如他拒斥「台北花瓶」。他也不太聽西洋熱門音樂，甚至連當時風行於台灣知識青年之間具批判意識的披頭四搖

12 國語翻譯：「我們若是心頭鬱結成一團，就來喝酒，咂一下，咂一下，你可知道有多好？」

滾樂，以及 Bob Dylan 與 Joan Baez 等民歌風抗議歌曲，也都不太看得上眼，認爲這些都不免帶有「市鎮小知識份子」的品味，不能免於台灣中產階級的附庸風雅。他還曾拒絕主持論壇社不知何故安排的音樂家林聲翕的講演會。當時李潮雄已離開論壇社，沒能用上他的體面儀表，獨撐大局的錢永祥又不願主持，最後好像是蘇元良，不知從何處借來一套西裝上台充數。

然而在不願「附庸風雅、追求品味」之後又能如何？在當時就只有「到民間去」，好其所好，聽其所聽，與民同樂了。我於是從中學時代對西方古典音樂的沈迷[13]，接著史朗讀書會時的 Beatles，Bob Dylan 與 Joan Baez 之後，開始跟著老錢唱起國台語流行歌，覺得這是更能貼近民間底層的聲音。

這個時期的台灣流行歌雖然大部分還是日本流行歌曲的翻版，依舊迴腸盪氣，但作曲風格丕變，脫掉了 1950、1960 年代日本流行歌的悲情味道，而多了不少豪放氣息。顯然隨著日本經濟的起飛，新時代的日本流行歌作曲者也有了心境上的變化，而湊巧也投合台灣的情況。何況當時台灣的填詞者也頗高明，尤其黃俊雄爲他的布袋戲人物所填之詞更是精彩絕倫，譬如苦海女神龍的〈爲何命如此〉流傳 30 年至今仍然膾炙人口。此外包娜娜、邱蘭芬、歐陽菲菲等歌手成熟幽怨的唱腔[14]，確實更貼近我們當年內心的情慾，更能發洩時代的集體鬱悶。

13　中學時代，趙琴的「音樂風」幾乎是我我每天的心靈享受。

14　當時的女歌手多唱得像歷盡滄桑的女人，即令剛出道的鄧麗君也要設法蛻掉小女孩的稚嫩，學著唱得像大人。這個時期並沒能流行今日的「青少年崇拜」，所有的人都想要趕快長大，學當「大人」。

印著密密麻麻歌詞的小歌本是飲酒高歌時的參考書。除了披頭四的搖滾樂自有其致命的吸引力外，我們還喜歡唱黃俊雄電視布袋戲膾炙人口的歌謠，也喜歡包娜娜成熟哀怨的唱腔、歐陽菲菲熱情奔放的嗓音。國台語流行歌是我們「與民同樂」的媒介。（作者提供）

記得昨夜——醺醺酒醉——
只記得淚雙垂，一路上糢糢糊糊街燈明滅
不知喝了多少杯，淚雙垂到底是為了誰
又為誰夜半不歸，閒了鴛鴦被……

〈昨夜夢醒時〉—游國謙詞

「等待何時咱的天」

我們「到民間去」的反品味傾向，也同我們原來知性與現實的矛盾糾結在一起，對學院與民間的距離甚爲敏感。有次走在校園時一架飛機低空飛過，震耳欲聾，阿束引述鄔昆如的話說，德國的大學以其在社會上的崇高地位是不會容許這種情況發生的。我與老錢卻不約而同表示對德國學院高高在上的不以爲然，認爲飛機總要飛過什麼地方，若不能飛過大學，難道只能飛過一般民居？在知性與現實，學院與民間的二分之間，我們浪漫地折向了「現實與民間」。於是暢飲高歌遂成了我們這些慘綠少年解憂發洩的儀式，在杯觥交錯之際放懷悲歌，唱起呂泉生的〈杯底不可飼金魚〉，當唱到「好漢剖腹來相見，……心情鬱卒若無透，等待何時咱的天」時，更有若在等待著黑暗時代的天明了。

這種意欲破繭而出的苦悶存在於我們周遭不少人身上，鄭南榕就曾撂下狠話說他若不去賺大錢，就要當共產黨搞革命了。當然他說這話時，並非真的相信共產主義，而是對這個時代的一種激越反應。

激越雖是年輕人對這種威壓時代的必然反彈，「創業賺錢」這條現在的金光大道在這時卻已隱然成形。這段日子，我們總是喜歡坐在椰林大道的草地上排憂解悶，尤其在冬天有著陽光的時候。經常與我們一道在那裡曬太陽的是一位物理系的易富國，我們私下戲稱他爲野獸，因爲他這時已有鬍髭滿面的潛力，而且不論冬夏都是短裝打扮，露出毛茸茸的雙腿。脫俗的易富國當然不會在那裡一邊曬太陽，一邊想著創業賺錢。然而有一次我們在椰林大道的草地上卻碰到一位也在曬太陽的失學青年，同他聊開來後竟然聽他鄙夷說起「你們書讀這麼多有什麼用？我在外面混幾年賺的錢就比你們多多了」，我聽了很不服氣，而老錢則更快地回了他說「那又怎麼樣」！

當時台灣的經濟發展已扣上全球經濟之巨輪開始滾動，校園外創業賺錢也已形成一股社會趨勢。而且一年來校園刊物上也屢有新科技的引介，大學新聞曾大幅報導電機系換裝第三代積體電路 CDC 3150 型電腦的消息，並熱心爲同學介紹「何謂電子計算機」，連校門口的博士書店[15]也張貼出電腦程式語言 Fortran 入門的廣告。然而創業賺錢或追尋高科技的企圖心畢竟從沒在我們這夥人心中發酵過，我們選擇了激越的抗爭之路。

當我們走向激越之路時，邱義仁繼續沉浸在哲學的世界，一度還醉心懷德海（Alfred North Whitehead），書架上擺著一套懷德海與羅素合作的巨著 *Principia Mathematica*（數學原理）。他又一心想去德國留學，努力學習德文，我們幾個的必修德文課都得靠他才能過關。心思深沈又喜戲謔的他有時也會加入我

身上穿著南部帶來的素樸衣褲，手裡拿著翻版的原文哲學書——哲學這時是邱義仁可以安身立命的認真志業。來到台大哲學系之後，他不僅沉醉於懷德海，還勤學德文，一心想去德國讀哲學。然而他畢竟也是屬於我們一群入世之輩，對現實的不公不義難以無感不覺，終於也上了梁山。

（謝史朗提供）

15 當年在傅園牆外沿羅斯福路有著一排違章建築的小店，賣各色各樣吃的用的，我們經常光顧其中一家賣生煎包子與酸辣湯的。最靠近校門轉角的第一家則是有名的博士書店，主要賣文具，以及暢銷的參考書。

們，除了互吐時代悲情外，還經常以交換葷腥笑話爲樂，當作一種對威權高壓極爲有效的發洩方式，他是此中高手。有天晚上，阿仁從他的哲學世界裡脫出，和老錢與我三個人在台大校園談得極爲暢快，將苦悶傾洩得淋漓盡致。最後大家覺得有必要共同幹一件事，以誌此晚之投契，於是老錢帶著我們興奮莫名跑到長春路一帶找到一家旅館企圖進一步來個生理上的傾洩。不料旅館女中卻拒絕幫忙，而我們還得付房間費，才發現三個人身上的錢根本不夠，最後靠阿仁回去拿錢來解圍。我們如此荒唐地折騰了一個晚上，無功而返，依舊回到苦悶的日子。

在這段尋找安身立命的等待時光，生命似乎只能在荒誕與盲動中度過。

飲啦！杯底毋通飼金魚

好漢剖腹來相見，拼一步，爽快麼值錢[16]

飲啦！杯底毋通飼金魚

興到食酒免揀時，情投意合上歡喜

杯底毋通飼金魚

朋友弟兄無議論，要哭要笑據在[17]伊

心情鬱卒若無透，等待何時咱的天！

〈杯底不可飼金魚〉— 田舍翁詞，呂泉生曲

16　毋通：閩南語『不可』之意；麼：閩南語「也」之意。

17　據在：閩南語「任憑」之意。

第四章

校園驚蟄——保衛釣魚台運動

We shall overcome,

we shall overcome,

We shall overcome some day

Oh, deep in my heart,

I do believe

we shall overcome some day...

We Shall Overcome

等待火種

大學論壇社在民國 59 年這一年的出版與活動從絢爛到荒誕，代表著只用言說方式來對抗黨國威權體制的結束。從 1950 年代當局用白色恐怖手段來肅清左翼殘餘，並建構出一個美蘇冷戰下的「反共社會」以來，反抗的力量基本上只能以「自由主義」和「個性解放」的立場來發言，並且大半只能限於言說論述的範圍。在這種高壓統治下，1960 年代的台灣青年學子只能從殷海光李敖等人提倡的個人自由與個性解放的論述中，吸收思想養分，求取心理慰藉。那幾年，年輕人也曾如飢似渴讀著羅素與沙特，相對於全面籠罩的反共意識形態，他們的著作算是十分前衛與解放了。

但是與此同時又有著另外一個歷史動力在重尋生機。台灣從反抗日本殖民統治的運動中發展出來的第三世界左翼傳統，雖然在 1950 年代慘遭當局腰斬，到了 1960 年代卻有了復甦的可能，這一條線索藕斷絲連表現在陳映真的小說與評論上。雖然陳映真一夥人的奮鬥在民國 57 年被當局迅速壓制，然而火種已經散播開來，只等待歷史的契機來再度點燃。

可以說在殷海光去世，而李敖與陳映真相繼遭到牽制封口繼而投獄之後，1960、70 年代之交台灣的思想控制最是令人窒息。而台大沒有了殷海光，雖有一些年輕講師秉承他的遺志，還是難以填補學生空虛的心靈，以致錢永祥與李潮雄合力出版的《大學論壇》，竟也算是一支搖旗吶喊的旗幟，令人雀躍。

同一個時期校園外雖然出現了一本倡議革新的《大學雜

誌》，但由於其國民黨開明派的背景，並沒有原來《文星》與《自由中國》的視野與火力。不過大學雜誌雖然脫離不了反共意識形態，卻以一種當時頗爲新穎的觀點來討論台灣的社會結構。雜誌的成員張俊宏、許信良、張紹文、包奕洪等人合作寫了一本《台灣社會力的分析》，轟動知識界，反映出台灣在全球資本主義體系裡新的分工角色、起飛中的經濟發展、新的社會動力以及新一代政治人物的出現。

在這種抑鬱荒謬但又開始鬆動與充滿期待的時刻，民國 59 年春天兩名台獨份子在紐約企圖刺殺蔣經國的事件也就沒那麼出人意表。而同一年年底的聯合國「中國代表權問題」上雙方勢力的開始扭轉，也正顯示著山雨欲來的處境，整個台灣社會在這時進入一個轉變的契機。

在我們加入論壇社經歷了充滿著等待與荒誕的這麼一年之後，民國 60 年春天開學之初，《大學論壇》的光環又吸引來幾位大一新生，包括土木系的洪清森與經濟系的瞿宛文，大家約在西門町峨嵋街上的一家咖啡屋「天才飲冰室」見面。西門町是當時知識青年經常流連的地方，也是台大學生進城玩樂最遠的地點了，那裡除了還留有1960年代台北文藝圈的種種痕跡外，咖啡屋文化也正在興起。於是論壇社的社交活動開始升級，從台大附近的冰果室升級到西門町的咖啡屋。

洪清森是戴著低垂寬邊帽洪小喬[1]的弟弟，既懷著憂國憂民的抱負，也不脫工科學生的單純心思。瞿宛文未出現前，老錢

1　那幾年在電視台主持一個很受歡迎的藝文節目的洪小喬，總是戴著一頂低垂的寬邊帽，抱著吉他邊彈邊唱。

就跟我提起他在電話上聽到了一位成熟女性的聲音。當晚還留著長髮的她落落大方出現了，爲了過世不久的祖母，頭上還簪著一朵白紙花。她發散著強烈的女性追求自我的氣質，深深吸引了我。他們兩位的加入，再加上先前哲學系的幾位，編輯人手可謂不缺，然而老錢對大學論壇的編輯出版卻已提不起興致，心裡頭另有東西在醞釀，因而並無具體的出刊計畫。

Michelle, ma belle.
These are words that go together well,
My Michelle.

Michelle, ma belle.
Sont les mots qui vont tres bien ensemble,
Tres bien ensemble...

Michelle—The Beatles

越洋召喚——海外留學生保釣運動

這段等待的日子畢竟不長，民國59年入秋之後釣魚台列嶼的問題已開始醞釀，並且出現在台灣的報章雜誌上。雖看不出會成爲重大事件，台大的校園刊物也開始報導。然而到了年底這個問題居然在海外留學生中風起雲湧，引爆成爲保衛釣魚台運動，不僅很快在隔年春天衝擊到台灣島內來，並且竟然點燃了變革的火種。

釣魚台列嶼位於台灣與琉球之間，本來是個只有漁民才會來休憩避風的無人小島。然而它又屬於大陸礁層的範圍，附近海域可能蘊藏著豐富的海底石油，正是當時石油開採的新焦點，因而開始有了領土問題的敏感性。1960 年代末，美國決定要將其戰後一直管轄的琉球群島交回冷戰盟友日本，並且片面將釣魚台列嶼認定是琉球的一部份一併移交。琉球政府還在島上立碑，並且驅逐台灣漁民。領土爭議於焉開始。

釣魚台列嶼在日據時代就曾清楚登記為宜蘭縣屬島，美日兩國政府的這種私相授受的作法自然令人想起帝國主義的行徑，因此引起國內輿論的抗議，要求政府在這問題上要站穩立場。然而長期作為美日兩國的「反共盟邦」，又是苟活在他們保護傘下的國府卻是不可能站穩立場的，於是釣魚台問題所引爆出來的民族主義風潮，反而讓黨國體制的正當性受到嚴厲挑戰。

民國 59 年 9 月日本警方拔走了中國時報記者搭船去插在釣魚台上的國旗，並驅逐宜蘭漁船。10 月，還在讀台大哲學研究所的王曉波在中華雜誌上發表了〈保衛釣魚台〉一文，這篇戰鬥檄文顯然為海外留學生的保釣運動催生。從這一年年底開始，一直到隔年春天，台灣與港澳留美學生在美國各大城市到處串連聚會，舉行大規模示威遊行，抗議「美日私相授受，侵犯我國領土釣魚台」。而在民國 60 年 4 月 10 日在美國華府的「保衛中國領土釣魚台」大遊行達到最高潮，有兩千五百人從北美洲各地趕來參加。這是留美學生前所未有的政治運動，尤其能夠聚集那麼多人從廣袤的北美大陸各地趕來參加，可以想見釣魚台問題所引爆的民族主義熱力與能量，影響了那整個世代的台灣港澳留美學生與學人[2]，而其後續威力則讓國民黨完全失算，節節敗退至今。

這是一場事發突然的海外留學生愛國運動，國府派員遠赴美國企圖安撫，卻完全無效，而且所使用的分化打擊學生的伎倆，又使得這個原先可以成爲政府對外交涉後盾的運動，轉而變成反政府的風潮，並且越演越烈。於是海外留學生一面呼籲保衛釣魚台，一面造國民黨反的這些信息，就這樣透過各種保釣小報與資料流回台灣，流到我們手上。

我們在台灣正處於高壓與荒誕的氣氛中，很自然被海外留學生的保釣運動所振奮。我們在台灣收到很多北美各地的保釣刊物與資料，其中不少來自在美國讀核工的郭譽先，他是郭譽孚之兄，也是大學論壇社的前輩。這些海外各地的保釣資料也同時寄給台大以及其他大學的不少社團，顯然是當局始料未及而未能防範於先的。這些鼓動民族感情，抨擊黨國對內威壓對外屈膝的材料，一下子都在大家手上，令人熱血沸騰。在此之前，我們在台灣所能讀到的從殷海光到李敖的東西，都很少會如此赤裸裸地直接攻擊黨國威權體制。你可能偷偷讀過舊書攤裡找到的，甚或是手抄的《阿Q正傳》[3]，如今你卻可以在這些海外留學生小報上讀到魯迅當年評擊當權者的犀利文筆，真是大快人心。

因此，「美國政府將屬於我們的釣魚台送給日本」這種事固然會激起我們民族感情的憤慨，但是海外的保釣運動對當局

2　李遠哲也是其中之一。

3　我在高中時讀到的《阿Q正傳》就是一本手抄本，來自我初中的公民老師李洪倫。

的「對內腐敗、對外無能」的嚴厲批判卻更令人興奮。在台灣多少年來，從來沒有這種機會可以造這個威權體制的反，多少壓抑著的悶氣在這時就此傾洩而出，這其實才是台大保釣運動最大的動力所在。於是海外傳來的「保衛釣魚台」的呼籲，猛然震醒了整個台大校園久蟄的人心，黨國在校園裡建立起來的心防就此崩潰。

我們論壇社幾個人反黨國威權體制的信念，受到《自由中國》與《文星》的自由主義思想很大的啓蒙與影響，而以民族主義爲動力的海外保釣運動所帶來的信息之所以會打動人心，我們心裡很清楚是來自它反壓迫的那一面。我們這一夥人本來就不是追求富國強兵的民族主義者，反而更敏感於國家機器的壓迫性。在知識還是極爲閉塞的當年，有次曾聽人言及中共必然走上強國之路時，我們都不約而同嗤之以鼻，認爲人民若不得解放，國家強了又如何？一個「強大的中國」對我們而言除了個人心理層次的滿足外，不必然帶給人民實質的解放與幸福，而保釣運動反對帝國主義霸權的信念所傳遞給我們的，正是在於弱勢者反壓迫的信息，不僅反抗國內的壓迫者，也反抗外國的壓迫者。這個觀點讓我們逐步接近素樸的、反壓迫的、具國際主義性質的左派世界觀。這個發展就殷海光自由精神的傳承而言也是很自然的事，難怪殷海光的海內外弟子在這時已有多人不約而同走上了左傾的道路。

風雲突起——「釣魚台是我們的」

民國 60 年春天，李敖與謝聰敏、魏廷朝等人被秘密逮捕下獄[4]，我們在台大校園裡當然渾然不知。到了4月初，美國的一個桌球隊訪問中國大陸，是多年來第一個進入中國大陸的美國民間團體，因而被稱爲「乒乓外交」。雖然這很清楚又是個巨變前兆，然而卻不是困在校園裡的大學生主要關切所在，倒是海外保衛釣魚台的烽火卻一波波傳來，讓人魂不守舍坐立難安。

4月9日美國國務院正式聲明，將於明年將琉球群島交給日本，釣魚台列嶼也包括在內。4月10日美加各地的台灣港澳留學生與僑界在華府舉行保衛釣魚台大示威，這個消息以當時的通訊條件並不能立即傳回台灣，但是4月上旬這幾天，我們在台灣的心情已如箭在弦上，心想正是介入現實打破悶局的契機，此刻不行動更待何時？

當然，我們還是活在白色恐怖的淫威之下，並沒敢馬上打破禁忌串連社團，於是決定先以大學論壇社名義舉辦一場「釣魚台問題座談會」，再伺機而動。我們開始緊鑼密鼓籌辦這場座談會，聯絡與會人士，然而沒料到台大的一個僑生社團「香港德明校友會」率先行動了。

德明校友管不了禁忌，貼出了第一張台大保釣運動的大字報，標題是〈釣魚台是我們的〉[5]，時爲民國60年4月12日，一個晴朗的春日。雖說僑生一向比較不受威權壓制的影響，較少禁忌而能有此突破性的行動，但他們還是在海報上以「我們永遠支持政府」的宣示來結尾，以示不與當局對立。不管如何，

---

4 李敖於民國60年3月19日被帶走（見《李敖回憶錄》，頁275）。

5 全文為「釣魚台是我們的。我們堅決的抗議日本無理的要求、美國荒謬的聲明。我們永遠支持政府」。

做爲台大校園民主運動的導火線，僑生確是功不可沒，而這張海報一出，整個台大校園久蟄的人心就此驚醒。

德明校友會的第一張大字報衝破了我們本地生的自我心防，開啓了台大的保釣風潮。這天一早我們來到學校看到這張宣示，大爲振奮，覺得可以豁出去了。老錢更是整個亢奮起來，思索著如何以最聳動的方式來召喚台大同學。這時的黨國當局就有如半個世紀前五四運動時的北洋政府，而民族主義的強烈訴求依然是動員學生的不二法門。

老錢於是想到羅家倫爲五四運動所擬的一對標語，想到美術系的區超蕃可以幫得上忙，區超蕃則找來善於書法的同學。老錢又想到海報已不足觀，大白布條更有震撼力。於是在買來白布條後，大家聚到萬盛街區超蕃的畫室，看著他的美術系同學用沈重的隸書體在一對有十多公尺長的大白布聯上寫下兩排大黑字，並以「大學論壇社」落款：

中國的土地可以征服，不可以斷送。
中國的人民可以殺戮，不可以低頭。

美術系的同學將布條寫得很專業，書寫之前還先塗上一層肥皂，以免墨汁在白布上暈開來。隔天 4 月 13 日一早，我們爬到校門口三樓高的農經系館（現爲哲學系館）屋頂上，把這對大白布條從側牆高高掛下，極爲顯目，任何人一進校門就可看到，如今已成了台大保釣運動的歷史標誌。

掛了幾天之後，爲應付校方要求拆下的壓力，我們遂換上另外一幅。這次我們跑到新生南路上宋秩銘的家裡去製作，他

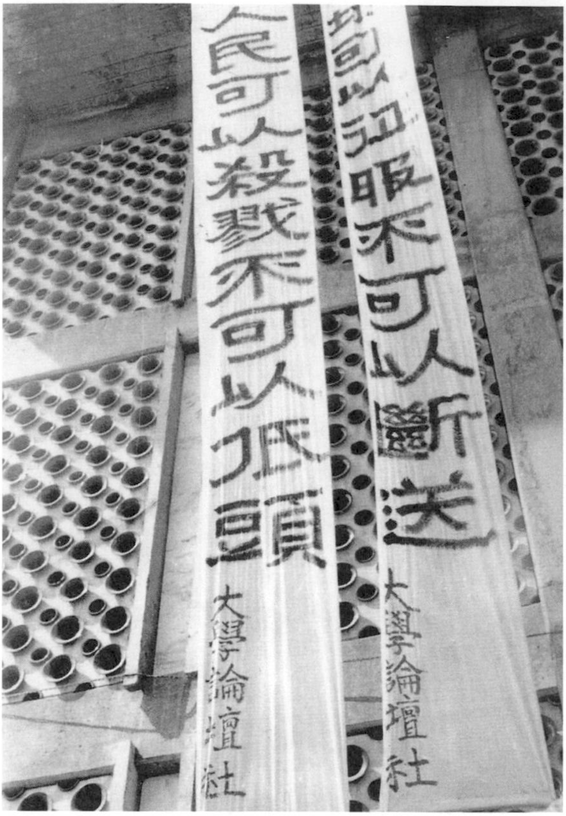

民國六十年四月十三日，僑生貼出第一張保釣大字報隔天，大學論壇社在校門附近掛出這對大白布聯，寫著撼動人心的五四時代愛國口號，挑動學生的保釣激情。這幅大對聯成了台大學生保釣運動的歷史性標誌，把保釣運動與五四運動掛了勾。（王曉波提供）

這時剛退伍在家，正準備參加聯考，也興奮地跟著我們跑來跑去。老錢爲此自擬了另一幅對聯：

流中國淚，起中國魂，誓死保我釣魚台。
灑中國血，護中國土，前仆後繼勿甘休。

用這些激勵民族主義情感的標語來動員學生參與，其有效性無可置疑，而且我們對自己的中國人身份也從未質疑過，對當時絕大部分的台大學生亦復如此。分離的族群意識從未在我們之間起過作用，不認爲這是一個基本問題，當然這時「中國」所代表的意義與三十年後的今天並不完全相同[6]。

破繭而出——台大學生保釣熱潮

德明校友會的第一張大字報，加上大學論壇社氣勢磅礴的大布聯，就此打破了校園的悶局，之後整個台大校園像似嘉年華會，到處貼滿學生社團自發性的保衛釣魚台海報與標語，每棵椰子樹上都貼上一張。一面很長的海報牆上面原來的社團活

6　中國人的自我認同對當年台灣的學生而言，基本上毫無問題。我們自認是中國人，就像呼吸空氣一樣自然。譬如，在大學新聞上一篇批評白景瑞「新娘與我」電影的文章標題會是〈給中國電影界的一帖藥方〉，另一篇〈中國人要什麼〉的文章則主要在談台灣社會的缺漏；某個社團請了外國人來座談他們「對中國青年的感想」，有位學生則如此回應〈一個現代中國青年的平心而論〉；而在一篇倡議全面改選中央民意代表的評論上，也以〈誰是中國的主人〉來質疑萬年國會的不當；連陳芳明在尼克森訪問北京的日子，也寫了一首嘲諷美國「中國通」的詩〈聽說有人罵中國〉。中國人的身份認同在這個時候是無庸置疑的，但是卻有個弔詭。對我們學生而言，炎黃以降的各個時代的人物是中國人，參與到辛亥革命、五四運動以及八年抗戰的人當然是中國人；本省人與流亡到台灣來的外省人是中國人，港澳人士、或留學在外甚至已轉成僑民的當然也是中國人。但是有一種人處於模糊地帶，那是民國38年以後中國大陸的那十億人口。當我們說我們中國人如何如何，我們中國青年應當如何如何時，是不包括那十億人口的，因為在這個時候，在黨國所建立的「反共意識形態」下，那十億人口對我們而言是完全的模糊不清，不在我們的「中國人」意識裡。可以說這個時候，台灣就是中國的主體所在。

動海報被移下來，換上整面的抗議聲明。學生們聚在海報前認真讀著抗議檄文，三五成群議論著時局的總總，整個校園氣氛丕變。甚至平常必須爲繁重課業忙碌的工學院學生也站了出來，電機學會與工學院學生代表聯合會都成了積極的參與者[7]。不僅如此，社團之間也自發地串連起來，把學校當局甩在一邊。

面對突如其來的學生保釣熱潮，不僅當時的代聯會主席李大維只能跟著走，學校當局也幾乎無法應付。這一學年才由政治系系主任接任訓導長[8]的俞寬賜沒辦法處理，改由開明幹練，毫無官架子的少將總教官張德溥——中華民國第一個飛彈營營長，來面對學生[9]。

接著 4 月 14 日、15 日兩天，僑生又有了突破性的行動，他們走出校園到美國與日本的大使館去示威抗議，再打破了「學生活動不准走出校園」的禁忌。對本地生來說，這又是一項指標性的行動，此後幾年台大學生的很多活動就不再侷限於校內，「參與社會、走入民間」的理念不僅可以講得理直氣壯，也透過各種形式走出了校門。

---

7 留美學生的保釣運動參與者大多是讀理工的，其中有名的林孝信（林聖芬之兄）出身台大物理系，他所推動創辦的《科學月刊》甚至成了海外釣運的聯絡網。因此台大理工科的學生與社團也接到了不少他們的學長寄回來的保釣資料。

8 當時的訓導長就是今天的學務長，主管學生行為。

9 張德溥於民國 59 年 1 月接任台大總教官一職，根據他的自述是承蔣經國之意。而在這年 3 月原訓導長韓忠謨調任法學院院長時，他就曾代理訓導長一職，直到 8 月底接任錢思亮的新校長閻振興指派俞寬賜當訓導長為止。這段期間他的作為就已頗得學生好感。

民國 60 年 4 月 15 日，大學生第一次走出校園。在貼滿大字報的保釣浪潮中，台大僑生衝破禁忌，自發前往美日使館抗議，這時正從椰林大道出發。僑生有僑生社團可以一呼百應；本地生因缺乏代聯會的領導意願，一直要到學生保釣會成立後，才能計畫六一七大遊行。（王曉波提供）

經過這幾天的校內串連，台大各學生社團得以在 4 月 16 日晚上聯合舉辦了一場「保釣座談會」。在原先只是「坐著談」的座談會上，經由王曉波、錢永祥與法代會主席法律系三年級的洪三雄等人的推動，確定成立「台大保衛釣魚台委員會」。洪三雄如此追憶當時情景[10]：

> 我率先主張保釣運動有成立常設機構的事實需要。……錢永祥一個劍步跟在我後面上台，神采奕奕、慷慨激揚地支持我的建議。一時之間彷彿道出了與會

10　洪三雄《烽火杜鵑城》，頁 13。

> 同學的心聲，……王曉波適時走上發言台，他高舉著瘦小卻充滿悲憤和力量的拳頭，聲嘶力竭地高呼：「保衛釣魚台常設機構委員會立刻成立！」

所依循的即是「要有所行動，必先有所組織」的原則。洪三雄並為這組織起草了章程，踏出了他作為全校性學生領袖的第一步。而我們原來以大學論壇社名義籌備的「釣魚台問題座談會」，也順理成章由這個全校性的保釣會接手主辦。

4月20日晚上台大保衛釣魚台委員會在體育館正式成立，由班代表及社團負責人二百多人選出十五個常務委員，並公推年紀最大的研究生協會宋漢生擔任主任委員，錢永祥與洪三雄則都高票進入常委會[11]。這整個發展完全是學生自動自發的行動，學校當局幾乎插不上手，而名義上是全校學生總代表的代聯會主席李大維，得票數只能名列第十，只是十五個常委之一。

台大保釣會這天晚上在體育館正式成立之後，接著舉行「釣魚台問題座談會」，會場坐滿了台大師生，氣氛極為火熱。我與幾位哲學系的年輕講師葉新雲、林正弘、黃天成等人坐在一起，每當聽到精彩處，為了喝采大家就興奮地猛跺腳下的階梯木板，發出聲聲巨響。當時不只是學生，年輕教師也在發洩著他們長久以來壓抑的激情。這一年王曉波還是哲學系研究生，以學生身份成為台大保釣運動的靈魂人物。

11　台大僑生社的馮浩彬得票最高，代表大學論壇社的錢永祥第二，第三位又是僑生—華僑同學會的符和俊，接下去是法代會的洪三雄與大學新聞社的張晉城。僑生在台大保釣運動的角色可見一斑。

台大學生保釣會 4 月 20 日成立，除了舉辦一連串的座談、演講外，並籌劃 6 月 17 日的保釣大遊行。鼓勵遊行的海報強調行動就在今朝，並要求不喜著校服的台大同學，當天要穿校服參加。（王曉波提供）

台大學生保釣遊行從北門的美國使館走到中山北路的日本使館，醫學院隊伍裡有不少女生，隊伍兩邊則有不少便衣人員。（王曉波提供）

台大學生保釣會主任委員張台雄（電機學會）在美使館門口宣讀抗議書，兩旁手持抗議書者為法代會的洪三雄與港澳同學會的陳沛健。三人很湊巧地各有外省、本省與僑生的身分。保釣運動是一次沒有族群內涵的運動，也反應出當時大學校園的一般情況。（王曉波提供）

台大保釣會成立之後的一連串活動，以6月17日到美日大使館的示威抗議達到最高潮，同時也告一段落[12]。保釣運動的烽火當然不限於台大，也在台灣的其他大學校園延燒，甚至連最保守的師大也有血書簽名活動。然而保釣運動到了這時必須告一段落了，因爲這時台灣整個社會條件、政治需求與歷史進程都不能配合這一運動的進一步發展。但是海內外的保釣運動至少讓釣魚台的主權問題在國際上懸而未決，甚至到今天，都沒能讓日本政府輕易得逞，也算是一樁歷史性的功績。

12 台大學生保釣運動過程詳載於洪三雄《烽火杜鵑城》與王曉波《尚未完成的歷史—保釣二十五年》（海峽學術出版社，1996年）等書。

當台大學生在美國大使館前義正詞嚴地宣讀抗議書時，使館內戴著墨鏡的美國官員雙手叉腰，一副不屑的樣子。洪三雄回憶道：三人一起進入大使館……原本激憤難抑的心，在大使館內卻變得十分鎮定得體，……一直激勵著「我們不能失了裡子，又丟了面子。」（王曉波提供）

此外，台大保釣運動從頭到尾都是在學校當局與黨國威權體制的嚴厲防範下，自發地爆開來的，是學生自主的奮鬥，不僅沒有也無須任何師長來帶頭，更絕非校方當局所能指導[13]。由於是學生的自主行動，其所引爆的動力遂能繼續發威，展開此後兩年台大校園民主抗爭的榮景。

13　一位當今政治人物曾對記者說他在台大就讀時，「參加過保釣運動，曾到中華路日本大使館及中山北路美國大使官邸抗議過，不過那時是教官教學生參加的，不但有車子坐，還有便當吃」（聯合報，民國 87 年 4 月 23 日）。他是否參加過台大保釣運動無可考，但指保釣運動是校方指使，則完全不是事實，徒然顯露他對保釣運動的政治立場。

民國60年4月，全台灣各大學同時掀起保釣熱潮，連管制最為嚴格的師大也不例外，展開了保釣熱潮。圖為師大學生踴躍以血在白布條上簽名，抗議美日的荒謬無理。
（周一回提供）

打鐵趁熱——民主烽火延燒校園

民國60年，當保釣運動風起雲湧之初，我們並沒料到台大學生會有如此爆發性的反應，也沒預期接下去會有一個校園民主抗爭的前景。暑假過後下一學年度開始，首先就有一個競爭劇烈的學生代表聯合會主席選舉，甚至造成國民黨候選人的落選。然後來自彰化、文質彬彬的洪三雄，除了有枝凌雲健筆外，還具備了超乎一般學生的組織動員能力。他所領導的法學院學生代表聯合會在保釣運動初試啼聲之後，接下的一整年更以一連串的演講、座談與輿論的形式，展開一個1950年代以來台大校園前所未有的學生民主抗爭。而已經成形的慈幼會在胸有成竹的江炯聰帶領下，更展現出走向社會走向弱勢的導向。可以說，當海外保釣運動轉化爲中國統一運動時，台灣島內保釣運動的動力則迅速激化了校園民主運動。

民國 60 年 4 月，台灣大學掀起保衛釣魚台運動，大學論壇社全力投入。正值赴美留學的陳雪梨也感染了論壇社的興奮，在文學院前與老友合照：（右起）錢永祥、陳雪梨、黃道琳與作者。出國之後，陳先到柏克萊找上郭松芬與劉大任，並開始郵寄另類經典書籍回台灣給我們。（陳雪梨提供）

民國 60 年 4 月間，宋秩銘(左)退伍在家，來台大湊保釣的熱鬧。老朋友李大維(中)是代聯會主席，面對保釣風潮相當無奈。（陳雪梨提供）

台大的保釣熱火使得大學論壇社又成爲焦點所在，也帶來重振旗鼓的希望。老錢曾經找來一些論壇社的前輩如孫隆基、王曉波、王杏慶等人來社座談，希望爲論壇社指引方向。然而時局已變，1960 年代文藝青年在抽象觀念與感性層次論辯的那種風氣已經失去了吸引力，保釣運動之後整個校園的氣氛急速政治化，政治議題成爲問題焦點，如何行動才是關注所在。

《大學論壇》在這學期本就因捲入保釣運動而暫停出刊，在這種要求行動的氣氛中，我們對繼續辦「思想性」刊物也就意興闌珊，於是決定從下年度起交給洪清森與瞿宛文等人。

我們與大學論壇社的因緣糾葛雖然到此告一段落，然而保釣的星火已經燎原，威權體制的心防大堤在台大校園也告崩潰，窒悶的局面也已打破，並且還出現另一種全新的聲音在召喚我們，因此並不覺得遺憾。

第五章

烽火杜鵑—台大學生民主抗爭

In the beauty of the lilies
Christ was born across the sea,
With a glory in his bosom
that transfigures you and me:
As he died to make men holy,
let us die to make men free,
His truth is marching on…

Battle Hymn of the Republic — Howe／Baez

崩解的開始

民國 60 年春天台大保釣運動促發了校園氣氛的重大轉折，國家政經大事搬上檯面成了優勢論述，杜鵑花城原有的文藝浪漫情調爲之收斂，抒情與內省的話題雖不能說銷聲匿跡，至少不再熱門。這種政治化傾向就學生社團活躍分子而言確是如此，甚至幾位深具文藝氣質的醫科學生所聚集的大學新聞社，如今也將大半篇幅投注在國家興亡與校園政治上面。《大學新聞》是台大最主要的學生報紙，每週一出刊一次，論述具有相當的指標性。於是政經大事幾乎盤據了有志青年的心思，真正反映了當時校園流傳的顧炎武格言「風聲、雨聲、讀書聲，聲聲入耳。家事、國事、天下事，事事關心」。

在這之前一兩年來，台大學生先是沉浸在男女戀愛問題，而後又忙著對留學現象與知識分子角色進行自我檢討。民國 58 年 11 月間，大學新聞社舉辦了一次「留學問題座談會」，反省台灣剛開始的大規模留學現象，討論延續數個星期；同時研究生協會也曾找來外國留華學生舉行「我對中國青年的感想」座談會，引發一些議論。而後《大學新聞》又在民國 59 年間展開「自省的話」與「論青年的出路」等系列社論。在威權體制的高壓下，學生無法自由議論國事，只能陷入自我批判的處境，家國社會的一切缺陷似乎都可歸諸我們知識青年自己的問題。

---

1 這個變化為有政治企圖心的「平民」學生開啓了一個另類的活動空間，可以不再經由校內的黨團階梯去追尋個人的政治出路，可以說為 1980 年代的「學運分子」鋪了道路。

在這種氣氛下，甚至學校配合政府來取締「奇裝異服」這種舉措，也不曾在校園引發任何有形的抗議[2]。台大校園多年來一直瀰漫著這麼一種自我貶抑的心態，直到保釣運動爆發。

然而引發這個校園變化的因素除了前所未有的保釣運動之外，還有一些更重大的國際政治事件接續發生。保釣之後的民國 60 年 7 月，緊接著美國國家安全顧問季辛吉[3]秘密訪問北京，美國總統尼克森突然宣布將於下一年春天訪問中國大陸，到了十月間國府又在無甚預警的情況下失去聯合國席位。這基本上是延續著一年來聯合國「中國代表權」問題雙方勢力消長所反映出來的國際形勢，然而在台灣卻是個石破天驚的消息。

這個變局終於撼動了一向活在威權體制溫床，以爲天下太平的大部分學生。原本穩當可靠的威權體制突然陷入風雨飄搖之中，人心開始浮動，神話開始崩解，台灣此後不再有著一致統合的意識形態。這個崩解與重組的過程至今尚未完成，但民國六十年確是它開始崩解的重大時刻。在台大校園裡，剛受到保釣運動所動搖的黨國體制的正當性，此時更是雪　加霜，這雖然加深了忠黨愛國學生的悲情意識，但對於歷經保釣運動洗禮而有了政治啓蒙的學生來說，除了慶幸威權體制的開始崩解之外，另尋出路也幾乎成了一致的傾向。

2　民國 59 年秋季開學後，學校發佈公告，說為了配合政府維護善良風俗、確保治安，將對蓄長髮的男生與穿「奇裝異服」的男女學生嚴加取締，並由校警負責執行(《大學新聞》第 313 期，民國 59 年 9 月 7 日)。對男生而言蓄髮是最大問題，王文興的長髮曾被警察當街抓去剪短，那兩年我也曾二次誤經派出所門口，差點被抓進去剪髮，幸好被另一隻手拉著，沒讓警察得逞。

3　季辛吉密訪北京時還是國家安全顧問，後來才成為國務卿。

奪取學生政權——「黨外」學生初結盟

首先在民國 60 年的暑假，慈幼會的江炯聰就已設法邀集參與保釣運動的各路人馬，組成研討會來為國家前途尋找出路。這個經常在羅斯福路上「我們咖啡屋」[4]舉行的鬆散聚會，最後因客觀條件並沒能形成一個跨社團組織。但是大家經由這個串連討論的機會形成了一個共識與協議，就是要在新的學年共同推出一個「黨外」候選人來競選學生代表聯合會主席。在動盪的國際局勢下，當時只有少數人會以「反共」立場來擁護黨國體制，台大反對派學生都認為必須變革威權壓迫才有希望，而這個變革必得先從校園做起。

於是在秋天的新學年開學後，這個校園裡的「黨外」學生聯盟推出了醫科三年級的王復蘇出馬競選學生代聯會主席，並且得到大部分社團與班代表的支持，以 150 票比 37 票大敗國民黨推出的候選人法律系二年級的傅崑成。第三位候選人政治系二年級的謝復生只得 8 票。

這真是台大校園前所未有的變局，國民黨的「學生政權」居然和平轉移了。在此之前代聯會主席向來都是由忠黨愛國的學生來擔任，不會受到什麼挑戰，譬如兩年來的胡定吾與李大維。然而這個第一次來自「黨外」的挑戰居然就大獲全勝，可以想像當時學生思變之心。並且這次選舉雖然只有班代表才有投票權，過程卻已有若今日之選戰。

4　「我們咖啡屋」是作家張曉風開設的。

競選期間校園貼滿了競選海報，三位候選人都使出渾身解數。王復蘇提出了「代聯會主席由台大全體學生普選」、「學生全面接管學生活動中心」、「學生有權參加校務會議」等在當時十分激進的政見。他更出奇制勝，在競選正式開始的那天凌晨，動員助選人馬將海報貼滿了校園裡所有最有利的位置，形成對學生的強烈召喚。國民黨那種只會在班代表中運作的傳統組織戰法，在「黨外」學生的這種新型文宣攻勢下完全失效。

此外爲了進一步對班代表拉票，除了有競選演說外，還傳出攻擊王復蘇的黑函事件，搞得代訓導長張德溥[5]在投票之前必須訓示班代表，要大家不要受到黑函的影響。最後還發生了一次很戲劇性的事件，投票前夕王復蘇的競選海報突然全部消失，隔天在校園裡看不到任何一張，於是傳出是國民黨方面幹的，當晚王復蘇則以高票大敗對手。後來卻又聽說那些海報其實是王這邊的人自己撕掉的，是藉以博取同情的苦肉計，然而真相如何已不可考。這些複雜詭譎的情況，有如後來選戰經常上演的戲碼。法學院的學生報《台大法言》用了這樣的標題來報導選舉結果：「三雄火拼逐秦鹿，楚弓在握王復蘇」[6]。

王復蘇當選代聯會主席前後所作所爲已經有如今日政治人物的作風，善用競選策略，善於打造品牌，善於造勢。他宣揚學生參與社會與回饋社會的理念，大張旗鼓組織了一個「社會服務團」，於寒假期間走出校園上山下海，到窮鄉僻壤去進行

5　到了這時，才上任一年的俞寬賜突然出國考察一年，訓導長一職於是由張德溥名正言順代理了這一年，雖然鈞運以後學生的事早已由他來管了。

6　《台大法言》革新第11期(民國60年10月4日)。

社會調查與服務。這些活動除了順應當時台大校園「到民間去」的風潮外，也充滿了現代化的政治技巧，可謂當今政治行銷術的先行者，也成了此後台大學生政治選舉的樣板。

「天聽甚邇，人言曷病」——言論自由在台大

在學生破繭而出的這一新的學年，洪三雄領導的法學院學生代表聯合會以一連串的座談會以及《台大法言》的輿論，展開了台大學生爭取校園民主的新頁。他雖然在這一新的學年卸任了法代會主席，但接任的是他的愛人同志陳玲玉，他自己則轉任《台大法言》社長。這對搭檔在這一年主導了台大學生的民主抗爭，他們連續舉辦「言論自由在台大」與「民主生活在台大」座談會，以及「全面改選中央民意代表」辯論會，從名稱就可看出他們步步為營的用心。應邀上台的陳鼓應甚至公開倡議「設立民主廣場」與「開放學生運動」，結果引來黨國當局藉中央日報以〈小市民的心聲〉一文發動全國性的圍剿，為此洪三雄他們還舉辦了一場批判「小市民的心聲」演講會來還擊。

洪三雄在《烽火杜鵑城》裡如此陳述這段歷史：

> 一九七一年九月以降，台大校園裡「釣魚台」不再是熱門話題，「保釣」的氣氛也開始逐步銷聲匿跡。但是，取而代之的，是以《台大法言》為前導、以「法學院學生代表會」(法代會)為主幹的革新思潮，史無前例地席捲杜鵑花城。

保釣運動之後，台大法律系的洪三雄與陳玲玉打鐵趁熱，以法學院的法代會及《台大法言》為基地，領導台大校園的民主抗爭，展開一連串的「言論自由在台大」、「民主生活在台大」座談會，及「全面改選中央民代」辯論會，造就了第一批走出校園投身民主運動的青年學生。（洪三雄提供）

陳鼓應則在回憶到這一連串民主抗爭的由來時提到[7]：

> 約莫在一九七一年七月，有一天，三雄、玲玉、永祥等同學來到哲學系我的研究室裡聚會，談談我們能做點什麼。我提議邀幾位老師開個座談會，討論「言論自由」的問題——這是當時最能引起共鳴的問題，但這問題在當時是何等的敏感！……商量再三，決議後

7　陳鼓應為洪三雄的《烽火杜鵑城》一書所寫的序。

面加上「在台大」三個字，將「言論自由」這一迫切的論題限在校園內。

於是當秋天時節的新學年伊始，9月5日出刊的《台大法言》上，洪三雄以〈對學校開刀，向社會進軍〉爲題寫了編者之言[8]。他正氣懍然說「九百多年前，范仲淹就爲言論自由打出『寧鳴而死，不默而生』的旗幟，九百多年後的今天，爭取言論自由已經不是時髦，要緊的是，我們如何來運用這份人權。『台大法言』的天地就是爲此而開……」，如此爲學生輿論定下爭取言論自由的基調。王復蘇並且拿此標題來做爲競選代聯會主席的標語，廣貼在校園裡。錢永祥則重拾椽筆，爲這期《法言》寫了一篇〈自由何在〉，指出不少台大師生對自由抱著錯誤觀念，以爲「大新上有社論，[就]可以證明我們有言論自由；校內社團林立，[就]可以證明我們有結社自由；同學間舞者紛紛，[就]可以證明我們有集會自由；不穿制服不點名不朝會……等等，在在都可以證明我們有行動上的自由」。他以哲學論辯的方式駁斥這類「校內有自由論者」的讕言，爲即將展開的抗爭活動敲起戰鼓。接下一期9月20日《台大法言》又以開天窗的方式[9]，抗議校方不准刊登胡卜凱的〈知識分子的責任〉一文[10]。處在這種國際局勢動盪不安的局勢下，學生想要發言，尤其是對國事發言，然而這個發言的自由權卻卡在學校當局不准學生演講的

8 《台大法言》革新第9期(民國60年9月5日)。

9 「開天窗」即是將審稿未過的文章在版面上留白不印，除了符合校規，沒刊登審稿未過的文章外，更重要的是表示出對審稿的抗議。

10 胡卜凱是胡秋原的兒子，大學論壇社前輩，當時留學美國。

規定以及對刊物的審稿制度上。當時校方有著各種荒謬絕倫的理由與說詞，不准這個演講，禁登那篇文章，因此爭取校園的言論自由就成了學生民主抗爭的第一個焦點。

9月22日陳玲玉接任法代會主席而洪三雄轉任台大法言社長之後，即計畫於10月15日舉行他們在暑期就開始籌劃的這場「言論自由在台大」座談會。這個座談會先是邀請兩位積極的支持者——哲學系的老師陳鼓應與王曉波[11]，以及兩位同情學生的老師楊國樞與王文興來參加。而這項活動被校方要求加上工學院院長金祖年與法律系教授蘇俊雄之後，居然出乎意外通過了，顯然開明的代訓導長張德溥起了不小作用。

自保釣運動以來，前大學論壇社的我們這夥人就與洪三雄建立了親密友誼，尤其錢洪兩人本是彰化的小學與初中同學[12]，保釣運動時才又重逢，可謂惺惺相惜，我們也就捲進他們舉辦的各項活動。比起一年多前我們還在與校方的審稿制度孤軍奮戰的困境，保釣運動所打開的嶄新局面真是令人振奮，抑鬱的心情一掃而空。這時老錢與卡爾參與了洪三雄他們的密議，在座談會前兩天的10月13日，以座談會宣傳品不需送審的法規漏洞，沒經校方審稿就出版了一張《快報》[13]，還印了一萬份廣爲散發，來爲這場座談會造勢。

11　這一學年王曉波已經從研究所畢業，成為哲學系講師，因此可以上台演講。

12　錢永祥與洪三雄是彰化市中山國校的同班同學，初中時又一起上彰化中學。洪三雄回憶說，小學時老錢曾屢遭一群本地同學罵外省豬並追著打，他曾為此挺身而出，出手相助。初二結束，老錢遭逢父喪，舉家北遷。兩人後雖同上台大，卻要到保釣運動興起才又重逢。

13　《台大法言快報》，民國60年10月13日。

錢永祥與洪三雄曾在彰化的小學與初中同學，一起打抱不平，卻要等到保釣運動才又在台大重逢，一起主導了台大學生的保釣運動，並一起投入台大校園的民主抗爭。兩人合攝於台大社團領導人金門之行的船上，相較於洪三雄的單純理想，錢永祥顯出一副深沉而憤怒的神情。（洪三雄提供）

快報總標題是「我們要說話的權利」，由洪三雄、陳玲玉、錢永祥及盧正邦四人執筆，要求學生言論自由權。錢永祥的在頭版，冠以「天聽甚邇，人言曷病」的大標題，一起頭便說「言論自由是人類文明進步至今最偉大的成果之一」。陳玲玉以法代會主席身分寫了〈「談台大言論自由」的發端〉，洪三雄的〈民主真諦，言論自由，開放社會，公開論壇〉與盧正邦的〈言論自由在台大的實踐意義〉各從不同角度闡述言論自由的必要。雖然這種突擊方式遭來校方極大不快，甚至當局的疑忌[14]，但做爲爭取台大校園的言論自由卻達到了宣傳上的極大效果。

14　警總曾以「匪諜嫌疑」為由，由保安處長親持公函到學校要帶走洪三雄，卻被張德溥擋下。（洪三雄，《烽火杜鵑城》，頁108；張德溥〈折戟沉沙〉，《傳記文學》475、476期，民國90年12月。）

中華民國六十年十月十三日　臺大法言　星期三

快報

我們要說話的權利

出版：臺大法言社

本報發行一萬份

天聽甚邇，人言曷病！

法代會舉辦座談會——「言論自由在臺大」

時間：十月十五日下午七時

地點：臺大法學院圖書館三樓

列席：張德溥先生
金祖年先生
楊國樞先生
陳鼓應先生
王文興先生
王曉波先生

言論自由，是人類文明進步至今最偉大的成果之一。一個政府，如果剝奪其人民在言論上的自由，這個政府就絕對不是一個民主的政府；一個國家，如果控制、壓抑其人民的言論自由，這個國家將去極權不遠。我們堅決地肯定言論自由的價值，我們更相信在反共的意識型態鬥爭中，言論自由是可以使我們立於不敗之境、最犀利、最有效的對比武器。所以，我們希望在自由中國能見到人人擁有憲法明文規定的言論自由權利，希望在自由中國的最高學府——臺大——能見到自由言論的怒放奇葩。終究其心，我們希望助益於我們的國家，助益於我們的學校。

遺憾的是我們這種希望卻時而落空。不可諱言，今天我們的政府對於維護人民的言論自由尚未盡全力，而校方的某些措施，更使我們發現我們的言論自由已受到了過分限制。其犖犖大端者：若有所謂不能談的「禁忌」性問題存在、若校方加諸學生刊物極不合理、極其落伍的審稿制度、若不准學生公開演講的規定、若不是學生所能或所應擔當的言論責任之追究。面對這些現象，我們感到詫異，詫異於在一所學術機構裡也有對言論的限制；我們感到傷心，傷心於學校竟視學生為可能的反動份子；（如果我們不能信任自己的青年，那麼我們去信任誰呢？）我們感到焦急，焦急於教育的成敗、國家前途、民族的榮辱；（我們猜忌我們的青年，我們又怎能苛求他們去建設呢？）我們更感到憤慨，憤慨於我們基本人權的尊重。而說話的權利，我們的爭取，我們大聲：我們要求有對國是發權利，對社會批評的權利，討論各種思想的權利，個人想法的權利。我們全臺大同學，能共同來並肩護這項知識份子必人權，我們更企盼這份能在這自由學府的臺大受大家的重視。

沉默和容忍在今天的社會並不是一件美德，

「談臺大言論自由」

法

這個時代，需要冷靜的思考，也需要勇敢的行動。我們不願只是消極的否定：「我們不是沉默的一代」，而要積極的肯定：「我們是有話敢說，有理必爭的一羣。」所以，法代會大膽的佈置了這個講臺，讓大家吐露心聲。

我們以為，在言論自由方面，學校當局不只應對學生諒解、信任與容忍，更應積極的開闢言路，尊重輿論。如果校方未能設一公開講壇，讓同學發言，則我們引以為憾；如果同學不能主為自己製造說話的講臺，我們更應該反省。於是我們由反省到行動，不計的將這個座談會貢獻給。

是在自由民主的國度言論自由就應受到合法障。是有血性的青年，就不應該鴕鳥似的逃避、退化不願駝鳥似的逃避事關人權的言論自由問題，法代會勇敢的面對現實不忌諱的把座談會的題為：「言論自由在臺大

為了使「言論自由在台大」座談會在校園廣為宣傳，法代會發行這張未經審稿的快報，驚動了警總到學校來要求帶走洪三雄，卻被開明的代訓導長張德溥擋下。錢永祥寫的〈天聽甚邇，人言曷病〉一文，開頭就說「言論自由，是人類文明進步至今最偉大的成果之一」。（鄭梓提供）

10月15日的座談會當然盛況空前，不僅陳鼓應、王曉波、王文興等老師輩大力支持學生的言論自由權，學生們也群起訴說各個社團刊物在言論上所遭受到的無理打壓與迫害，而大家的焦點多集中在審稿制度上面。這是多年來台大學生首度公開而集體地站出來爭取言論自由，雖然當時只能促使校方在審稿制度上做了一點讓步，並開始允許學生上台演講，但還是有其不可抹滅的歷史意義。何況學生雖然只在訴說校園的不自由，卻很清楚地是在抗議籠罩在整個社會之上的威權壓迫。

民國 61 年 10 月間，陳鼓應在台大校園民主抗爭的重頭戲「言論自由在台大」座談會上發言。他不只促成這個座談會，在會上還主張台大應設立「民主牆」，讓學生在上面自由發揮。他的一連串民主倡議引來當局必欲除而後快。
(洪三雄提供)

再接再厲——從校園民主到國會改造

接著 10 月 26 日，國府在一年來國際形勢的接續變化之後，終於退出了聯合國。這時全國陷入一片低迷氣氛，「莊敬自強，處變不驚」成了此後多年到處可見的標語。整個台灣社會自是爲此惶惶不安，然而台大學生經過保釣運動洗禮之後，卻是處變不驚。早於一個月前的 9 月 27 日，正待改選的前一屆代聯會就曾為此即將來臨的巨變，舉辦了「反對共匪混入聯合國」座談會，然而在偌大的體育館裡場面卻是冷冷清清，參加學生只有一百六十餘人[15]。場面雖然冷清，一位大一新生的發言卻是語驚全場。剛上台大農工系就讀、才在這天中午當選大一代表會主席的林正義在座談會上熱切陳詞，建議在聯合國大會開會之前先在台灣發動一場全國示威大遊行，但未得到大家的贊同。

在「言論自由在台大」座談會上最後發言的張德溥將軍，他在代理台大訓導長兩年多期間，保護學生的民主權利不遺餘力。弔詭的是，他因開明幹練而受蔣經國之命來管理台大學生的自由學風，卻意外保護了台大學生的民族與民主抗爭，並見證了戰後台灣新生一代民主運動的發芽。　(洪三雄提供)

15　《台大法言》革新第11期(民國60年10月4日)。

台大學生在這場座談會所表現的冷漠，當然不表示對政治改革的退燒。新當選的代聯會主席王復蘇在這時發表了告全體同學書〈這是該醒的時候了〉，並舉辦「與聞國事」座談會；《大學雜誌》也在當年11月號發表〈這是覺醒的時候了〉一文，由十五位知識青年聯合署名，包括台大的王杏慶、王曉波、王復蘇、洪三雄、錢永祥、盧正邦與林小鵬等人。相對於黨國當局處變不驚的宣傳，台大學生強烈要求進行改革，激勵民心。王杏慶同時宣佈放棄美國大學博士班獎學金，留在國內以示共赴國難——他當時是台大森林研究所的應屆畢業生。

在這「國難當頭」的氣氛中，一代會主席林正義更於隔年參加大專寒訓之時「投筆從戎」，在下學期轉讀陸軍官校，轟動一時。林正義就讀台大的這個學期正值國際局勢巨變與學生民主抗爭的交相衝擊，洪三雄如此回憶這位大學新生：「他多次前來法代會相見，與我交談甚歡，深刻的印象裡，他是個慷慨激昂、憂世嫉俗之士，也是個天真、熱情、敢愛敢恨的青年」[16]。

與此同時，洪三雄他們也依據原訂計畫再接再厲，在11月25日推出了「民主生活在台大」座談會，請來陳鼓應、林正弘、黃默等老師助陣[17]。退出聯合國所帶來對黨國體制信心的動搖，

---

16 宜蘭人林正義的「請纓報國」對我們這些開始追尋左翼另類出路的人而言確是有些難以想像，然而更難以想像的卻是他日後的驚人之舉。他在擔任金門前線馬山連長時投奔大陸，易名林毅夫，後來赴美取得芝加哥大學經濟學博士學位，如今在北京大學主持「中國經濟研究中心」。

17 應邀參與「民主生活在台大」座談會的有陳鼓應、林正弘、黃默、胡佛、洪成完、張德溥、馬鶴凌等人。

在學生要求全面改選的輿論支援下，法代會在民國 61 年年底舉辦了這場空前的辯論會，參與辯論的兩位為主張部分改選的周道濟(左三)與要求全面改選的陳少廷(右二)，站立者為主席陳玲玉。這場空前的辯論會在體育館舉行，吸引來滿場的校內外人士。　(洪三雄提供)

使得台大人在爭取言論自由之後，要進一步爭取學生的民主權利，即是校務的參與權以及整個國家的政治參與權。因此陳鼓應在這場座談會上不僅談到知識青年的參與感，建議在台大校園設置學生「民主廣場」，還呼應《大學新聞》談到的「開放學生運動問題」，支持學生走出校園，改造社會。在這種時局變動的氣氛中，師生要求走出學校改造社會，毋寧十分自然，《大學雜誌》在隔年 1 月 20 日那一期還以「開放學生運動」的聳動標題刊登了陳鼓應在座談會上的發言。從爭取校園的學生民主權利，到要求走出學校參與社會，這一個自然的發展很快在學生中形成基本共識，也很快帶著大家進入「全面改選中央民意代表」的議題。

在保釣運動、尼克森宣布訪問中國大陸、中華民國退出聯合國等一連串事件的發展下，國府的政權民主化問題也隨著急迫起來。當局除了開始採用培養台籍菁英的作法外，也必須爲政權的法理基礎重做打算。在這種微妙的情況下，自從國府撤退來台以後未曾改選的中央民意代表問題，遂開始出現在報章雜誌上。爲呼應這個形勢，《台大法言》首先在11月15日發表〈全面改選中央民意代表〉社論，並在12月7日舉辦一場「中央民意代表應否全面改選」的辯論會，請來陳少廷與周道濟代表正反兩方進行辯論。在這之前，校園裡的主要學生輿論多已表態支持對國會進行大規模改造的看法，也引起不少討論[18]。

這場在體育館舉行的辯論會吸引了二千多人來參加，也在台大的報刊上引起熱烈討論。辯論全文先後刊登在《台大法言》與《大學雜誌》[19]。這本是社會媒體應該討論的問題，卻由大學生來帶動，再從校園傳播到校外，可以看出當時台大學生要求改革的動力。這個議題所以能夠經過校方的重重關卡突圍而出，除了學生本身的動力外，當局自保釣運動以來一時拿不定

18 在台大學生關於「中央民意代表應否全面改選」的討論上，有一個馬英九 vs.趙少康的場面，兩人曾就此問題在《大學新聞》上發表不同意見。當時是畢業生代表聯誼會主席的趙少康就可能引發的實際問題，對全面改選提出質疑；而馬英九則認為法律是人為的，對國會的新陳代謝問題持正面看法，甚至引述卜少夫對中央民代的呼籲「本諸天良，懍於大勢，自動聲請終止職權」。(《大學新聞》第356期，民國60年11月29日)

19 《大學雜誌》民國61年元月號。

對付學生的主意，應該也是一個重要因素。雖然後來也傳出當時黨國內部存在著開明與保守兩派的鬥爭，但這就非我們學生能夠管得到的事了。

黨國反撲——「一個小市民的心聲」

從保釣運動到呼籲全面改選中央民代，台大校園所展現出來的「黨外」學生動力，顯然不是校內忠黨愛國的學生社團所能接戰。就刊物而言，當時只有一個畢業生代表聯誼會主席趙少康所掌握的《畢聯會訊》在爲黨國孤軍奮戰。校方爲此還大力補助，將其每期的發行量從三千五百份擴大爲一萬份[20]，不再只針對應屆畢業生，而是針對全校學生發行，擴大其影響力。

然而從開放學生運動到全面改選中央民代的這一系列要求，已不再局限於台大校園，更傳播到《大學雜誌》這一份全國性政論刊物上，這種棘手的情況已經不是台大校方所能對付得了，因此最後還是驚動了黨國當局。

果然，經過了校園裡一個學期的熱鬧，下學期開學後當局開始有動作。，中央日報副刊從4月4日開始連載以「孤影」爲筆名的大文章〈一個小市民的心聲〉，洋洋灑灑四萬多字，六天才登完。作者以所謂「小市民」的身分，訴諸中產階級追求安定生活的心理，反對支持學生運動的「某教授」。「孤影」聽來既像「姑隱」又像「鼓應」，內容也主要在批判主張「開放學生運動」與「設立民主廣場」的陳鼓應。然而作者雖以小

20　《畢聯會訊》第5期(民國61年3月13日)。

市民自居，但從行文立論來看卻明明是學院中人與能文高手，只是至今對於他的真實身分仍有著諸多揣測，不過這種擬態卻一向是黨國文人的伎倆，當時並不稀奇。

「學生運動」的提法今天看來或許有些粗糙，但在那種「杌隉不安」的年代，卻是知識青年要求參與國事的象徵。而〈小市民的心聲〉這篇大作雖只針對學生運動與陳鼓應打轉，實質上是在否定從保釣運動到爭取校園民主，再到要求全面改選中央民代這一連串的學生抗爭活動的意義，很清楚是當局苦心安排出來的第一波大反撲。這個「小市民心聲」的反撲不僅有其他報章雜誌的大量文章來呼應與配合，還印製成小冊子，據說印了六十萬本，散發在所有機關學校與軍隊中，幾乎人手一冊，簡直是一場全國動員的文宣攻勢。攻擊的對象很清楚不只是陳鼓應一個人，而是保釣運動所釋放出來的學生要求改革的動力。

當局這一波攻勢的高明之處在於，他們不再使用反共八股的老套，而是祭起中產階級保守的價值觀。在經濟剛起飛的年代，所謂的小市民被認定是會爲了安定與苟活，而寧可不要自由民主的一種人。在白色恐怖餘悸猶存的環境下，用這種論述來恐嚇中產階級極爲有效，而這大概也是台灣的當權者以中產階級價值觀來打擊改革進步力量的第一次，這種搞法直到今天依然派上用場。

當局如此大張旗鼓的圍剿，目標直指陳鼓應，甚至擴及台大的進步學生。陳鼓應當然立即起而應戰，除了先在校內一場演講會藉談存在主義的機會反駁「小市民」的觀點外[21]，也在大

21 陳鼓應「從存在主義談起」演講會，民國 61 年 4 月 21 日，大學論壇社主辦。這時論壇社是洪清森主持的。

學雜誌寫了一篇辯駁文章[22]。台大校園則輿論譁然，大學新聞於4月24日刊出社論〈吾心有「戚戚」焉？——「小市民心聲」讀後〉，作爲台大學生輿論駁斥「小市民」之先聲。連續數個星期校園群情激憤，甚至年高德劭的法律系林紀東教授與經濟系的新秀孫震教授，也都出來反對「小市民」的觀念[23]。這時除了趙少康的《畢聯會訊》依舊是支持黨國當局的論調外，幾乎所有校園刊物都唱了反調，清楚表明當時台大師生的民心向背。

台大學生反擊「小市民」的高潮集中在法代會於5月2日舉辦的「對『一個小市民的心聲』的看法」聯合演講會上，邀來了黃默、王文興及王曉波等老師。三個人一致批判「小市民心聲」之欺騙性，王曉波甚至以其敏感的歷史眼光，覺察到「小市民」也衝著反對帝國主義霸權的思想而來，於是再次強調保釣運動的正當性。當晚會場擠滿了人，很多人只能在檯前席地而坐，或著擠在門口站在窗外聆聽。

參加這場座談會的學生多充滿悲憤之情，一年來總是學生主動出擊，並順利獲取戰果，如今這個正義之師卻遭到官方的無恥污衊，對學生而言這是一場自由保衛戰，並且對手不只是校方，而是動員起來的黨國文宣機器。面對這幾乎是整個國家的文宣機器，學生一方面有著遭遇強敵的興奮感，另一方面卻又感到無可逃避的悲觀。難道要我們這些手無寸鐵的學生，去直接面對這部強大的國家機器？

22　陳鼓應〈再論學生運動〉，《大學雜誌》第53期(民國61年5月)。

23　林紀東接受《台大法言》的專訪，批評小市民之苟安思想。因《法言》遭禁，轉刊於《大學雜誌》五月號。孫震則於參加文學院史學會關於「小市民」的座談會上，批判「小市民」觀念的保守消極。

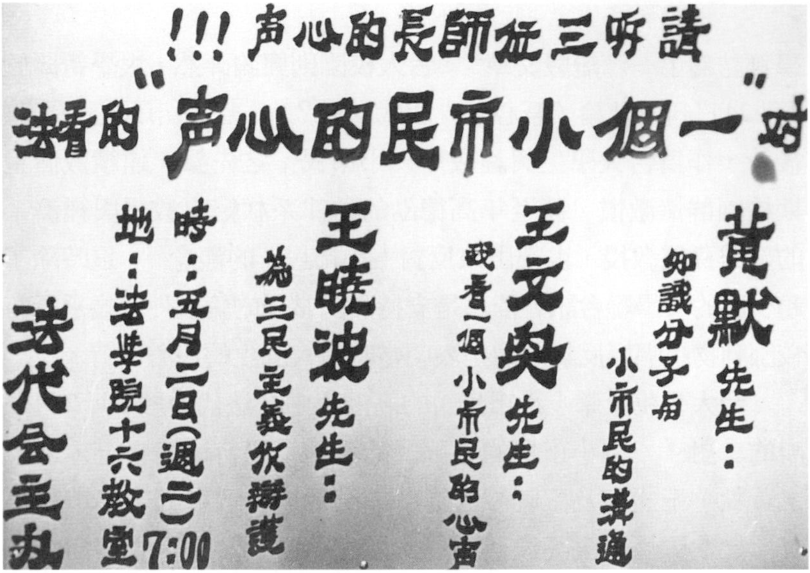

台大學生的保釣運動與民主抗爭引來黨國反撲，假「小市民」之名圍剿支持學生最力的陳鼓應。為了保衛學生抗爭的成果，法代會於是邀請黃默、王文興與王曉波三位老師來批判「小市民的心聲」。（洪三雄提供）

聲討「小市民」座談會上，王曉波、黃默及主席陳玲玉聆聽正在講台上的王文興的發言。在台大學生民主抗爭期間，他們是少數敢於站出來支持學生的老師。

（洪三雄提供）

校方只允許學生用教室辦這場座談會，卻阻擋不了湧進的人潮，把教室裡裡外外都擠爆了。這一次的「小市民心聲」可說是當局與現實脫節、極為失算的一次文宣攻勢。(洪三雄提供)

很多校外人士都來參加這場盛會，包括前排坐著的張俊宏、張紹文、孟祥柯與包奕洪。「小市民」不僅攻擊台大老師陳鼓應、也不僅攻擊台大學生的進步運動，他們還攻擊了整個社會要求革新的潮流，因此吸引來諸多社會人士與會。(洪三雄提供)

保釣退潮——「又一個悲劇的開始」

我們的悲觀是有道理的。這次反對「小市民心聲」的座談會幾乎成了台大學生一年來抗爭活動的最高潮，與此同時校方已經開始以各種小動作挖反對派學生的牆角了。首先，在4月28日校方以「報導不實」爲由，申誡了陳玲玉與洪三雄，並將《台大法言》停刊一個月，而這時正是「小市民」之爭的當頭，法言等於失去一個言論舞台。接著校方又介入大學新聞社的年度改選，企圖攪局。然後在暑假又以「攻擊學校」爲由，記了洪三雄一個大過、陳玲玉與卓垚龍(當時法言主編)各一個小過。最後在民國61年秋天新學年開學後，以遭到記過處分爲由，成功地阻止了卓垚龍競選法代會主席。由於這時洪三雄已經畢業入伍，他在法學院建立起來的反對力量遂被校方瓦解。

民國61年這年的5月15日，正當黨國開始進行反撲，小市民之爭還在延燒時，美國政府將琉球群島連同釣魚台一併正式移交給日本政府。經過一年多來的火熱日子，保釣運動所引爆開來的學生民主抗爭，到了這個學期結束前的春夏之交，似乎已經耗盡第一波動力，甚至連釣魚台的移交也不再引發太大的騷動。尤其學校在這個時候又將較活躍的社團負責人藉名義集中到南投溪頭去，以避免他們鬧事。

代聯會主席王復蘇在企圖發動示威行動不成後，於5月14日與四個代聯會幹部在傅鐘之下進行絕食靜坐；而台大保釣會則在發表一篇〈告美國青年書〉之後宣布解散，正如《台大法言》的哀悼文所題〈釣魚台任人斷送，保釣會無疾而終——憑誰問吾輩小子今此何去何從〉[24]。於是台灣的第一波保釣運動宣告結束，校園裡的一張傳單如此寫著「又一個悲劇的開始」，一時之間它所釋放出來的學生改革動力似乎就此後繼無力。

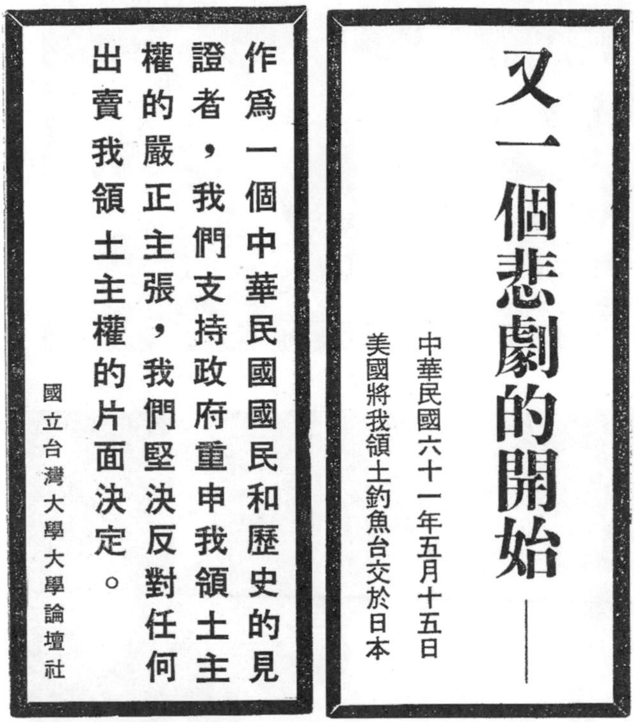
又一個悲劇的開始——
中華民國六十一年五月十五日
美國將我領土釣魚台交於日本

作爲一個中華民國國民和歷史的見證者，我們支持政府重申我領土主權的嚴正主張，我們堅決反對任何出賣我領土主權的片面決定。

國立台灣大學大學論壇社

民國 61 年保釣運動週年之際，大學論壇社印製了這張書籤，在校園散發。到了 5 月 15 日，正值美國政府將琉球交予日本之際，代聯會主席王復蘇發動示威不成，曾率四名幹部在傅鐘下絕食靜坐一天。這時台大學生的民族/民主抗爭熱力已陷低潮。　（作者提供）

24　《台大法言》革新第 20 期(民國 61 年 4 月 17 日)。

民國61年4月間保釣運動週年前後，學校黨團方面將可能鬧事的社團活躍份子帶到南投溪頭「開會」，這是坐在林中空地的洪三雄、錢永祥、楊庸一、盧正邦四人。
(錢永祥提供)

被校方安排到南投溪頭「開會」的社團活躍分子在屋內合照：(後排右起)錢永祥、文榮光、洪三雄(抱著陳鼓應的兒子陳欣)、陳玲玉等，前面是盧正邦與楊庸一(右)。(洪三雄提供)

從這一整年的活動可以清楚看出，反對派學生的主要訴求是爭取學生的民主權利，民族主義並不構成問題，統獨之爭更是連個影兒也沒有。陳鼓應與王曉波兩位老師以及我們這些學生，都積極參與洪三雄領導的台大校園民主抗爭，錢永祥不僅曾是這一年新創刊的《代聯會訊》總主筆，他與盧正邦兩人更爲洪三雄的歷次民主抗爭活動出謀劃策，並爲《台大法言》執筆多篇文章。

民國 61 年 6 月，洪三雄(左一)與盧正邦(左三)畢業時與《台大法言》同仁攝於法學院大門，包括低一屆的卓垚龍(左二)、陳玲玉與林嘉誠(右二)等人。法代會與台大法言社一年來的校園民主抗爭成果豐碩，散播了台灣民主運動的火苗。(洪三雄提供)

龍蛇浮現——各方人物爭露鋒芒

這一年來台大學生民主抗爭雖是由釣魚台事件來引爆，但國際形勢的變局所引發的國府政權危機及社會人心浮動，使得台大學生中的各種潛在力量都蠢蠢欲動，當局也一時難以採取嚴厲手段來對付，這是當時台大校園會有如此盛況的外在條件。

這一年來，不少新的人物開始登場。在法代會批判「小市民心聲」的這場座談會尾聲，陳鼓應被熱情的學生推出來講了幾句感言，造就演講會的最高潮。然而就在主席即將宣布散會之際，有一個人突然站到台上強行要求發言，主席只好給他三分鐘時間。他不僅呼應「小市民」的看法，並且當場批評王曉波與陳鼓應。在大半的發言權被反對派學生掌握的這一年，這種舉動簡直是個反高潮，遂引發聽眾的極大騷動，面對這樣的情況主席也只得適時宣布散會。這個人就是馮滬祥，當時是哲學系研究生。

馮滬祥畢業於東海化工系，於保釣運動之後的民國六十年秋季考進台大哲學研究所。在忠黨愛國學生面對風起雲湧的校園民主抗爭毫無招架之力時，馮滬祥的出現可真是爲黨國當局在台大校園平添助力。他在反對派舉辦的座談會上，每每能夠侃侃而談攻擊對手。即使是些歪理，他都能平心靜氣面不改色地說出，讓反對派深感芒刺在背，以爲讓他占了上風，以爲學生都要被他影響過去了，因而恨得牙癢癢的。尤其陳鼓應更是覺得馮每次都是衝著他而來，這種對立的狀態終於導致後來民族主義座談會上的當面衝突。

馮滬祥當時能夠起這麼大作用，那些論辯能夠如此「理直氣壯」說出，有個重要因素，就是台灣長久以來以反共爲名的思想灌輸。「反共意識形態」從日本殖民統治時期就已開始，再經過冷戰時期黨國當局的苦心經營，幾十年來在台灣擁有無上的正當性，不僅被絕大部分學生視爲天經地義，後面還有個以白色恐怖爲手段的國家機器在撐腰。馮滬祥以及其他忠黨愛國學生的論點幾乎最後都可歸結到一點，就是任何學生的民主/民族訴求都是「共匪」的統戰陰謀。在這裡他的「辯才」能夠那麼無礙，確實是有著這麼一個「反共環境」作爲條件的，但也足以使得反對派師生咬牙切齒了。

馮滬祥來到台大哲學系，同時給台大校園的民主抗爭與哲學系殷海光的精神傳承，投下一個巨大變數。然而開始並無任何徵兆，剛到台大的馮滬祥與一位外校的英俊男生都各有個哲學系二年級的女朋友，四個人經常一起出現在文學院，兩個男生陪兩個女生上哲學課，還頗令人豔羨。他來到台大的第一年，除了後來在校園民主抗爭座談會的場合嶄露頭角外，系裡頭並看不出即將來臨的風暴。

這一年還有不少人轉到台大哲學系，包括二年級的孫慶餘與張錦焜等人。中壢人張錦焜曾是附中青年社社長，在東海大學歷史系時曾與周渝搞過東風社，與總教官吵了一架後，遂爲台大哲學系的魅力所吸引，降了一級轉了過來。他在哲學系出現時，給我一個屬於鄭南榕一類見過世面的成年人印象，似乎心思早就超越校園之外，但又很熱情地跟大家混在一起，並帶來不少熱鬧氣氛。

從政治大學來的孫慶餘，有張「成熟與長大的臉」，年紀比我大不少。他一出現馬上令人矚目，高瘦身材，滿頭捲髮，加上濃眉深眼與高準，是當時所謂羅馬人的輪廓，與胡定吾、馬英九等人同屬那一類高大的台北漂亮男生。張復在這一年擔任哲學會會長，開學之初籌辦了一場節目豐盛的迎新晚會，還編了一齣維根斯坦與莫爾兩位哲學家的對話劇，想拉我上台與他同演。在晚會開場前，新轉來的孫慶餘來到會場，見到站在門口接待同學的張復與我，寒暄兩句後卻拋下一句「我不會浪費生命在這種事情上的」，然後轉身離去，留下十分錯愕的我們，讓我以為是否初次見識到了台北漂亮男生的自戀？

這一年從我們手中接辦大學論壇社的洪清森，卻找來了孫慶餘以及前一年就從政治大學轉過來的歷史系三年級杜念中等人入社，他們的觀念顯然與我們素樸浪漫的激進理想頗有差距，而與我們理念接近的瞿宛文在新的論壇社裡則漸次遭到排擠。

瞿宛文曾在這一年負責主編第 33 期《大學論壇》[25]，然後又與孫慶餘競選下一年度社長，在得到多數社員的承諾下，她原先預估可以當選，但投票當晚牌一翻卻讓她傻眼，原先承諾的票竟然跑掉大半。這是她涉入校園爾虞我詐的男性政治的初次體驗，卻是一場不愉快的經驗。

對於一位敏感於自我成長的年輕女性，來到台大是一次身心的解放。雖然北一女在諸女校中已屬十分開放，但仍然不能

---

25 她在這期《論壇》還拉了宋秩銘寫了一篇談論搖滾歌手 Janice Joplin 與 Jimi Hendrix 的文章。

免於聯考取向的沉悶校風及自我壓抑的順從氣氛。台大的環境讓瞿宛文有如初見世面，提供她尋找自我發展的出路。一個學期後，她就找上了大學論壇社。

大學論壇社的傳承——不管是對知性深度的追求或對既定秩序的挑戰——皆深深吸引了她。作為一個女性，縱然在知性的發展上遲於這些頭戴光圈的台大社團男生，但她既不願屈從於「花瓶」角色，也不願只是「附庸風雅」，就只能靠著追求自主的強韌心志向前探索。初進論壇社她就捲入保釣運動，然後又與洪清森匆促接下社務。然而當她企圖進一步發展而參加社長選舉時，漸次質變的論壇社卻讓她頓感挫折。

其實瞿宛文以她年輕時不甘順從主流價值觀的叛逆心靈，在當時台大仍是以男生為主的各種社團活動裡都不會太愉快。不僅如此，她雖是成長於台北的外省女孩，對很多台北男生所具有的浮誇作風與黨國心態卻是極為不屑。因此上大學後，她先是在老錢的論壇社找到了叛逆的共鳴，高興地結交了我們這一夥南部來的土男生，成了萬盛街的常客。而後當她在新論壇社遭遇到一群台北男生的輕浮對待時，也就只有退出一途。此後的《大學論壇》遂不再前衛激進，退化成一般的流行思潮刊物。

這一年的大學新聞社則聚集了文榮光、楊庸一、王溢嘉、鄭泰安等醫科學生，他們是文武全才，不僅個個是文藝青年[26]，還在校園民主抗爭的輿論上與洪三雄的《台大法言》互相呼應。

26　他們在《大學新聞》上各有文藝專欄，譬如「太庵」(鄭泰安)的「浮生小記」、「阿一」(楊庸一)的「大王椰下」，以及王溢嘉以「無花」和「十三郎」為筆名寫的「人行道上」等專欄。

蘇元良在這一年則繼江炯聰與林聖芬之後接掌慈幼會，並準備競選下一年度的畢業生代表聯誼會主席。這一年農工系的趙少康領導的畢聯會，在台大公開的政治社團中可說是唯一被國民黨守住的堡壘，在對抗廣大的反對派學生的社團聯盟上，顯得力不從心。

另一位醫科生邱武義這一年從工學院的李振瀛與陳穗生手上接下台大青年社，然後又在期末交給了經濟系的余任仰。他們懷抱著正在台灣成形的企業經營理念，將《台大青年》編印得有如現在《天下》雜誌的雛形。

在這熱鬧的一年，台大校園可謂龍蛇混雜，當今不少人物在這時就已初露鋒芒。

第六章
另類出路—尋找左翼思想資源

The long and winding road
That leads to your door
Will never disappear
I've seen that road before
It always leads me here
Lead me to your door...

Long and Winding Road — The Beatles

我們原大學論壇社的這一夥人，在民國 60 年台大保釣運動後隨即捲進校園民主抗爭。在保釣運動與國際變局帶來的黨國神話開始崩解之時，我們感覺到黨國體制不再那麼難以憾動，而且又發現一條另類出路的可能，因此保釣運動前那段較爲虛無萎靡的精神狀態頓時煙消雲散，對台灣社會充滿了希望與期待，覺得可以有一番作爲。這種振作的狀態，與自覺有能力改變周遭世界的自信，不只發生在我們這群人身上，也是台大社團積極參與者的共同感覺。大家都在尋求出路。

一箱經典——越洋而來的新世界

對我們而言，這條另類出路的啓示直接來自保釣時期海外留學生寄回來的各種書刊與資料。

民國 60 年 4 月台大保釣運動爆發當時，幾個積極帶頭參與的社團，如港澳僑生社團與我們的大學論壇社都收到了不少海外留學生寄來的刊物與資料。這些揭發黨國腐敗無能的報導給我們很大的鼓舞，也提供了台大保釣運動充裕的彈藥與動力。

海外留學生保釣運動的進一步發展，促使他們在這一年 9 月在北美州密西根大學所在地的安娜堡（Ann Arbor）舉行了一場「安娜堡國是會議」，之後海外保釣運動就往中國統一運動的方向發展。其實在海外釣運初起之時，中央日報就已經以匪字來稱呼李我焱、劉大任、郭松芬[1]與董敘霖等海外保釣積極分子

---

1 郭松芬即是後來的郭松棻。當年在加州柏克萊校園聽過他保釣演說的一位人士如此回憶說：郭松芬小小的身材，講起話來卻像個巨人，極有煽動力。

了，報紙登出他們的名字時還是中間打個大叉的劉×任、郭×芬、董×霖，讀了雖令人啼笑皆非，但這些原來熟悉的名字被如此打了叉，對我們卻是一種強烈的暗示，暗示著一種企圖改變現狀的旗幟在遠方揭竿而起了。

劉大任與郭松芬兩人在出國前就都屬於與陳映真一樣有著強烈社會意識的作家，在當年的知識青年中擁有不少讀者，也是我們敬仰的前輩。我們在流入島內的海外保釣刊物上，讀到了這些前輩開始發展出來的批判帝國主義霸權的第三世界左翼立場，他們在思想上的激進發展自然給了我們很大的啓示與鼓舞。他們在這些保釣刊物譬如《戰報》上面還大量引用魯迅的批判文章，譬如「打落水狗精神」，批判某個國府駐美官員。對於當年只讀過《阿 Q 正傳》，只知道魯迅悲天憫人那一面的我們，很驚喜地發現他戰鬥氣概的這一面。

海外保釣運動左轉之後，寄來的書刊也開始有所反映。這些書刊從保釣運動的號角轉爲統一運動的法螺，同時出現了左翼的聲音，以第三世界 vs.帝國主義的觀點來解釋中國的近代史與台灣的處境。這對我們是一種全新而令人震撼的視野，國與國之間的關係在這種左翼世界觀的觀照下，不再是傳統的國家爭霸場域，而是既要反抗帝國霸權，又須互相平等對待，最終消弭國家存在的新視野。雖然這個理想高峰在孫中山晚期的民族主義裡也大致呈現了，但在台灣卻是被躲在美國羽翼之下的黨國威權體制拿來徒撐門面，對一般青年學子也就無何啓發作用。反之，中共當時以其站在第三世界弱小國家的立場發言，對我們而言卻成了一種充滿理想的另類視野，這個新視野很快讓我們超越了諸如「二十一世紀是中國人的世紀」或「台灣人要獨立建國」這類觀念。

海外寄來的書刊還包括旅美「台灣左派」的東西與新起的環保運動的書籍如《寂靜的春天》，最後竟來了一整箱簡體字的馬列主義經典著作——馬克思、恩格斯、列寧與毛澤東的原典。這些書其實是出國不久的陳雪梨寄到何美鄉的一位清泉崗的美國友人，藏在何的天母老家，再輾轉交到我們手裡的，與海外保釣分子並無直接關係。早在釣運之前那個窒悶的年代，激進的陳雪梨就曾向老錢談起，台灣需要一批 shocking minority(引起震撼的少數人)才足以引發社會變革。這個想法雖然令人興奮，但我們也只能當成渴望變革的衝動，並無理論上的理解。她在保釣運動後去了美國[2]，就讀柏克萊加州大學，原本濃厚的社會意識與對變革的渴望遂立刻與郭松芬等人接上線，而今這條線索所起的作用卻以這麼一大箱經典書籍的重量，越洋丟到我們身上來。當然在陳雪梨出國前，老錢就曾交代過她，一定要設法傳回台灣所需要的另類精神食糧。

這是在保釣運動後的民國 60、61 年間，與此同時，我們的左翼思想資源又有著另一個神奇來源。退伍了的宋秩銘在保釣運動之後考上淡水工商[3]，他也是屬於不善考試之輩，卻有著含蓄的自信，而無礙於雍容魅力的流露，從保釣開始就與女友兩人經常來到台大公館與景美萬盛街一帶與我們廝混。綽號「大頭」耿直熱血的郭譽孚這一年剛退伍，本來想就業去了，但在老錢與秩銘的鼓勵與支助下重新準備參加大專聯考(也順

---

2 台灣保釣運動爆發之前不久，陳雪梨的父親陳逸松曾被情治單位拘禁一段期間，促使她提前了出國計畫。

3 即現在的眞理大學。

利考上師大公教系），不時來跟大家聚在一起取暖。老錢在高中時代的摯友如今又回到以他爲中心的圈子。郭宋兩人在高中時代有個上學途中同車邂逅而成爲志同道合的老朋友周一回，退伍後正就讀師大英語系夜間部。這時居然從周一回那裡傳來了幾本簡體字的小冊子，包括《矛盾論》、《實踐論》與《毛語錄》。

周一回在師大半工半讀，晚上上課，白天在圖書館當管理員，並和一位藍姓同事很談得來，遂成知交。兩人以圖書館爲家，晚上就睡在那裡。有一天藍姓朋友把他帶到圖書館藏書庫一隅，打開一個曾經上過封條的舊箱子，竟然從中拿出了一堆1930、1940 年代的老書，包括魯迅、巴金、茅盾等人的作品。這些早就被列爲禁書、裝箱查封而不讓學生接觸的舊書，讓周一回如獲至寶。此後周藍兩人就在夜深人靜時，在圖書館翻箱倒櫃，將這些查封了的禁書一箱箱打開，拼命吸吮著三四十年代的精神奶水，還溢流到了大頭這邊來。

板橋藍家有兄弟兩人，都長得高大英挺，在師大圖書館工作的兄長畢業於職業學校，窮苦出身但滿懷壯志與理想。在與周一回翻遍了這些館藏禁書之後，藍氏兄弟有一天給他帶來了額外的驚喜，就是《實踐論》那三本小書，據說竟是他們在板橋浮洲里撿到的大陸空飄物。他們興奮地拿來與周一回分享，也隨即從周之手傳到我們之間。

這些書籍的流入都發生在我們如火如荼參與台大校園民主抗爭的時刻，然而這時實踐的問題才是我們主要關切所在，並不確知要如何來對待這些書，除了如《實踐論》那幾本小冊子有令人大開眼界立即翻閱的衝動外[4]，大部分的理論書籍還是放回箱子。

不過其中一份謝雪紅的同志林木順所寫的《二月革命》影印本，以人民抗暴的左翼觀點敘述二二八事件，讓我們得以重新認識台灣歷史。還有一份在海外的左雄與史明兩人關於台灣革命是民主革命還是民族革命的辯論，讀來令人驚心動魄。

洪三雄拿了左雄/史明的這篇辯論去總圖書館影印，由於當年影印機才開始設置[5]，一般人不能自行操作，他只好一頁一頁小心翼翼拿給操作員，並在操作員每印完一頁後馬上收回。終於印完了整份之後，他像是偷吃到了禁果，興奮地向我們炫耀。此外，他又拿了一篇〈新民主主義〉和一本小紅書去看。我們其他人都各自拿了一些易於閱讀的東西。卡爾拿了一本梅林(Franz Mehring)的名著《馬克思傳》，放在他的007手提箱裡。他並沒有洪三雄那麼謹慎，拎著裝有馬克思傳(以及不知還有其他什麼書)的007手提箱在社團間串門子。

有一陣子，我們在阿東的帶隊下去重新粉刷陳逸松在北投的一棟空房子。這是棟頗大的獨立洋樓，我們一邊粉刷房子，一邊在這裡開起舞會，找來台大社團的各路人馬[6]，也有

4 周一回回憶說《矛盾論》與《實踐論》對他往後的人生，即使是在商場都有很深的影響。

5 台灣大學於民國五十九年四月間開始向新成立的全錄(Xerox)台灣分公司租用兩台影印機，分別放在總圖書館與台大醫院，大新記者並為同學撰寫專文介紹「電子複印機」。(《大學新聞》第302期，民國59年4月13日)

6 馬英九有一次也應邀參加北投的舞會，他是老錢與卡爾的建中同學，這時又是洪三雄與卡爾的法律系同班。在學生民主抗爭風起雲湧的這一年，他已不在代聯會，也無其他校園社團的公開位置可以

閒雜人士聞風而至。卡爾帶著他的007手提箱隨處擺著，毫無戒心，就把那本《馬克思傳》給弄丟了。我們當時所處的各個學生群中，確實有不少來自不同情治單位各色各樣的眼線，也經常風傳這個或那個學生就是一個。從這個丟書事件來看，我們有「匪書」的事，難保不被哪個單位知道。當然取走那本書的人有可能只是出於好奇，而不爲任何單位工作。總之這段日子我們有著漫不經心的興奮與不知死活的愚勇。

保釣運動時海外留入的東西比較可以公開，而且校園內很多社團也都收到了，因此可以在較大的範圍內傳閱。然而這箱書就不一樣了，它帶給我們的興奮緊張遠超過以前讀過的禁書，有著近乎偷情的快感。然而它又是極其危險惹禍的東西，只能是個秘密。當時我們雖也興起專研經典的企圖心，但卻沒能付諸實行，畢竟在當時火熱的台大校園，介入現實比知性探索更具致命的吸引力。

因此我們既無研讀這些經典的計畫，更沒將之擴散的意圖。洪三雄、卡爾、道琳、一回、秩銘、大頭、宛文等非台大哲學系的，由於互相間的關係，很快與聞其間，然而哲學系裡卻只有老錢、史朗與我知道，未捲入校園政治的阿吳、阿東與阿焜並不知情，雖然出事後他們多少牽涉到了。邱義仁當時一心尋求哲學之道，鄭南榕則似乎已將校園的熱鬧視爲小孩的玩

發揮，顯得頗為無奈。在北投的這次聚會上，錢永祥與洪三雄曾與他有過傾談，要他面對台灣人民追求民主自由是國民黨阻擋不了的這一歷史趨勢。馬英九神情誠摯，並沒迴避問題，但也表示難以使力。

意，他們兩人雖與我們十分投契，也一樣不曾攪和到校園政治。與我一起北上求學的元良這時已全心投入慈幼會的社會服務，鄭梓浸淫在史學天地之中，載爵則遠在台中東海，鞭長莫及。他們對這箱書都未及與聞，而我們卻很快出了事。

陳映眞的召喚——「最牢固的磐石」

這一箱子的馬克思主義經典固然足以令人大開眼界，然而在這之前，法國 1968 學運、反越戰以及美國民權運動所散佈的觀念與理想，在 1960 年代後期陳映真等人的引介下，就已經在台灣產生影響。

陳映真的小說與論述對我們有著深遠的影響。從〈我的弟弟康雄〉開始，他筆下「市鎮小知識分子」蒼白而缺乏行動能力的自我形象，與屠格涅夫筆下的羅亭相互照映，一直在我們這些知識青年的敏感心靈裡隱隱作痛，難以擺脫。這種陳映真式的內省，與殷海光、李敖等人對外在的壓迫體制所進行的旗幟鮮明的攻擊極爲不同。在他們個人主義與自由主義的猛烈攻擊下，當時那種壓迫體制的精神聖殿在知識青年的心中已然崩毀，然而在現實上，那個體制的牢不可破卻又令人萬分沮喪。知識青年由於行動上的受限轉而自我批判的這種傾向，曾經強烈地呈現在保釣運動之前的台大校園刊物上。對於心中有所覺悟，但現實上卻幾乎無能的知識青年而言，陳映真的小說確實十分迷人。

陳映真所鋪陳出來的，不僅觸及當時知識青年的敏感心靈，還從生命層面去呈現社會主流者的僞善及其精神上的欺罔。在他的諸多創作譬如〈最後的夏日〉與〈兀自照耀著的太陽〉裡，陳映真的銳劍揮向了在壓迫體制下苟活，甚至有著某種程度共謀的有產者家庭，揭示了他們在壓迫體制下精神的墮落，譬如本省醫生們。這些深刻的描繪強烈打動著本省子弟的心靈，對我們這些出生南部的，更是引發了萬丈共鳴。

然而陳映真並沒有耽溺在這種「蒼白、憂悒」的境地裡，他的小說不論是他自己所分割的1965年之前或之後的時期[7]，都傳達給讀者一種對卑微弱勢者深刻的人道關懷。不論是對〈悽慘的無言的嘴〉裡逃亡的雛妓、〈將軍族〉裡的兩位卑微卻莊嚴的男女主角、還是對〈六月裡的玫瑰花〉裡的黑人軍曹與台灣吧女，甚至〈最後的夏日〉裡那個失戀扭曲的外省教師裴海東，從陳映真筆下流出的總是充滿著悲憫的關照，而且這種「哀矜勿喜」的關懷是普世的，超越族群的，既不分黑白，也不分本省人外省人。

我們當時並不清楚陳映真因何入獄，對他在1968年進行實踐的內容也一無所知。然而陳映真的小說，以及更廣義地說，同一時代的黃春明、王禎和、七等生以及後來被圍剿的「鄉土文學」，他們共同呈現出一種對卑微弱勢者普世的人道關懷，共同傳達出一種十分激進的訊息。對當時的知識青年而言這是對主流觀點的質疑與批判，對中產階級僞善價值的憎惡，對各種壓迫的不妥協，對理想的認真與執著，並且超越自我本位去認識人間真相的一種激進觀點。這種激進觀點透過陳映真入獄

7　許南村〈試論陳映眞〉，《知識人的偏執》（遠行出版社，民國65年12月）。

前的一篇評論，闡述理想主義之倫理條件的〈最牢固的磐石〉[8]，表現得極爲雄辯，而一直影響著初上大學的我們。

陳映真散在《筆匯》、《現代文學》與《文學季刊》的作品，在他民國 57 年入獄後也就未能在台灣集結出版。爲了方便捧讀，我還蒐集了他的主要著作，自得其樂地用鋼筆字寫了一分手抄本，在朋友間傳閱。當時才剛引進台灣的影印機仍是個奢侈品。

越戰啓示錄——站上第三世界的民族解放立場

越南戰爭更是一場活生生的當代啓示錄。那時除了台灣報紙的國際欄偶而會透露美國政府在越南及世界各地扮演「帝國主義」角色的一些蛛絲馬跡之外，外文雜誌其實是我們獲取資訊更重要的管道。

王曉波曾以茅漢爲名在《大學新聞》上寫過一篇〈誰是屠殺越南平民的兇手〉[9]，談到 1968 年發生的美萊村事件的悽慘，但並不敢明指美國政府，只能說戰爭是萬惡之源。然而《生活雜誌》(*Life*)上圖文並茂的越戰現場報導才真是慘不忍睹，台大新落成的研究圖書館樓上就有這份雜誌，成了我經常造訪的地方。我在這裡不只讀到文字敘述，還看到大批驚悚的現場照片。關於美萊村事件，我讀到了一排美軍在搜尋越共不著而倍感挫折與惱怒的情況下，排長卡萊(Calley)下令放火燒掉有窩藏越共

8 《文學季刊》，民國 57 年。
9 《大學新聞》第 290 期(民國 58 年 12 月 15 日)。

之嫌的一個南越小農村——美萊村(My Lai)，又由於青壯男子都已逃光，他竟然下令將留下來的一百多位老弱婦孺屠殺到一個不留[10]。我也得知美軍 B52 轟炸機對越南農村的地毯式轟炸，他們投下大量燃燒彈(Napalm)，燒掉農舍，驅走村民。其中一位十歲左右赤身露體的越南女孩，驚惶萬狀奔離著火村舍的照片，讓人以為那是人間地獄。

我們又讀到美軍在叢林地帶投下了大量橘紅藥劑(Agent Orange)的報導，圖片呈現出一片濃綠的越南森林，上面有幾架低空略過的美國空軍戰機，在它們身後飄下了鮮豔的橘紅色濃煙遍灑在森林上，橘紅與濃綠十分美麗地搭配著。但是這些漂亮的橘紅煙霧卻是含有戴奧辛劇毒的落葉劑，目的是讓整片綠色森林枯焦，以便讓越共無處藏身。然而這種高科技的落葉劑也是有毒的致癌物，直到越戰結束後幾十年的今天還在繼續毒害人間。而美國政府造的這個孽，受害的不僅是越南人[11]，也有不少美國大兵。這是因為在落葉劑摧毀了越南叢林之後，美軍還是必須開進去掃蕩，也跟著遭殃，至今仍有上萬名因此而受害的美國越戰退伍軍人還在向他們的政府打集體官司。美國政府為了摧毀越共在農村的基礎，在南北越南投下的炸彈總量竟然超過了第二次世界大戰的總投彈量，幾乎將越南農村炸成焦土，而其對環境的污染至今遺禍無窮。

美國政府的這些作為令人瞠目結舌，受到羅素與殷海光的個人主義與自由主義深刻影響的我們，原本抱著單純的理想，

10　一說三百多名，甚至五百多名。

11　據估計受害者超過一百萬越南人，而且至今每年都還有大批的畸形兒出生，幾年前從越南來台做顏面矯正的阿福就是其中一例。

卻看到做爲全世界自由民主的領導者、繁榮昌盛的美國，不是號稱要去保衛可憐的越南人民，使之免於「共產暴政」？怎麼會是在進行一種沒有人性的焦土政策？在我們這時單純的思想中，越南人民當然是反抗「共產暴政」的，美國軍隊怎麼可以不分青紅皂白一概屠殺，只爲了要消滅共產黨？這不正是我們一向指控黨國當局「寧可錯殺一千，也不枉縱一人」同樣的心態？

越戰帶來的困惑接二連三，爲什麼 CIA(美國中央情報局)要指使越南軍方發動政變，殺掉文人總統吳廷琰[12]？爲什麼隨後的南越軍人政權一換再換？爲什麼南越佛教徒那麼激烈地反抗南越政權？爲什麼南越農村都變成了越共的溫床，讓美軍寸步難行，以致要採取那麼殘暴的肅清手段？而美國政府應該是去當越南人的解放者，爲什麼變成了他們的終結者？

我們繼續追問，美國自由民主的理想哪裡去了？難道那只是用來騙人的東西？於是我們又退一步想，美國應該還是在保衛自由民主的，但是他們只保衛美國的自由民主，或者說只保衛歐美先進國家的自由民主，而不管亞洲這些落後國家的自由民主？於是美國政府可能爲了要達到保衛美國的自由民主這個目的，可以在落後國家不擇手段地肅清共產黨，甚至扶持腐敗顢頇壓迫人民的政權？我們試圖如此犬儒地、馬基亞維利地幫他們尋找理由，然而卻與我們年輕的理想性格完全扞格不入，何況我們這時又開始有了身處第三世界落後地區的自覺，面對的正是一個美國政府扶持的腐敗的黨國威權體制。而且保釣運

12　1963 年，CIA 指使南越軍方推翻文人總統吳廷琰，開始操控南越政局。這個政變戲碼在 1972 年又在智利重演了一次，這次 CIA 幫助軍事強人皮諾契特推翻民選總統阿延德。

動才剛揭發出美國政府在釣魚台事件上所扮演的國際強權角色，以及兩個國家之間的不平等關係。從對越戰的質疑開始，於是帶出了更多的謎題與難題。

雖然在威權體制的全面封鎖下，越戰的真相不是一般人可以輕易得知的，但是隨著國際反越戰運動的發展，還是一點一滴流入了資訊封閉的台灣島，使得這些謎題對於尋求真相的有心人而言，開始有了解答的可能。全球性的冷戰結構，美國政府背後呼之欲出的軍工綜合體(Military-industrial Complex)的資本主義政商體制、越南人民反抗帝國主義所進行的奮鬥、美國政府介入越南問題的真正本質等，似乎都可以串起來了。真相顯然是，不管美國擁有多先進的民主自由，越戰所展現的就是英勇的越南人民反抗自私自利的美國霸權的奮鬥，是一場第三世界落後國家爲求民族解放，擺脫帝國主義桎梏的抗戰。我們發現這樣的立場與我們參與保衛釣魚台運動的立場沒有基本的差別。

Are you going to Scarborough Fair?
Parsley, sage, rosemary & thyme.
Remember me to one who lives there,
She once was a true love of mine.

…

Tell her to reap it in a sickle of leather,
(War bellows, blazing in scarlet battalions)
Parsley, sage, rosemary & thyme.
(Generals order their soldiers to kill)
And to gather it all in a bunch of heather,

(And to fight for a cause they've long ago forgotten)

Then she'll be a true love of mine.

Scarborough Fair — Simon & Garfunkel

老而彌堅——羅素出馬審判戰犯

越戰打得火熱的1960年代末期，作爲英國貴族「最後的清品」、徹底的自由主義者、九十高齡的羅素(Bertrand Russell, 1872-1970)，就站出來嚴厲控訴美國政府在越南的所作所爲，並曾在瑞典擺出擂台，公開審判「戰犯」美國總統詹森。羅素的這些大動作還曾經使得受過1960年代台灣自由思潮極大影響的我們一時茫然不解，以爲羅素必然已經老而昏瞶。

羅素當年是殷海光心目中的大英雄，不只因爲他是邏輯經驗論的先驅，還因爲他是提倡個性解放的自由主義者。倡議西化的殷海光是不過中國年的，但卻會在羅素生日時放鞭炮祝賀，家裡也掛著一副這位老先生的肖像。在殷海光的大力引介下，羅素的思想理念與人格風範成了1960年代台灣知識青年豐富的精神食糧，《羅素回憶錄》與《羅素傳》等書都曾風靡一時[13]。

就因爲羅素有著這麼一個自由主義者的形象，所以當他在1960年代激烈反對美國政府進行越南戰爭時，台灣有不少人都

---

13 志文出版社的「新潮文庫」出版了不少羅素的作品，而今天倡議教改的人士當年也曾深受羅素提倡個性解放教育的影響。

以爲他是向共產主義「投降」了。當時還是高中生的我，一方面受到他自由主義很大的啓發，另一方面也因受制於黨國的反共教育，而很訝異於他對越戰所採取的立場，因此還曾夢想著能有機會去向這位可敬的老先生當面痛陳「共產暴政」的毒害。然而到了1970年代初，隨著對越戰真相的認識與越戰謎題的破解，我們對羅素的困惑也就茅塞頓開了。

作爲羅素私淑弟子的殷海光應該也是站在相同的立場。王曉波在紀念他老師的一篇文章[14]裡談到：

> 美國的越戰打破他對美國自由民主的幻想，他發現美軍在越南的所作所為，就像當年大陸的剿匪清鄉一樣，他說那是打死一個無辜百姓就打出十個「共匪」，結果「共匪」愈打愈多，是大陸淪陷的原因。

又說：

> 他常常指著《時代週刊》或《新聞週刊》的越戰報導給我們看，並說：「這是美國武器與越南人民的戰爭」。俄軍鎮壓捷克的暴行曾使他義憤填膺，美軍在越南的暴行也使他怒不可遏。有一次他拿一份《生活雜誌》，指著上面的照片給我看，二個越南少年俘虜，一個十七歲一個十八歲，手銬銬在一起，傲首怒目。記得照

14　王曉波，〈悼念我的老師殷海光先生〉，《殷海光紀念集》（桂冠，民國79年）

片下的文字說明是：他們說「美國要代替法國來統治我們。」而殷先生義憤的說：「兩個好漂亮的小伙子！」

殷海光毫不壓抑地展現他的抗議精神，而我們作爲他的私淑弟子[15]，去接上羅素反對美國霸權的道路，也就一點不突兀了。

當美國政府在越南的角色清楚呈現之後，它對外的帝國主義霸權性質也就昭然若揭。此外，我們也開始對美國的整個政治經濟體制提出質疑，在這之前美國的民權運動就已經與反越戰合流，它揭發出美國的政經體制所內涵的種族與階級問題，因此也早已替我們這批學生的左傾鋪好了道路。於是我們開始質疑「反共」背後的東西，質疑西方「自由民主」的神聖面具所隱藏的真面目，認爲這些觀念都只是一種更龐大的意識型態的一部分。而最重要的是，這樣也解釋了黨國威權體制爲何能在台灣長期存在。

因此雖然我們沒機會能在馬列經典中尋求知性的答案，這些發生在真實世界有血有肉的具體事件，卻是我們思想進一步激進化的觸媒，企圖想要在西方資本主義主流之外，尋找一條另類出路。

重新認識中國的渴望

認識到了美國這個國家的帝國主義性質之後，對台灣的這

---

15 我們都沒有親身受到殷先生的教誨，我在1969年上台北讀書時他已去世。其實他早在1966年就被剝奪教書的權利，因此早我一屆的錢永祥、黃道琳他們也無緣上到他的課。

個黨國威權體制的存在及其扮演的代理人角色的問題也就迎刃而解，而原來對這個政權的不滿與憤怒就有了更廣泛而深刻的基礎。由此而來，對中國近代史遂有了重新認識的必要，中國從太平天國開始的革命也有了全新的意義，而台灣做爲日本與美國兩個帝國主義凌辱中國的犧牲品，更有了其悲劇性的內涵。不管如何，重新認識中國與台灣就成了我們的必修課題。

中國大陸發生的文化大革命在這時對我們而言並無直接意義，而且在台灣所能得到的文革信息都只是片斷，何況很多還是經由北美留學生轉了一手，有如霧裡看花。然而一個反對帝國主義霸權，企圖走出一條另類道路的新中國，整個說毋寧對我們有著更致命的吸引力。何況「文革」對於在1960年代後半就讀高中的我們[16]而言，是以對立於令人厭煩的「中華文化復興運動」的面貌出現的。它號稱的「破四舊」與打倒官僚，它的叛逆英雄形像與理想主義色彩，都還能與前不久李敖的要老年人交出棒子、「全盤西化」以及反傳統的叛逆精神隔海呼應。在這個背景下，經由保釣運動的發展，文革「反封建」與理想性的那一面越洋影響了留學美國的台灣子弟，再回過頭來彈到台灣，撞擊到我們身上。新中國不是以其強盛，而是以其對理想以及對新社會新人類的追求吸引了我們。

不管文革對我們只是一些理想性的模糊輪廓，在越戰與保釣這一連串事件所提供的新認識衝擊下，美國帝國主義的角色對我們而言自是十分清楚，而其「嘍囉」國民黨在中國歷史上的角色也便「真相大白」，於是作爲它對立面的中共就有了新

16　我們這些人與文革「老三屆」差不多年紀。

的面貌與歷史定位。總之，這是一種跳脫台灣的侷限去重新認識世界的契機，讓我們擺脫黨國與「美帝」的長期「洗腦」來重新看待世界歷史，尤其是中國大陸以及第三世界發生的事情，是一種令人興奮緊張的另類挑戰。這是從反越戰到保釣運動很自然的思想解放過程，這個左傾過程在台灣的留美子弟中完成，也同樣在島內的我們之中完成。

雖然社會主義新中國充滿著魅力，但我們也認識到任何的解放都必須是「自我解放」，而不能是外加的，就像新中國本身就是一個自我解放的典範那樣。因此，我們當時也清楚認識到台灣之路也必得是條自我解放的進程。

可以說我們的左傾基本上並非關於對歐美民主制度與社會主義的瞭解深度，也不是來自台灣本身的階級運動或我們的階級立場，而是從第三世界落後地區素樸的社會正義理念，以及對帝國主義霸權的不平情懷出發，在1960年代的各種影響下，自然走上這條道路的。在台大的這幾年，我們基本上是滿懷素樸的自由與正義理念，帶著一點反國家的安那其思想，而初次接觸到馬克思主義的左翼知識青年，至於走向左派思想核心的階級觀點則是後話了。我初學得這套觀點，偶而會將「小資產階級」掛在嘴上自貶貶人，但總先遭來老錢白眼，階級政治對我們而言其實還蠻遙遠的。

當時去站一個反抗的位置比理念還要重要，錢永祥曾如此回憶這段歷史：

> 坦白說，當年的我與其說是個自由派，倒不如說是左派較符實情。……而不論是承接殷海光先生所代表的

自由派傳統，或中國文革以及西方學生運動予我的左翼影響，如何站穩反抗者的立場，才是我從未懈怠卻也倍感困惑的問題[17]。

當我們在1970年代初走向左翼世界觀時，台灣的左翼傳承早已摧殘殆盡，甚至最晚近的陳映真也已投獄。在這種情況下，除了海外流入的東西外，我們主要還是仰賴國內能夠找到的另類思想養分。郭譽孚與周一回除了在師大圖書館找到不少1930、1940年代的禁書外，也經常搜尋牯嶺街的舊書店。台大的我們這些人則經常在台北的外文書店尋找，除了中山北路當時還是由羅小如經營的敦煌書局外，台大附近的雙葉與現代書局尤其是我們經常瀏覽之處。

我們與看顧現代書局的王小姐混熟了，看到想要的英文原版書一時沒錢買就先拿下擺著[18]，經常就堆滿一整箱子，放在王小姐桌子底下，而屬於道琳的總是最多。這時我的中國之謎重又喚回，爲了重新認識中國，我買來周策縱的 *The May Fourth*

17　錢永祥與邱義仁關於台大哲學系事件之對話：〈自由主義早到了〉，《中國時報．人間副刊》，民國84年2月27、28日。

18　當時英文原版書的價格極為昂貴，台大附近一頓客飯是五塊錢，一本中文書約20元左右，原版書則多是三位數的價格。課堂上教授指定讀的英文書當然都是遠為便宜的翻版書，用今天法界人士的詞彙來講叫做「盜版書」、或是「侵犯智慧財產權書」。原版LP唱片不論是西方古典還是熱門音樂也遠超乎青年學子的購買能力，只能買滿街都是的「盜版唱片」。當年台灣各個學科的青年學子就靠讀這些「盜版書」與聽這些「盜版唱片」而有今天的出頭天。然而對我們而言翻版書的種類畢竟有限，大半是教授開課指定的書籍，因此為了吸取另類養分，我們還是必須忍痛花錢買原版書。

Movement（《五四運動史》），隨手帶在身邊翻讀，就像卡爾帶著馬克思傳一樣，如飢似渴地重新耙梳五四運動的歷史；我還找到 Schurmann 與 Schell 合編的三冊《中國近代史》[19]，設法重新接合一套新的歷史觀；而能夠找到 Benjamin Schwartz（史華慈）的名著 *Chinese Communism and the Rise of Mao*（《中國共產主義與毛澤東的崛起》）以及 Stuart Schram 的 *Mao Tse-tung*（《毛澤東傳》）來讀，更是一大震撼。這些西方漢學界出版的歷史名著雖非左派觀點，但也相當如實呈現了一個非黨國觀點的中國近代史，成了我企圖重新理解那段歷史的入門。

我們還找到 1968 年法國左派學運領袖 Daniel Cohn-Bendit 寫的東西、非洲作家法農（Frantz Fanon）的 *The Wretched of the Earth*（《悲慘大地》），以及介紹古巴革命與蓋瓦拉（Che Guevara）的一些書，這些東西顯然比起那箱子的經典遠爲有趣易讀而起著直接的啓發與激勵作用。此外我們還試圖在一些電影裡尋找訊息，設法去解讀其中深意，譬如達斯汀霍夫曼主演的「小巨人」[20]，讓我們見識到美國這個國家如何從踐踏美洲原住民的基礎上打造出來。

這一年台大附近還出現了一位中文名爲費洛仁的法國籍黑人，在國防語言學校教法文，有軍用吉普來接他上課。他住在台大對面大學口附近，將自己的住處稱作 People's House（人民之屋），顯然以世界上進步力量的代表自居，很神秘的樣子，有時還會當街攔路找學生交談。阿吳就這樣認識了他，也帶了一

19 *China Reader*（*Imperial China*、*Republican China* 與 *Communist China* 三本），Penguin Books。

20 *Little Big Man*（小巨人），Arthur Penn 導演，1970 年。

些人去過那裡，阿仁還與他有過一次激烈爭辯。此外還有一位來歷不明、自稱是台大外文系的女生與他過從甚密。有一次阿吳造訪「人民之屋」，只有這女生在，這位超乎當年大學生成熟度的女生竟然直接教訓阿吳說「這裡不是你來的地方」。阿吳懷疑費洛仁可能是CIA的人，而這個女的則可能是台灣方面的反間諜？如今想來，在尼克森開始了破冰之旅，整個冷戰局勢與兩岸關係開始巨大變化之際，若CIA的眼線真的佈建到台灣的學生圈來，那也是不足爲奇的。

東海因緣——大度山上的探索

這段期間，我們還幾次在赴台中找林載爵的機會，拜訪了在東海大學附近開墾花園的楊逵。這時楊逵已經出獄多年，愛人同志葉陶也已過世，他一個人默默不爲人知，在東海大學對面當時還是頗爲荒涼的大肚山上開墾一片「東海花園」。

楊逵在 1970 年代的重新現身有個林載爵的因緣。民國 58 年我們從台南一中畢業後，元良、鄭梓與我都來到台北，載爵則就讀東海大學歷史系，開始了他與東海的難解之緣。我高中的老朋友吳信元也在東海，因此那裡成了我在南北往還途中經常路過駐足之處。

東海大學當時還是維持原來創校時的理想與風貌，通才教育，小班教學，學生只有一千六百人。在偌大的校園裡，中國風格的建築群很舒暢而不張揚地藏身於樹林之間，令我們這些擁擠在台北都會區的學生視爲世外桃源。他們的宿舍尤其令人羨慕，住的是乾淨明亮、四個人一間的寬敞房間，不像我們所住破舊的台大老宿舍，八個大一新生上下舖擠在一個小房間，又必須與蟑螂老鼠奮戰[21]。

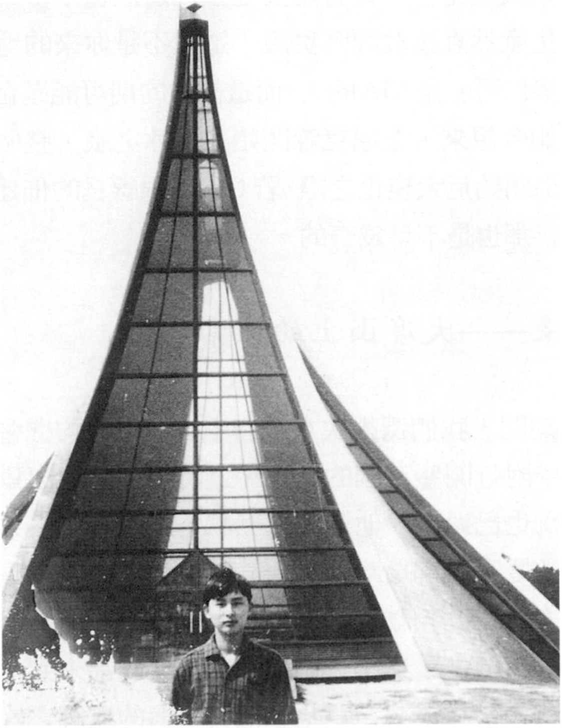

民國59年剛上東海大學的林載爵屢被這棟建築所感動。東海令他感動的不只這教堂，還有他偶然發現、隱居在大度山上栽種「東海花園」的楊逵。楊逵在日據時代以民族解放的左派立場所寫的小說《送報伕》，讓載爵重新發現了台灣歷史。（作者提供）

21 我住過的台大大一新生宿舍，每天熄燈之後老鼠就在天花板上開起運動會。一位同寢室讀醫科的日本僑生，長得白白淨淨，睡覺時卻被老鼠咬了鼻子。我們猜想應是他睡前喜歡在漂亮的臉上塗塗抹抹的緣故。他因鄉愁，還經常聽著「橫濱的藍色街燈」這首歌。

這時要來到東海大學，必須在台中火車站搭公路局班車，往西走一出鬧區尚未有今天寬廣的中港路，而是往大肚山蜿蜒而上的一條鄉間小路，路旁多還是農田與果園。東海大學校門口對面，以公路局站牌為中心聚集了幾家小店，有一條小路的路口還立著一個「東海花園」的竹製招牌，我們剛去造訪東海時看到了並不以爲意。

東海人在大度山上自成一個天地，他們除了由於人數少又獨處山上遠離塵囂，而在學生之間與師生之間形成十分親密的關係外，又有一個美國教會引進的勞作制度。這個制度推崇勞動神聖的觀念，要求學生不僅將書讀好，也要參與校園內的各種維護、清掃甚至是建設性的勞動。因此每個學生都分配有參與勞作的時間，分散在校園的各個角落，如廚房、圖書館。

載爵很喜歡東海的環境與制度。這裡雖然遠離台北，缺乏文化中心的前衛與喧嘩，但有別於台灣其他校園的特殊風格與氣氛，卻更適合他默默耕耘的沈靜個性。對於我們這些老朋友在台北的熱鬧景象，他自是胸有成竹，並不特別欣羨，尤其東海校園之廣闊與校風之超俗，就已足夠讓一個喜歡尋尋覓覓多方求索的學子去深入探尋與發掘了。我們初次走訪東海，就由他帶著沿文理大道上還長得不高的成排榕樹，走訪每個優雅的學院院落，再走到相思樹林中的山溝裡，幾乎踏遍主要的校區。

然後在大二的這一年，載爵被一位台北來的女生所吸引了。有一次我們來到東海，他一見面就興奮地向我們傾吐滿腔的情懷，描述他如何在圖書館發現了一位在那裡工作的歷史系新生，而她的氣質與美麗又如何讓他一見鍾情，墜入無邊的幸福感裡。此後文庭澍就成為他與東海 30 年之緣的伴侶。

接著，彰化的陳忠信也在服完兵役後來到東海就讀數學系，有一天我就在載爵的宿舍初次見到了這位久聞其名的建青作者，他顯然已經志不在數理，而跟我談起哲學問題，之後才又得知他這時已經開始沉浸於熊十力與牟宗三的世界。我也因爲瞿宛文的機緣認識了讀東海大學的成令方與邱燕，他們都是她高中時代的老朋友，從台北都會南下的女生，特別被東海的泥土氣味所感動。在東海人的親密網絡裡，這些人就都湊到一塊，包括文庭澍的室友、後來陳忠信的妻子唐香燕。

Something in the way she moves
Attracts me like no other lover.
Something in the way she woos me
I don't want to leave her now.
You know I believe and how.

Somewhere in her smile she knows
That I don't need no other lover.
Something in her style that shows me
I don't want to leave her now.
You know I believe and how.

Something — George Harrison

楊逵現身——連結台灣的左翼傳承

當我們在台北把保釣運動搞得轟轟烈烈的時候，台灣各地的大學校園也都受到波及，東海自不例外。保釣運動在這裡雖然規模小了些[22]，但也像在台大一樣，促成了學生心志上的重大轉變。如同台大學生，東海學生也開始發揮自主性，自覺到歷史的使命感，自發地要能有一番作爲，要改造家國社會。同時，東海大學當時也由於長期提供財務支助的美國聯董會[23]改變方針，必須開始自闢財源，整個學校因而進入了蛻變階段。原來東海建校的理念受到挑戰，不食人間煙火的世外桃源風格遂不再能維持，全校師生開始爲「東海何去何從」的問題激烈討論[24]，而載爵當時主編過的校園刊物《大度風》與《東風》也爲此提供了各方意見的言論空間。

在這種求變的氣氛中，載爵也困頓地摸索著求學的方向，與在台北的我們一樣處於釣運之後的變局之中，1960 年代的台灣啓蒙前輩並未能提供令他滿意的答案。這時他在東海校園周遭一貫的上下求索中，一個偶然的機緣走進了學校對面的東海花園，去認識了花園主人楊逵，並因而開啓了我們重新認識台灣左派歷史之門。

民國 61 年間，正當我們在台北摸索著左翼的另類方向之際，再一次來到東海。載爵這次又興奮地向我們說起另一個大發現，這次他發現的就是台灣的左派前輩楊逵，以及他所寫的

22　民國 60 年 4 月 16 日，東海大學學生活動中心召開釣魚台事件臨時大會，會中除發起全國大專學生一人一信致美國尼克森總統運動，及出版釣魚台專刊外，並推派陳久芳、徐錚、金惠敏等人為代表，赴美國大使館遞抗議書。

23　全名為中國基督教大學聯合董事會。

24　當時東海大學面臨的具體問題是要不要擴增學生人數與成立夜間部，都與增加財源有關。

一部描寫台灣人民反抗日本殖民統治的小說《送報伕》。他興奮地拿出手抄的《送報伕》來給我們看，又帶領我們越過馬路走進東海花園去拜訪小說的作者。

民國61年間，作者與瞿宛文幾度來到東海，並跟著林載爵造訪東海花園主人楊逵，為著能直接觸摸到台灣的左派抗日前輩而感動不已，覺得可以重新接合一條斷了的線索。當時文理大道的兩排榕樹尚未長成，抬頭遠眺，除鐘塔外，可以直望天際。（作者提供）

楊逵這時住在花圃中的一個簡單農舍，讀小學的孫女楊翠陪伴著他，還有一位與他一起坐牢的農民同志在花園幫忙。他對我們這些後生晚輩的來訪很感欣慰，每次總以台灣傳統的米奶款待。他已安於歸隱的園圃生活，對過去的歷史並不多談。

然而我們還是從他這裡觸摸到一些日據時代時期的農民運動與工人運動的風貌，而能將台灣放回第三世界的格局之中。這可是我們一年來的另類摸索可以具體接得上的歷史線索，而且是由楊逵這一位有血有肉的歷史參與者來向我們呈現的。然後當得知他曾將大兒子取名爲楊資崩，以期待資本主義體制的崩潰時，我們這些後進對於台灣左派前輩信念之強烈與情感之浪漫，更是感到萬分地震撼與折服。

爲了追尋前輩的足跡，載爵開始探討台灣歷史與文學，並挖掘楊逵的這段歷史。他先爲《東風》寫了一篇〈訪問楊逵先生——東海花園的主人〉，不獲校方准許刊登，於是又再發心撰成〈台灣文學的兩種精神——楊逵與鍾理和之比較〉一文，登上了《中外文學》[25]，楊逵遂再度爲台灣的知識界所知。楊逵被載爵挖掘出來之後，重新與當時台灣的文化知識圈掛了鉤，他所代表的的歷史意義遂重被肯定。我們高中時代的朋友林瑞明還因此機緣，後來以林梵爲筆名寫了《楊逵畫像》一書[26]。

不管如何，在左翼傳承幾乎完全斷裂的這時，楊逵的重現代表著與此傳承重新接軌的一絲希望。在這之前，我們曾透過陳映真的小說，窺探到一些台灣左派前輩對抗日本殖民政權的遺痕。我們又曾找來吳濁流的《亞細亞的孤兒》與《無花果》來讀，深刻感受到那種歷史斷裂的悲劇性。鍾肇政的小說也在瀏覽之列。然而悲情意識及其較爲保守侷限的視野，畢竟滿足不了我們試圖超越族群觀點去尋找另類出路的渴望。

25　《中外文學》民國62年12月號。

26　林梵《楊逵畫像》（筆架山出版社，民國67年）。

民國 62、63 年間，林載爵就讀東海歷史研究所時就住在楊逵的東海花園，他不只跟著楊逵學習台灣的過去，還學到了園圃的樂趣。圖為當時讀台大歷史研究所的林瑞明來訪時的合照，他還因此機緣寫了《楊逵畫像》一書。　（林載爵提供）

與此同時，葉榮鐘的《台灣民族運動史》才剛出版，這是一本台灣在日本殖民統治時期的漢民族抗日史[27]。雖然作者宣稱只涵蓋「由資產階級與知識分子領導」的民族運動，而不包含左翼的抗日階級運動，但這本書確實也給了我們不少台灣當年左翼活動的信息。同時海外流進來的林木順《二月革命》一書，

27　葉榮鐘《台灣民族運動史》（自立晚報，民國 60 年 9 月）。書名應讀成「台灣的民族運動史」，而非「台灣民族的運動史」，那時台灣還未有「台灣民族」的概念，不會有混淆產生。後來重新出版時改名為《日據下台灣政治社會運動史》（晨星出版社，民國 89 年 8 月）。

以左派觀點描述了整個事件的來龍去脈，也讓我們對二二八事件有了一個更深入的了解。這些書雖然讓蔣渭水、連溫卿、謝雪紅、簡吉等台灣歷史的左翼人物躍然紙上，但是畢竟需要真實人物如楊逵者的現身，才能讓我們真正觸摸到台灣過去的左派傳承，才讓這個斷裂後的藕斷絲連有了重新接合的可能。

載爵如此回憶在大肚山上的這一意外發現：

> 民國 61 年，在國際局勢的衝激下，像大多數深受震盪的青年一樣，我正處在感受強烈而思想混亂的狀況。……就在思想苦悶的時候，我認識了楊逵。第一次拜訪他時，他平靜溫和地告訴我一些台灣近代歷史的片段，這是我第一次接觸到這段歷史，臨走時還借了一本中日文對照的《送報伕》。我永遠記得那晚讀完這本小說後，心靈所受到的震撼，我不敢相信，那一段我完全陌生的歷史中，會有如此優異的作品，透過小說中被壓迫被侮辱的人群，歷史之流奔騰而來，而歷史之門也就這樣敞開了，現實連結了過去，而過去歸回了源頭。脫節的一段年代被縫合了[28]。

另類典範——幾個不同的光環

在追尋台灣左翼傳承的努力中，王曉波對我而言也是一個典範人物。他既不以理論來讓人傾倒，也不像陳鼓應那樣發散

28　林載爵〈歷史的篝火〉，《楊逵畫像》序。

著自由精神與浪漫情懷的魅力，然而卻有著素樸的草根氣質。在保釣運動掀起了民族感情熱潮之後的那段日子，他言行上所表現的毋寧與他經常言說的黑手勞動者有著更大的認同感。

王曉波由於家庭的不幸遭遇[29]，從小就有過打工勞動的經驗，也對勞動者抱著深切的了解與同情。在 1970 年代初期，台灣的經濟已經基本上轉爲外銷導向的加工出口型產業，工業化的速度和工場災變的頻率同時與日遽增。這種勞動條件的惡化本應是勞工運動發展的良機，然而在一個左翼勢力已被全面肅清的社會，我們只能看到知識分子基於良知而發出來的呼籲與抗議，當時一個最宏亮的抗議之聲就是來自王曉波。

在活埋 42 個人的七星礦場災變事件，王曉波寫了一篇〈爲礦工請命〉[30]，指出：

> 礦災之所以不能戢止的原因何在？我們了解台灣礦業的人都知道，礦主們為了減少其投資和成本，在基本上就不肯在不能賺錢的安全設備上花錢，而只想以廉

29 這時我們只聽說曉波的母親因「匪諜」案被槍決，但他從未對我們提起此事。直到民國 90 年他在為母親平反，並於 8 月 18 日在台北新店溪畔的馬場町白色恐怖紀念公園現場為母親舉行了追思會後，我們才得知全貌。在〈章麗曼女士追思紀念緣起〉一文上，曉波如此自述：「先母章麗曼女士(1924-1953)，在 48 年前的 8 月 18 日，因叛亂案經憲兵司令部處死刑，就難時年僅 29 歲，家父王建文先生，以明知為匪諜而不檢舉處有期徒刑七年。時我未滿十歲，最小的妹妹學昭未滿周歲，外婆章陸佩蘭女士，帶著我們兄妹四人住在台中，家破人亡，無分文之收入，嗷嗷待哺，孤苦伶仃。」48 年後的民國 90 年 5 月 26 日，「戒嚴時期不當叛亂暨匪諜審判案件基金會」為章麗曼女士平反，確認當年判決為「不當審判」。

30 《代聯會訊》第 2 期(民國 60 年 12 月 13 日)。

> 價的工資及廉價的勞工生命來賺其大錢！這種十八世紀的西方資本主義竟在我們這裡發現，並普遍的存在。以廉價的勞工作為礦業的基礎，已屬不合理；以廉價的人命做為資本家發財的本錢，更是不人道！

一年後飛歌事件[31]發生時，他也在《大學雜誌》上振臂高呼，大聲抗議。

王曉波如此爲黑手勞動者的處境呼籲的聲音，在台灣當時沒有階級與勞工運動的情況下，可算是最左翼的聲音了。在這裡他的民族主義情懷就有了個理直氣壯的基礎，他是爲包括勞動階級在內的所有中國人的不平而發言的，因而當他揮動著瘦小的拳頭談起黑手的哀歌時，總能振振有詞令人印象深刻。此外我們有時也會從他那閃爍的言詞中，感知到他對台灣斷了線的那一脈左翼運動的瞭若指掌。偶爾，他也會透露出一些令人感佩的事蹟，但在這方面他基本上對我們保持一個距離，顯然認爲我們是少不更事的一群。

我們當時並不知道在思想上與我們較爲接近的陳鼓應與王曉波讀過什麼書，但卻自認比他們前衛，就是說我們當時並不認爲台大有老師能夠帶領我們。不過這時台大從美國回來了一位年輕的「台灣左派」熊教授。說他是台灣左派，是因爲他並非留美學界的保釣運動出身，而是屬於 1960 年代的第一批受到反越戰、文革及法國 1968 年學生運動影響而左傾的台灣留美學

31　飛歌事件發生於民國 61 年夏秋之間，位於桃園的外商飛歌電子公司，由於在不良工作環境中使用有毒藥劑，而造成多名女工罹患急性肝炎死亡。

生(劉大任、郭松芬等人都算在內)[32]。他當時默默回到台灣，隱身學院，偶而還會在報紙副刊上寫一些析理精闢的文章，極有魅力。住在萬盛街的工科學生郭耀楠，在觀察過我們少不更事的這一幫人後，顯然認爲我還算穩重，有一天他認爲應該是時候了，神秘地帶著我去認識熊教授。

這時候的熊教授極不多言，炯炯而專注的眼神充滿著決斷力與意志力，讓人覺得他對任何問題都已有了胸有成竹的答案，相對於我們這些毛頭小子，他是何等人物！不禁讓我湧起英雄崇拜之情。第一次見面我就向他報告校園政治的情況，並傾吐出滿腹的困惑向他求教，即使沒能得到具體的解答，心裡也感到十分滿足。我又帶著宛文一道去見他，兩個人一起仔細讀著他在報紙上寫的文章，一篇具有另類觀點關於人的才能與發展的文章。

我去系館找他多次，後來又去造訪他在南港的住處。當時台北市忠孝東路在四段以東還沒開闢，我搭著公路局班車沿著八德路與南港路搖搖晃晃來到他家。他帶著我在當時還是整片稻田的南港鄉間小路上散步，我突然冒失地向他問起打游擊戰的可能，想從他的眼神中尋找蓋瓦拉的影子，他卻笑語支開，沒有回應[33]。我們還走到胡適墓園，我說笑著要在墓碑上灑泡尿，他聽了呵呵大笑。他當時是我以爲唯一可以追隨的師長，然而他實在太不多言，行事又十分小心謹慎，並沒顯示要領導

32　這些人據說還組成了一個鬆散的「台灣社會主義同盟」。

33　想從他的身影找到蓋瓦拉的不只我一個人。幾年後我到了美國，在陳雪梨那裡與他重逢時，他還調侃我說，當時我的問題把他嚇了一大跳。

的意圖，似乎只有被崇拜的份兒，我與宛文只能將他析理精闢的文章捧讀再三。

在民國 61 年這段期間我們每隔一陣子就會去找他求教，但在隔年春天出事之後，由於擔心會有所牽連，我就不敢再去找他了。

天邊一顆星兒流，淡淡地雲兒愁，怎捨得恩情付水流
淚兒是太難收，淚兒是太難收，人兒要走
我請你接受我一杯美酒，啊—
今夜離別後，怎樣消除閒愁……
有人是不願走，有人是不願留，為什麼不如意十常八九
你就是不肯留，你就是不肯留，一定要走
我請你記住我的一片情柔，啊—
今夜離別後，怎樣消除閒愁…

〈人兒不能留〉— 慎芝詞 包娜娜唱

在縱欲虛無與豪情壯志之間

在 1970 年代初台大校園民主抗爭的這段日子，我們一邊積極參與洪三雄領頭的校園民主運動，一邊又奮力追尋著一條另類出路，培育出一種激進的理想，自覺掌握到了一些真理。然而當時整個政治氣氛還是深具壓迫性，尤其對我們開始追尋的另類出路而言。我們不能滿足於只在校園裡爭取民主自由，然而現實卻不能容許有其他出路，這種挫折感難免帶來生活上的一些虛無荒誕，除了思想上開始有所蛻變之外，我們因而還是

延續著原來散漫的學生生活。除了偶而會在西門町的後街同進同出外，群聚飲酒高歌仍然是我們發洩憤懣的儀式，於是我們又唱起了〈杯底不可飼金魚〉，而且更大聲地唱出「好漢剖腹來相見，……等待何時咱的天」，對於天之將明有著更大的憧憬。來自正經八百的法律系的洪三雄，有時也會受不了誘惑，加入我們這些浪漫的文科學生的狂飲，不善飲酒的他幾度醉倒，必須被攙扶到蟾蜍山腳我的租屋處擺平休息。

民國61年夏天，(左起)吳企平、束連元、林良彬與錢永祥等哲學系畢業班同學郊遊。圖中四個男生都考上了哲學研究所，其中錢永祥卻因體育課缺課太多未能及時畢業，沒想到他也就此不再有機會上哲學研究所了。而由於哲學系的大整肅，上了哲研所的阿吳與阿東最後也都棄學從商。（吳企平提供）

洪三雄與老錢都是即將畢業的大四學生，畢業之前能在校園裡鼓動風潮開創新局，自是充滿豪情壯志，然而當時離開學校後的環境卻也是前程茫然。洪三雄當然沒想爲學院所囿，因此入伍當兵是個必要的緩衝。盧正邦打算出國，也先入伍當兵。而老錢則決定繼續待在學校，考上了哲學研究所。

然而極爲荒謬的是，老錢在大四這一年居然因必修的體育課曠課太多而被當掉，以致不能畢業，連考上的研究所也不能算數。當掉他的是一位年屆退休的老體育老師，住在溫州街宿舍。我陪老錢幾次來到溫州街叩門向這位老先生求情，他都不爲所動；老錢動員了母親來說情，還是無效。爲了補修體育課，他只好留下來讀大五。結果就在他留下來的這一年，就發生了一連串的風波與事件，直到出了事我們才停下了腳步。

而季小蘭這一年來對老錢的癡情並未稍歇，對於老錢似有若無的大哥態度則漸失耐性，甚至還遷怒到他的這批朋友。有次在文學院教室，她不知從哪裡聽來我批評她是「小資產階級」，居然用橡皮筋向我射了一顆紙彈。又有一次在莫一予中和家的舞會之後，老錢躲到萬盛街道琳那裡，不知底細的莫一予卻跟著把她帶過去。這次遭殃的則是道琳的書，她把書架整個翻了，書籍散落滿地，讓道琳心疼不已。我們這些朋友在她看來顯然只是拖累老錢的狐群狗黨。但老錢畢竟沒能因她而「得救」，還是爲了體育課留級，並捲進一連串的漩渦。

季小蘭推翻道琳的書架算是我們在萬盛街巢穴最後的盛事了。史朗爲了安置小家庭，早已帶著待產的妻子先行搬出；畫家區超蕃沒考上預官，光著上身，用黑墨在胸膛上畫了個大圓圈，圓圈裡再寫個「卒」字，瀟灑地宣告他即將入伍當卒子了。

道琳考上人類學研究所，頗思變換環境有所作爲，也準備搬出萬盛街。暑假時道琳就跟著史朗夫婦搬到天母，同時把那一箱書也帶了過去。

▪▪▪

這一年暑假之前，元良已經打定主意要競選下屆畢聯會主席，大家都蠢蠢欲動。新學年開學後，我義不容辭幫元良競選，跟著他騎著一輛借來的摩托車，到處去班代表家拉票，並準備接辦《畢聯會訊》。我懷著新學得的另類世界觀初試身手，企圖藉此發揮影響力，而道琳與史朗也都躍躍欲試，加入了編輯與主筆陣容，於是我們就有了「民族主義論戰」的一個物質條件。

第七章

斯土斯民—開闢左翼另類戰場

If I had a hammer,

I'd hammer in the morning

I'd hammer in the evening,

All over this land.

I'd hammer out danger, I'd hammer out a warning,

I'd hammer out love between my brothers and my sisters,

All over this land.

....

It's the hammer of Justice,

It's the bell of Freedom,

It's the song about Love between my brothers and my sisters,

All over this land.

If I Had a Hammer — Peter, Paul & Mary

初試身手——接辦《畢聯會訊》

民國 61 年秋天我們大學時代最後一年的開始，蘇元良選上畢業生聯誼會主席，以不同於前一屆趙少康的面貌重新開張，並積極尋求各種活動的機會。我與謝史朗抱著延續校園民主抗爭以及宣揚另類出路的理念接辦《畢聯會訊》，我當總編輯，他當總主筆。史朗這時終於把家事安置妥當，得以出來大幹一番，而道琳也躍躍欲試，答應撰稿。

張錦焜也應元良之邀來負責畢聯會的總務，以他超乎一般大學生的社會手腕，來畢聯會算是大材小用。元良又從心理系、南友會以及僑生中找來大半幫手，僑生不僅佔學生一定比例，並且能夠提供必要的人力支援，而心理系同學與南一中／南女中校友則是元良的既有網絡。鄭梓的歷史感讓他清楚認識到台大保釣運動以來，學生民主抗爭的歷史意義，獲得元良的支持在畢聯會開創了《台大大事紀》的編撰工作，收集到不少這幾年校園學生活動的刊物與資料。

畢聯會主席的選舉是在 11 月初，等到我們準備就緒，終於發刊新年度的第一期《畢聯會訊》時已是 11 月 20 日。雖然學期已過一半，大家還是十分振奮。我們將報紙交給延平北路巷子裡一家永茂印刷廠印製，他們也同時承印《台大法言》。中年的印刷廠老闆是排版師傅出身，每次工人檢完字讓我們當場校好稿，然後進入製版程序時，他都會親自出馬將版面排得很漂亮。印出第一份後，他總會很有興味地讀著我們這些學生報紙，有時也會評論兩句，對洪三雄時期的台大法言則是讚譽有加。

這是一份名義上針對應屆畢業生的報紙型雙週刊，但「應屆畢業生」這名目對我們而言並無特別意義，何況前一屆的趙少康已經把它辦成全校性政治刊物。這時輪到我們，當然要辦成一份反對派喉舌，繼續台大學生的民主抗爭。

史朗寫了第一篇社論〈諸位，是該覺醒的時候了〉，呼籲即將離開校門的應屆畢業生，既不能存有過去為君王服務的「士大夫心態」，也不該有工商社會的「個人投資心態」。他試圖闡釋「知識是社會長期累積所成而非私有」的觀念。大學教育是社會群體所做的投資，而非個人的投資所得。因此作為少數社會菁英的知識青年應該覺悟到，知識是社會集體分工所交予的任務，必須用來回饋社會。全篇文章都用平實語言來議論，並無半點社會主義的術語，顯示著我們試圖鼓吹左翼思想時不敢張揚的心理。

我在會訊上開闢了一個叫「回歸線」的專欄，並以當時所崇拜的拉丁美洲革命英雄蓋瓦拉的名字 Che 的譯音「傑」為筆名[1]，並為此專欄的開闢寫了一篇〈聆「校慶座談會」有感〉。這篇文章呼應史朗的社論，認為大學生應該無條件參與服務社會，通過獻身的洗禮才得救贖。同時也在引伸王曉波在大學新聞社所辦的「校慶座談會——理想中的台大人」上的發言。曉波在這段時期經常鼓吹「有奶便是娘，吃誰的奶便必須認誰做娘」的道理，而大學生的娘便應是整個社會[2]，取之於社會就必

1　Che 現在多譯為「切」，但當時這個名字還不曾出現在台灣的中文世界。

2　王曉波在座談會上說，這是因為大學教育的主要財源是國家的稅收，而這些稅收的百分之七十來自間接稅，也就是來自中下階層，而非闊氣的財閥，因此大學生的娘便是佔社會大多數的中下階層。

須償還於社會。我便從這裡引申出知識青年應該經由「罪惡感」的洗滌來清除「優越心態」，回到所從出的人群，所從出的土地，尋回他的根源。這些都是很沈重的議論，但對我們這些初次接觸到社會主義的青年，心靈的改造似乎是刻不容緩的任務，也是一種內心的自我表白。

我們戰戰兢兢試圖宣揚左派理念，因此這些文字都裹著一層厚厚的道德包裝。「回歸線」這個專欄本是意指回歸根源、回歸真相、回歸斯土斯民，然而又似另有所指，因爲這時海外統運正在標榜「認同與回歸」。我的心理顧忌還是太大，第二期以後就取消了。沒有心理負擔的阿焜則以張二呆爲筆名寫了一個包可華風格的「二呆囈語」專欄，對校園與社會現象極盡嬉笑怒罵，倒是有始有終，寫到學年結束，甚至越界登到大學新聞與台大法言上面。

「上帝未曾許諾玫瑰園」——郭恆春事件

就在畢聯會重又開張，《畢聯會訊》全新出爐之際，卻發生了郭恆春被擊殺的事件。當時已是經濟系四年級高材生的郭恆春，在法學院宿舍寢室裡遭到一位精神異常的校外朋友莫名其妙從後面襲擊頭部。還在幾年前，郭恆春剛上台大住在男生第七宿舍時，就以不凡的器宇、廣博的見識以及在高中時代就熟稔俄文一事，在眾多懷著經世濟民抱負的法學院新生之中顯得特別突出，而後在經濟系也一直是明日之星。

這學期開學之初，郭恆春還曾爲即將復刊的《台大法言》寫了一篇〈鼓翼起「飛」，引吭以高「歌」〉，探討前不久夏秋之間發生的「飛歌工殤事件」。他引用了湯瑪斯曼的小說《布登勃魯克斯家族的衰敗》的觀點來看待這次事件，認爲財富的累積必帶有罪惡，國家的發展必帶有壓迫，經濟的發展也必帶有剝削，而這些都是人類發展的必然，因爲「狼性並不優美，但上帝未曾許諾我們一個玫瑰園」。對我們這些熱血青年而言，飛歌事件無疑只能令人義憤填膺，這時除了王曉波的大聲抗議之外，台大校園刊物上也有多篇熱血沸騰的相關評論。然而與我們同齡的郭恆春，卻以兼具黃仁宇的大歷史觀及馬基雅維利的冷眼來看待這場工殤事件，他的冷酷理性，對於與他同輩卻又充滿青春浪漫氣息的我們而言，真是十分遙遠。郭恆春於 11 月 18 日上午寫就這篇文章，交給《法言》主編，當天下午就慘劇天降[3]。

郭恆春是應屆畢業生，因此元良認爲畢聯會應該積極介入這事件。他總是很有效率，立刻準備動員社團，抗議校方對畢業生宿舍安全維護不力。這幾天他頗爲亢奮，我則跟著跑來跑去，不免深感不安，覺得這是純屬偶發的個人意外事件，與層次較高的學生民主抗爭無關，但又不忍澆他冷水。最後，在探視過在加護病房陷入彌留的郭恆春後，我們兩個人疲憊地坐在台大醫院門口，元良終於冷靜下來，決定不再繼續追究此事，讓他安靜地離開人世。天嫉英才，郭恆春就這樣走了，令人不

3 《台大法言》革新版第 25 期（民國 61 年 11 月 27 日）登出這篇文章，文後所附日期是「六十一、十一、十八」。新學年的法言總編輯劉德明在文前有如此按語：「法言籌備復刊時，郭恆春允為法言主筆，11 月 18 日上午郭同學交給編者此篇稿子，沒想到，稿猶未睹，而慘劇天降。

勝欷噓！

晚《畢聯會訊》一個星期復刊的新學年度《台大法言》，在第一期以大量篇幅報導此事，總編輯劉德明爲此題了一對輓聯：

哀本社主筆郭恆春無端遇害——
天外飛來事可驚，丹心一點付浮沈。
愛國愛人都成夢，留得來生一恨吟。

早在學期之初，法學院在校方壓制了洪三雄的人馬[4]之後，找了一位較沒色彩的法律系三年級黃正安來當法代會主席。台南人的黃正安在同鄉之間尋找幫手接辦《台大法言》，最後找到了南一中的學弟經濟系二年級的劉德明，劉則找來高他一年的瞿宛文當社長，自己當總編輯[5]。劉德明胸懷大志，有他自己一套歷史觀，對我們的左翼觀點並不服氣。但他十分看重瞿宛文，在洪清森的論壇社時期曾支持瞿宛文選社長，失敗後也一起退出了論壇社。《台大法言》的這樣一個組合，雖然沒能有洪三雄陳玲玉時期的威力，但在當時台大校園的退潮氣氛中，也算守住一個民主陣地。而當他們兩人正在忙著籌備《法言》的復刊時，卻碰上了這麼一樁令人痛心的郭恆春悲劇。

---

4 參見〈烽火杜鵑〉一章。

5 黃正安原先安排同班的陳水扁當台大法言社長，陳先接受了，後又反悔不願出馬，於是黃正安才找上劉德明。瞿宛文接到的社長聘書上面寫的原是陳水扁，再塗掉改成她的名字。

臺大法言　　中華民國六十一年十一月廿七日

鼓翼起「飛」 引吭以高「歌」

——郭恒春——

編者按：「法言籌備復刊時，郭恒春允為法言主筆，十一月十八日上午郭同學交給編者此篇稿子，沒想到，稿猶未睹，而慘劇天降。」

"Behind every great fortune, there is a crime."

讀書無用解說

・讀書人・

民國61年11月，經濟系畢業班高材生郭恆春在台大法學院宿舍莫名遇害，震驚全校。就在當天上午，他才寫就一篇關於飛歌工殤事件的文章，交給法言主編劉德明。這篇登在《台大法言》的遺稿，以馬基雅維利的冷眼及黃仁宇的大歷史觀，極為冷靜地觀察台灣經濟發展的血淚事蹟。（鄭梓提供）

「打倒特殊階級」——融融社風波

這一新的學年，校方不僅介入法代會的選舉，也干預了大學新聞社的改組，而大學新聞社在遭受到校方一連串干擾動作後，還是被楊庸一、王溢嘉、林嘉誠等人所掌握。已是醫科六年級的楊庸一從文榮光手上接任社長，由低他一屆的王溢嘉擔任總編輯。

就形勢而言，《台大法言》、《畢聯會訊》與《大學新聞》這幾個報紙型校園刊物若能密切合作，應該也可以在這黨國反撲的一年維持校園民主抗爭的局面。然而，這時的台大校園已經失去前一年的抗爭熱力與焦點。一些重要的校園社團開始有了龍蛇混雜的狀況，顯然當局並未甘於已經失去一年的校園輿論主導權。何況原來的訓導長俞寬賜在出國一年之後也回來復職，而開明的總教官張德溥反而去職，顯示當局重又準備好要來收拾台大校園的亂象了。於是校方的小動作接二連三，在整肅了法學院的洪三雄餘黨並干擾了大學新聞社的改組之後，又爲一件共同的審稿問題，把畢聯會訊與大學新聞的兩批人一起叫到訓導處訓斥一番並加以處分[6]。而學生這邊在缺乏像洪三雄那樣的火車頭情況下，開學以來推不出一個大動作，也不能依賴名目上的學生總代表——代聯會主席，何況新當選的謝復生並不願像王復蘇那樣與校方對著幹了。

蘇元良曾經想在郭恆春事件上有所發揮而未果之後，《畢

6　記得楊庸一受到警告處分，我則被申誡。

聯會訊》就只有一次與大學新聞的聯合動作，就是一起批判當時台大的「貴族社團」融融社，抗爭之失焦可見一斑。融融社在我們這些南部來的學生印象中，是當時台北權貴子弟組成的社團，經常舉辦我們認爲很「貴族化」的活動，又不對全體學生公開，頗爲刺眼。即使台大校園歷經過一年多來民主風潮的洗禮，他們似乎還是不爲所動，依然隱密封閉。

於是在 11 月的一期大學新聞上，出現了一篇題爲〈特殊階級〉的小文章[7]，指出融融社「入社程序非同小可，必須由既有社員之介紹，然後經過嚴格審核才能獲得通過」，接著以諷刺的語氣提及其入社資格是「男孩子要是紳士，女孩子要是淑女，家裡要有容納會員的大客廳，要有優裕的家庭背景……」，作者最後自嘲說「凡俗如你，即使想替人貼海報當傳達，都還有問題呢」！

融融社在下一期的大學新聞登了一則澄清啓事，試圖辯駁，自承是一小型社團，而絕無按家庭環境背景遴選社友等情事。這個啓事並沒能讓爭議止息，反而在接下一期《大學新聞》登出了北劍的一篇嚴厲的文章〈打倒特殊階級〉。這篇文章指說「融融社擇人入社，罪證昭彰，違反社團組織章程，20 年來從未公開招收社員，入社需經既有社員認可的事實，了解融融社內幕的人，都以『身無長物』而裹足，怪不得永久是那麼一個『小型社團』」。最後並說「曲意自圓的說法，並不能抹掉台大人心中固存的印象。唯有……將一個『小型社團』開放給所有台大人，不要將學院中的毒膿感染這苦難的國家」。

7　耀〈特殊階級〉(《大學新聞》第 380 期，民國 61 年 11 月 20 日)。

打倒特殊階級

•北劍•

自從進了臺大，就發覺在純樸的學風中，有幾葉蝴蝶招展的人物，衣着摩登已極，意氣飛揚已極，像幾株大牡丹，點綴其間，在舉國艱困的環境下，刺眼得很。

大新三八〇期刊出署名「耀」的「特殊階級」一文，「融融社」之名，始見經傳。「該文以自我調侃之方式，做不確實之描述，，無異於臺大人的印象中製造出『特殊階級』，影響融融社之發展」云云，這是出現在大新的融融社聲明。我乍看之下，頗為同情，可是深究一下，不覺痛憤已極。我要指明一件事實，在「臺大人的印象中製造『特殊階級』的大牡丹，就是在國難中享盡富貴的融融社本身，耀先生並不冤枉這一羣「特殊階級」！

該篇聲明說：「融融社為一小型社團，遵學生社團組織與活動規章成立，迄今已二十年，絕無按家庭環境背景遴選社友等情事。」哈哈，好一篇正義的說詞！筆者有一位朋友，一手鋼琴直追蕭邦之後，係出名門，「是淑女，家裏有容納會員的大客廳，有優裕的家庭背景」，待價而沽。融融社乃邀之入社，為這位淑女拒絕。蓋融融社擇人入社，罪證昭彰，違及社團組織章程，二十年來從未公開招收社員，入社須經既有社員認可的事實，了解融融社內幕的人，都以「身無長物」而裹足，怪不得永久是那麼一個「小型社團」。此小型社團非他，乃全身是貴族派頭的特殊階級也！這種惡風，不僅在「臺大人的印象中」存在，就在椰林道上、大客廳大沙發上的融融社員身上存在着。

眾所週知的貴族文學代表作「臺北人」，就是出自一個融融社員手中。「從前哪年春天，就

到了民國61年秋冬之交，在校園形勢開始逆轉又無可著力的氣氛中，《大學新聞》的北劍出手批判「貴族」社團融融社，《畢聯會訊》也曾幫腔，引來對方抗議。這次小風波隨即淹沒在學生監票員活動及民族主義座談會等波譎雲詭的浪濤之中。　（鄭梓提供）

這樣嚴厲的批判得到我們的聲援，同一天出版的《畢聯會訊》登出一篇〈特殊階級〉的小文[8]，也以諷刺的語氣回應融融社的啓事，說「想當年老零三託四跪，亟欲混入此社，以使老生身價稍漲，不再怒目於校園飛車，不再自卑於台北淑女，不再耳聾於超級玩語，無奈……招絕於龍門之外。……如今閱報

8　零餘人〈特殊階級〉，《畢聯會訊》61年度第2期(民國61年12月4日)。

得知此一 ××社竟能響應政治革新，與民眾親，與凡輩遊，否定自己是『特殊階級』，大令老零……死而無憾矣」。史朗接著在下一期畢聯會訊寫了一篇「特權學生•學生特權」的社論[9]，從台大所存在的特權學生現象，引伸出對大學生整體作為社會菁英分子所享受到的社會特權的批判。

融融社的負責人在遭到這些責難後，曾經很委屈地向蘇元良抱怨，還提說他們的父母「知道之後相當難過」！我們這些南部來的學生聽了相當詫異，實在難以想像這種學生之間的爭論居然會告狀到父母那裡去。我們在學校搞這種「課外」活動，只怕徒增家人困擾，是絕不會想讓他們知道的，雙方家庭背景差距之大可見一斑。這種差距是種城鄉差距，也是種權力中心與邊緣的差距。

有錢人講話大聲，萬事攏佔贏
無錢人踮在世間，講話沒人聽
歹命人著愛打拼，不可互人驚，啊—
世間的，世間的歹命人為錢賭性命，為錢賭性命
〈為錢賭性命〉— 黃俊雄詞

這種差距在台大校園民主運動之前甚少受到挑戰。就在保釣運動爆發前的民國60年青年節出刊的《大學新聞》上登載著這麼一則小消息：「訪美學生代表馬英九返台北」[10]，他在這年

9　《畢聯會訊》61年度第3期(民國61年12月18日)。
10　《大學新聞》第331期(民國60年3月29日)。

元月應美國國務院之邀，以我國傑出大專學生代表身分赴美訪問兩個月。這應該是他擔任上一屆代聯會秘書長努力的收穫。而當天舉行的全國青年節大會則由政治系的傅崑成擔任主席[11]，他即將在下一年度代表國民黨出馬競選代聯會主席(但敗給了王復蘇)。在這次大會上，胡定吾獲頒優秀青年獎章，獎賞他在前一年台大代聯會主席任上，代表我國參加世界青年大會，表現優異[12]。當局有著這麼一個「學生領袖」赴美訪問的傳統，當屆的李大維自不例外，他也於卸任後赴美訪問兩個多月[13]。這些台北人還在讀大學就能講好英語，參加英語辯論賽，甚至赴美訪問，都是讓我們南部來的心虛不已之處。這些有頭有臉的「學生領袖」是我們可以直接感受到的權力中心人物，而融融社的內部活動則距離我們更加遙遠了。

沒來到台北接觸到這些人與事，不會感受到此等差距。我們這些人的雙親都是屬於不會講好「國語」的失語的一代，他們從不敢奢望我們會與權力中心掛勾。因此相對於台北的權貴子弟，來自南部的我們不免有股「邊緣分子」的妒恨之氣，而對融融社的攻擊則無疑是這股不平之氣的發作。

融融社受到批評之後，終於在年底舉辦了一場多年來的「公開活動」，請一些老師來參加一場時局座談會。這場爭議在當時波譎雲詭的校園氣氛中顯得微不足道，而我們也沒興致繼續搞下去，因為與此同時有著更令人興奮的事情在發生。

---

11 《大學新聞》民國六十年青年節特刊(民國60年3月29日)。

12 《大學新聞》第332期(民國60年4月5日)。

13 《大學新聞》第347期(民國60年9月27日)。李大維此時就已志在成為外交官，而且有路可循，也是我們難以想像的。

「擁抱斯土斯民」——學生監票員活動

在郭恆春事件的迷惑與融融社風波的糾纏同時，我們其實被更大的一件事情所吸引，就是第一次「增額中央民意代表選舉」。這是在蔣經國政權民主化的方向下，中華民國幾十年來所謂的「萬年國會」局部改選的第二次，算是部分回應了前一年「全面改選中央民代」的呼籲。在這之前，台北市就曾選出黃信介來遞補去世的台灣省籍立法委員，那部分還是「終身職」。而這次則是選舉因台灣省人口增加而增多的名額，屬於必須三年改選一次的部分，雖然名額不多，卻是黨外民主運動在這個層級進行持久抗爭的絕佳機會。

這一次黨外出來競選台北市立法委員的，便是在台北市議會初露頭角、接替黃信介的年輕市議員康寧祥。當時他的宣傳車上寫著閩南語對聯標語，上聯是「光復廿七冬」，用「冬」來稱年，令人倍感親切。

這一次選舉的每個候選人都可以推派監票員，名額不多，對於當時風聞的開票作業的黑暗面，起不了實質的監票作用，但卻有著不小的象徵意義。蘇元良於是敏銳抓住了這個機會，希望康寧祥帶頭提供監票員名額給台大學生，以做爲學生參與民主政治的行動象徵。

在保釣運動之後的台大校園民主抗爭中，「走出校園，走出象牙塔，走向社會，走入民間」這些理念都已成爲學生的訴求基調。江炯聰、林聖芬的慈幼會原來就是以社會慈善爲名行介入社會之實，王復蘇的代聯會更大張旗鼓搞「社會服務團」，也有著知青下鄉的弦外之音。甚至接手的新任代聯會主席謝復生雖然不屬反對派陣營，也推出了類似的「百萬小時的奉獻」活動。「學生監票員」的企圖則是更進一步想要在政治層面實際介入，在當時台大學生一心想要介入社會的心理下也是自然的發展。

我與元良兩人在11月的一天晚上來到萬華，一路問到康寧祥的競選總部，發現是一處小民宅。我們進門後見到小客廳人進人出，充滿戰鬥氣氛，然後康寧祥在助選人群的簇擁中走出來。他雖然身材不高，卻是氣宇軒昂，在眾人中相當突出。我們向他表明身分並說明來意，他即驚喜地說「實在難得！大學生願意來參與我們的民主政治」。當下立刻爽快地答應把他的監票員名額全部交由我們來推薦。這是民國61年底的第一次增額中央民代選舉，投票日是12月23日，我們推動的監票員活動雖然微不足道，但卻是1950年代之後，台灣的知識青年第一次公開集體跨出校園所參與的政治選舉活動。

康寧祥豪爽的答應讓大家很是興奮，元良於是又去鼓動其他候選人。並且爲廣招徠，擴大宣傳效果，我們重施故技，在椰林大道靠近校門口處懸掛起大白布條，希望能爲頓陷沈寂的台大校園注入一點活力。史朗想出了這麼一句對聯：「擁抱斯土斯民，參與民主選舉。」大家對「擁抱斯土斯民」這句話極感滿意，透露出我們當時浪漫的民粹傾向。史朗更是得意，在《畢聯會訊》第二期寫了一篇同名的社論[14]，除了鼓勵同學參與民主選舉之外，還延續上一期社論的論點，痛陳知識分子與斯土斯民疏離的錯誤。

14　〈擁抱斯土斯民〉，《畢聯會訊》61年度第2期(2月4日)。

中華民國六十年創刊（雙週刊）

畢聯會訊

閻振興題

六十一年度第二期（總十四號）

出版者：臺大六十一年度畢聯會
發行人：蘇元良
總編輯：鄭鴻生
地址：臺大活動中心二一八室
電話：三八〇七七〇轉583

畢聯會活動已一一開鑼

【本報訊】畢聯會活動部已籌劃好數項球類活動，為應屆畢業生提供聯誼機會。詳情如下：

球賽包括籃球、排球，定於十二月十五日開鑼。報名資格限應屆畢業生，採自由組隊方式，於十二月十一日以前中午十二時到下午三時至活動中心二一八室畢聯會活動部登記。十二日中午開隊長會議，抽籤決定賽程。

又據活動部稱此次比賽，前三名可得豐富獎品，另參加者都可得一精緻之紀念章，希同學勿失良機。

【又訊】畢聯會活動部擬於十二月中旬舉辦音樂電影欣賞，影片係由德國文化中心提供，為古典歌劇之電影，同學請拭目以待，時間與地點請注意海報。

【又訊】畢聯會已於十二月三日星期日晚七點假體育館舉辦畢業生土風舞會——冬之舞，情況熱烈。

畢聯會召開班代表大會

【本報訊】六十一年度畢聯會已定於十二月五日晚七時，假研圖演講廳召開第一次畢業班班代表大會。據畢聯會秘書處表示，此次大會是本年度畢聯會成立以來第一次畢業班班代表大會，意義重大。會中將審核成立本屆畢聯會章程，正式確立畢聯會之職責與權限。此外，並將主席蘇元良同學所提爭取畢聯會於大三下改選一案列入討論主題，使以後之畢聯會有規模可循，不致因屆間之中斷而失經驗傳遞之效。

畢聯會並表示希望畢業班班代表能重視此一次大會，踴躍參加，齊力促成本屆畢聯會工作之完滿。

大專預官考選科目日期決定

【本報訊】六十二年大專預官考選，將於明年三月卅日，在臺北、臺中、高雄三個地區同時舉行考試二天。

六十二年預官考選，特種科目內容：甲組分兵工、裝甲、機械、海軍輪機、造船。乙組分補給、運、經理、組分通信電機、海航海、空氣象。丁、測量、。戊組分醫、藥劑獸醫、化

叢樹朗演講　畢業生抉擇

【本報訊】畢為使應屆畢業生來臨的一連串深——研究所入學托福、GRE、有所認識，特請先生蒞校演講「應屆畢業生的」重點為說明同國內或國外繼續遭遇的困難及解決方法。該演講定於十二月十九日時半至九時半，在海洋研究所演講廳。演講後並放映「美國高等教育現況」彩色幻燈片及影片。又當百份「留、「海外「新增留和歷屆研入學試題

大學論壇　十二月四日

大　談

民國61年11月底，為了「增額中央民代選舉」這個民主化過程的大事件，台大畢聯會發起學生監票活動，第一次公開地「介入」全國性民主選舉，並提出「擁抱斯土斯民」的口號來鼓勵同學參與。謝史朗為此在《畢聯會訊》上寫了這篇社論，痛陳知識份子與「斯土斯民」疏離的錯誤。　　　　（鄭梓提供）

在同一期《畢聯會訊》上，道琳也以「黃罔市」爲筆名[15]，寫了一篇〈兩個世界——知我者謂我心憂〉來呼應。他劈頭就說：

> 教育把我們從一個世界引導進另一個世界，以我們十幾年來所受的教育言，我們很少被教導怎樣去跟廣大的人民群眾接觸、認同；教育愈高，則我們與「斯土斯民」之間的鴻溝似乎也愈來愈大。這是判然有別的兩個世界形成的原因。

來自屏東農村小鎮的道琳對於逐漸凋零的台灣農村深懷悲憫之情，自覺到大部分的大學生是「從鄉間而城市，由南部而台北，由台北而美國……」一步步脫離了「斯土斯民」的現實，因而提醒同學：

> 我們在鴻溝這一邊過的是多麼安適。但是我們這是在厝火積薪上做的黃金美夢啊！讓我們睜眼看看另一個世界，看看那些「治於人者食人」的同胞——農民。

幾年來台灣加速的工業化所造成的農村問題逐漸惡化，成了我們關注的重點。而不管是參與民主選舉，還是關切台灣農村問題，我們都設法以這個「擁抱斯土斯民」的視角來包裝介入社會現實的左派理念，成了我們《畢聯會訊》前兩期的旗幟。

史朗也拿來一封正在軍中服役的阿仁來信，登在同一期的

15 「罔市」乃閩南語「罔飼」諧音，「姑且養之」之意，過去常是台灣女性之名。

會訊上面[16]。阿仁回應史朗說：

> 知識分子是極端卑鄙而頑固的。我說「卑鄙」，因為他們能找出許多理由為自己辯護，而且堅持地這樣相信。儘管你呼籲，你企望，除非能付予強固的理論基礎，他們是不會接受的。我們談「社會」談「民族」，但若不能道出為什麼要愛國家、愛民族，他們實想不出為何不可「獨善其身」，為何要「覺醒」。因此他們可分析你的告白[17]為「情緒字眼」。看看目前「積極的虛無主義」的盛行，不正說明了哲學在這方面(價值判斷)的無能，以及這問題的確實棘手?!……

阿仁這時顯然也如我們一樣，陷入了知識青年在哲學思辯與實踐問題之間的兩難，於是他又說：

> 屢思及此，常有「激烈」的念頭浮現心際……。阿東曾言：有所改革總是好的，但願我能像他那般樂觀……。

這是在民國 61 年 11 月底 12 月初的時候。我們將這兩句動員學生參加監票作業的「擁抱斯土斯民」標語，橫寫在兩張大白布條上，幾個人七手八腳，把它懸掛到靠近校門口的椰子樹

16　阿仁，〈短簡一則〉，《畢聯會訊》61 年度第 2 期(民國 61 年 12 月 4 日)。

17　謝史朗在《畢聯會訊》第 1 期寫了一篇〈你我的告白〉，繼續批判知識的商品化趨向。

上。這時正是夕陽西下，就在我們大功告成，正在收拾準備離去時，突然走來了下了班的訓導長俞寬賜，身旁跟著幫他提皮包的秘書。這時他見了我們所懸掛的白布條，勃然大怒，要我們立刻拆掉。我們當然不願屈服，雙方對峙在那裡。元良試圖辯解，而原本是來湊熱鬧幫忙懸掛布條的錢永祥則是義憤填膺，肝火上升，與訓導長當場大聲吵了起來。最後訓導長見我們毫不屈服，掉頭就走，拋下一些「你們等著瞧」之類的話。

訓導長怒氣沖沖走出校門，但是他那瘦小的秘書卻步履躊躇，似乎想當和事佬，又似乎希望我們不要把他看成與他老闆同夥。年輕瘦小的他一隻手提著長官的皮製大公事包，另一隻手伸出來，小丑般地對我們比劃，緊皺眉頭嘟噥說：「我沒有power啦！我沒有 power啦！」說著同時，他那細瘦的五指也手心朝上做出手上無權的動作。他這個滑稽動作像是在幫長官緩頰，也像是在爲自己站邊求饒，令人不知如何以對。最後，他突然發現訓導長已經走出校門好遠，立刻丟下我們追趕過去。長官沈重的大公事包在他手上左搖右晃，比他急奔的身影還要顯目。這件事當時不了了之，但這筆帳顯然已被記下，尤其是當面頂撞的錢永祥。

校門口的草根民主鬥士

蘇元良最後鼓動到了 6 位候選人來支持這項監票員活動，取得 124 個監票員名額[18]。監票員的徵求也很快得到校園輿論的

18　除康寧祥外，還有立委候選人羅建斌、舒子寬、陳清博，國代候選

民國61年12月的這期《畢聯會訊》，頭條報導了畢聯會徵求「增額中央民代選舉」學生監票員的作業情況。康寧祥帶頭提供了監票員名額，來到台大校門口發表競選演說，並順利當選立法委員，從台北市議會的地方層級，站上了全國性的政治舞台。（鄭梓提供）

支持[19]以及同學的熱烈響應，總共有二百多位前來登記，最後必

人黃天福與李鈺源等人參加。另外一個候選人臨時反悔，致使原有的150人名額縮水。

19 例如《大學新聞》第382期(民61.12.4)的社論〈理想與實踐——談台大的監票員〉，《台大法言》第26期(民61.12.11)的頭條新聞〈國事參與露曙光，百五好漢上選場〉以及陳玲玉的〈公正選舉的見證者〉。

須抽籤決定人選。與我們一起批判融融社的哲學系學弟、筆名北劍的范良光，這次不只報名參加監票員行列，選舉完後還寫了一篇〈一個監票員的感想〉[20]，提出他對民主實踐的諸多觀察。

康寧祥高興地應邀來台大向這批學生監票員講話，而他的選舉活動更是熱熱烈烈地展開。當時台大校門口的廣場並沒有圍牆，是候選人發表政見的理想「民主廣場」，他當然不會放過這個機會。

12月競選期間的一天晚上，康寧祥將他的小宣傳車開到台大校門口，停在靠近新生南路的一邊，權充競選演說的臨時講台，吸引來無數民眾。康寧祥站上宣傳車頂，面對傅園而背對著新生南路，雖然台下的群眾裡頭台大學生並不算多，他還是以針對台大學生的口吻，用流暢的閩南語開口就說：

> 我今天眞歡喜可以站在台灣大學的校門口跟大家講話，這是我們國家的最高學府，各位是我們國家最優秀的人才。

然後他左手一揮指向台大校園，繼續說：

> 但是各位要知道，這個大學原來叫做台北帝國大學，它原本是日本帝國主義為了要剝削台灣人民，為了要侵略東南亞，而設立的大學。它原本是一個為統治者與侵略者服務的大學。

20 《大學新聞》第387期（民國61年元月8日）。

這真是個扣人心弦的開場白。接著他除了闡述民主政治的理念外，並呼籲大學生要跳脫爲統治著侵略者服務的角色，要關心社會，關心人民，不要關在大學的象牙塔裡。

這種將台灣大學的位置拉回日本殖民統治時期的台北帝大來檢視的視野[21]，在 1970 年代初期可是相當令人震撼，尤其又是出自一位草根民主鬥士之口。正在吸納消化左派理念而且才重新發現楊逵的我們，聽了他的這種宣示與召喚更是爲之動容，讓人直覺有如蔣渭水再世。

康寧祥順利當選了這一屆增額立法委員，加入黃信介的陣容將台灣草根民主鬥爭推上國會層級，並展開他全國性知名度的政治生涯，當時真是意氣風發。

21　日本殖民政權設立台北帝大時就開闢了「椰林大道」，所植的高聳的大王椰當然不是台灣原有樹種，而是為了裝飾出一個南洋風貌。雖然大王椰也非南洋樹種，而是原產中美洲，但卻象徵著也有很多棕櫚科植物的南洋，象徵著台北帝大一開始就是為日本帝國主義的南進服務的。

第八章

變生肘腋—民族主義論戰突起

Yesterday...

All my troubles seem so far away

Now it looks as though they're here to stay

Oh I believe in yesterday

Suddenly...

I'm not half the man I used to be

There's a shadow hangin' over me

Oh, yesterday came suddenly

...

Yesterday — Paul McCartney

惡夜暗流——突發的民族問題

錢永祥爲了補修一個學期的體育課，不僅被迫留下來當大五生，考上的哲學研究所資格也被取消，難免沮喪。而且一年多來台大的民主抗爭熱火也已不再，更讓他覺得百無聊賴。因此在民國 61 年秋季，當我們正興奮地以畢聯會爲基地準備大搞一番的時候，他每個星期乖乖來到學校上體育課，此外大半時間就躲在新北投山上家裡。爲了對負擔家計的寡母有所交代，他於是又從系裡的老師林正弘那裡接來一件翻譯邏輯教科書的工作。

不過他卻是不甘寂寞的，不時會下山來到台大找這批老朋友湊熱鬧。11 月下旬的某一天，他就如此碰上了我們爲學生監票員活動熱切張羅的時刻，也過來幫忙懸掛「擁抱斯土斯民」的白布條，卻不料因而與訓導長吵了一架。這一吵讓他心情惡劣回到山上翻譯邏輯書去了。

然而校園裡潛伏著的各種暗流，也在黨國大反撲的這一年爭相冒出水面，讓人既難忽略也難捉摸。正當學生監票員活動熱烈進行之際，我們得知了即將在 12 月 4 日晚上舉辦的「民族主義座談會」這件事。

這場座談會是大學論壇社主辦的，而且還計畫舉辦兩場。這時的大學論壇社已由洪清森交到孫慶餘與杜念中之手，孫慶餘除了是大學論壇社的社長外，還是大學新聞社的主筆。12 月 4 日當天的《大學新聞》就爲這個座談會登了頭條新聞「唱論世局盱衡當代，論壇社舉辦座談會——師生將暢談民族主義」，

大學新聞　　　　中華民國六十一年十二月四日

登記證國立臺灣大學訓練課字第一〇一二號　　本報創刊於民國四十六年

大學新聞

閻振興題

出版‧發行：大學新聞社
社長：楊庸一
社址：國立臺灣大學學生活動中心二二二室
社電話：三八三〇七七〇一五八三

第三八二期

本報每週一出版本期一張印行一萬三千份

暢論世局盱衡當代
論壇社舉辦座談會
師生即將暢談民族主義

【本報訊】「大學論壇社」定於十二月四日（星期一）晚七時，假新建的綜合大樓演講廳（研圖旁），據大學辦第一次「民族主義座談會」。會中除海外工作會主任陳裕清先生外，並有林正弘，王文興，許信良，陳鼓應，韋政通，王曉波幾位先生出席參加。

此次座談會除主題「民族主義之意義」外，計有兩個相關的子題：1現階段民族主義之內涵意義和展望2民族主義和中國之命運。這次座談會是在激撼中尋出穩健的民族主義。論壇社表示：如何評斷健全的民族主義，這是知識份子普遍關心的題目。敬希關心中國問題的臺大人踴躍參加。

天氣苦寒雪送炭
蘭嶼捐募即將展開

【本報訊】臺大蘭嶼醫療服務隊，會同畢聯會、法代會、醫代會、慈幼會、大學新聞社、愛樂社及臺大交響樂團發啓全校性冬令捐衣、捐書運動。鑒於蘭嶼人民生活貧苦，向來完全脫掉原始的外衣。寒冬難耐特別希望臺大人本愛國愛人之校訓，執仁愛憐憫忘意，把自己用舊之衣物，看過的報紙雜誌，尤其感缺之的兒童刊，捐出來。請近日內每天於中午時間至校總區活動中心，交給畢聯會或交響樂團，醫學院同學交給醫代會，法學院交給法代會。最後由蘭嶼醫療服務隊會集，郵寄蘭嶼。

恆春英魂長眠斯土
寃屈未白公義何在

【本報訊】本校法學院經濟系四年級郭恆春同學於十一月十八日下午遭其友背擊重傷，經全力救治無效，不幸於十一月廿三日下午四時卅分逝世，停柩數日後，即由法學院院長韓忠謨先生及老師同學組成治喪委員會，於本會（十二月）一日上午七時半至九時半在臺北市立殯儀館愼終廳舉行公祭。

是日，法學院及校總區分別派二部校車接送前往致祭師長及同學。公祭開始，首由經濟系主任華嚴主祭，繼而哀樂復鳴，由法學院韓院長主祭，其親戚分列於兩旁答禮。郭生父母則守在桃園，郭家遭此巨變；使他們籠罩在一片陰霾之中。

十時左右，將靈柩送上靈車，經四大部分同學隨同郭恆春家人護送靈柩前往桃園龜山鄉大崗水尾廟前公墓，英魂就永眠於斯土。

【又訊】據經濟學會總幹事李顯峯同學表示：截至目前爲止同學捐來的款項約達十萬元之數，於此先表達對大家的謝意，該會並將於治喪停當後，將募捐詳情及款目公佈於法言及大新。

又，郭恆春不幸事

辛永秀 獨唱會

【本報訊】十二月九日（星期六）晚八時半辛永秀小姐獨唱會在中山堂舉行，由臺視交響樂團伴奏，臺大交響樂團代售三十元票，欲購者請於中午至活動中心二〇一室臺大交響樂團購票。

社論

理想與實踐
—談臺大的監票員

由於國家遭逢幾乎無止息的一連串北伐、抗日、勦匪、勘亂的多年戰亂，遂造成目前老一代與年輕一代間的一段「人才空白」，使人有好一陣時間的「前有古人後無來者」的慨嘆。好不容易，經由時間累積以及自由地區多年教育普及

在選舉的過程中，大學生最可能扮演的角色，除了享受一個選舉人的地位與權利，於十二月廿三日投下神聖的一票外，值得探討的乃是助選員及監察員的資格。

依照「動員戡亂時期自由地區增加中央民意代表名額選舉辦法施行細則」第七十六條的規定：「助選員非經送請主管選舉機關核准登記，不得設置，並不得以現役軍人，警察，辦理選舉事務人員或公務人員擔任」。依此條文觀之，並無禁止大學生擔任助選員的規定。然則，大學生不得爲助選員的說法，早已流傳多年而深入人心，在此次選舉中，亦尚未聞有候選人擬聘大學生爲助選員者。職是之故，大學生擔任助選員的觀念，實須吾輩青年自求多福，藉輿論的力量傳播

民國61年12月初，《大學新聞》一方面以社論支持畢聯會的監票員活動，一方面吹起攻擊民族主義的戰號。然而從這個頭條新聞卻聞不出有任何火藥味道，《畢聯會訊》在同一天也登出了座談會活動的消息，並沒警覺到會是一場來勢洶洶的對左翼力量的圍剿。　　（鄭梓提供）

新聞提說「除海外工作會主任陳裕清先生外，並有林正弘、王文興、許信良、陳鼓應、韋政通、王曉波幾位先生出席參加[1]。此次座談會除主題『民族主義之意義』外，計有兩個相關的主題：一、現階段民族主義之內涵意義和發展，二、民族主義和中國之命運。這次座談會是在激盪中尋求穩健的民族主義。論壇社表示：如何評斷健全的民族主義，這是知識分子普遍關心的題目。敬希關心中國問題的台大人踴躍參加」。

這場座談會無論就其預定的內容和邀來的座談者而言都算合宜。然而對保釣運動出身的學生而言，民族主義本就不成問題，而且也與校園民主抗爭不相齟齬，何況當局才在上個學期以「小市民心聲」，從民主到民族各個論題對學生反對派進行反撲。不過我們並不以爲意，以爲任何有意義的題目都應該拿出來討論，而且我們也希望學生能藉此認識到「正確的」民族主義，而非黨國所灌輸的右翼觀點的民族主義。於是同一天的《畢聯會訊》也登載了「大學論壇社談民族主義」的消息，提到「論壇社鑑於目前海內外民族主義情緒高漲，得失並存，爲尋求出路和當前知識分子的使命，以批評的觀點兼論民族主義之內涵和將來之發展，敬邀國內有見解的人士，作一廣泛性之討論」。我們當時對這座談會抱著樂觀其成的態度。

引爆現場——失控的民族主義座談會

12 月 4 日這天，錢永祥不甘寂寞下了山來，與我們一起去

1 實際上林正弘並未參加。

參加第一次民族主義座談會。吃過晚飯後，我們來到會場森林系館的林一教室，這個議題果然吸引來很多學生，把這個大型階梯教室坐滿了。我們坐在中間靠右的位子，有點居高臨下，一向關心此一議題的郭譽孚也來了，坐到另一個角落。

這天晚上共來了六位與談人，包括代表官方的國民黨海外工作會主任陳裕清、中西文化論戰時站在反傳統一邊的韋政通、文學上的現代主義者王文興、年輕的國民黨革新派省議員許信良，以及被認爲代表民族主義的哲學系年輕老師陳鼓應與王曉波。這六個人中陳鼓應與王曉波有著較清楚的左翼民族主義色彩，顯然是這次座談會主辦者用來樹立反面教材的箭靶，期望其他人能對這兩人有所批判。我們好整以暇準備聆聽這些人的高論，但並不期待會有特別精彩的見解出現，只是爲著民族主義這個重要議題，我們不能缺席。

首先發言的陳裕清不出所料，以官方立場將反共八股的民族主義觀點陳述一番。韋政通一方面肯定抗日戰爭的民族主義立場，一方面又質疑黨國民族主義的欺騙性；既覺得反帝民族主義有其正當性，又對中共政權抱有疑懼。王文興則一貫強調在文藝領域裡不存在民族主義。而許信良並不直接處理民族主義問題，卻以其英國的留學經驗，強調英國青年在面對逐漸成形的歐洲聯盟的「可怕趨向」中以小搏大的精神。對於陳鼓應與王曉波，保釣運動之後他們參加的公開演講場合大半都與校園民主問題有關，所關心的基本上都是民主自由、個人人權、社會風氣與弱勢者處境的問題，因此這次座談會可說是他們第一次將民族主義的觀點作公開而完整呈現的機會。陳鼓應首先界定民族主義「是對自己民族的價值觀念和文化作一認同」，從而批評台灣建立在廉價勞工基礎上的經濟發展、帝國主義的經濟侵略，以及由此衍生的各種「腐化」的社會現象。然後又繼續批評台灣知識分子，認爲我們沒有根，缺乏傳統知識分子對社會的批判精神等等。他的這些發言並沒超出當時廣義的民族主義的言說範圍，內容未必尖銳，但姿態卻是不低，所用的修辭也頗刺人，尤其在對西化知識分子的批判上面，如此侃侃而談，超過了時間還意猶未竟。王曉波則較嚴肅而理直氣壯地陳述了一遍他的一套孫中山的民族主義[2]。

對我們而言，陳鼓應與王曉波當場並沒能在左翼民族主義上面有太大的發揮。即使以陳鼓應的口才，他的反霸權言論在學生中所能引起的效應，更像後來黨外人士在政見會上批判黨國腐敗的快感，是那種在黨國威權體制下一吐悶氣的快感，與其說是宣揚左翼民族主義理念，還不如說是在挑戰當局的無能、高壓以及親美的主流意識。可以說內容本身不是要點，位置與氣勢才重要，這一點基本上延續了一年多來台大校園民主抗爭的各場座談會的精神，也是後來黨外煽動家在台上演講的主要效應所在。

由於其他四個人沒能高明到具有足以壓倒陳王的氣勢，因此台上的演講有著太多老生常談，顯得不夠對立，並不很精彩，而後師生之間的答問也難以互相呼應。但是就在台上台下七嘴八舌的情況下，猶如半年前「批判小市民心聲」座談會在活動進入尾聲時所發生的反高潮情況一樣，這次從聽眾座位中又跳

2 以上六人之座談內容整理自北劍〈第一次民族主義座談會紀要〉，《大學新聞》第383期(民國61年12月11日)。

出了馮滬祥，引起大家一陣騷然。

馮滬祥再一次在活動已近尾聲之際出來挑戰陳鼓應。這次座談會雖然以民族主義爲主題，但他卻未針對這個題目發言，而是一貫針對整個校園反對派，尤其是陳鼓應的反威權體制的言論。由於陳鼓應在當時校園民主抗爭中所扮演的重要角色，馮滬祥在這一年來的幾次座談會上可謂將他緊咬不放，而這次又是以其從容不迫的語調，運用黨國的反共意識形態以及「小市民」的邏輯來攻擊他，不僅讓在場學生氣憤不平，還讓陳鼓應的忍受度達於極限。

將「反共」無限上綱來壓制對方的作法，是很難讓人平心靜氣講道理來反駁的，因爲當你爲了自保而承認你也是「反共」時，氣勢即已輸掉一大半了。於是按耐不住的陳鼓應雖然企圖反駁馮滬祥，卻不再能與他說理了，當場指著他說「大家都知道你是職業學生……」之類的話。陳鼓應的這個嚴厲指控，全場譁然，然而馮滬祥仍然面不改色，語氣沈穩，繼續發言，更是令人難以消受。這時會場已如鼎沸，隨時都要爆開。

結果這個爆發點落在錢永祥身上，他也按捺不住，面紅耳赤，失去一向的論辯才華，站起來憤怒地喊出「大家不要聽職業學生的話」！我坐在旁邊，本來就已如坐針氈，這時更是心跳加速，覺得整個會場轟轟然炸了開來。

但是馮滬祥面對接著而來的這個斥責，居然又是冷靜異常，企圖繼續發言。而主持人眼見原先的盤算已告失控，則企圖趕緊收場，因此衝突沒有進一步發展，以致座談會隨後草草結束。座談會其實也該結束了，這時已近晚上 11 點。

馮滬祥異常冷靜的反應令人瞠目結舌。陳鼓應後來提起，散會後馮還走上前來寒暄，並問陳是聽誰說他是職業學生的[3]。之後大夥一起離開會場，爲著這場意外的衝突，我們不安地走在椰林大道上，馮滬祥卻好像沒事發生一樣，跟著大家出來，甚至還走過來跟我拍肩握手，狀極友善，雖然他明知我是陳鼓應的學生，也是錢永祥的死黨，搞得我不知如何以對，甚至有點膽戰心驚[4]。

老錢這次興沖沖地下山，結果又闖了禍。不僅罵了一位忠黨愛國的學生，而且還是當著一位黨國要員的面，於是當晚他又悶悶不樂回山去了。

來勢洶洶——大學新聞的突襲

民族主義座談會的失控場面出乎所有人的意料。以我們當時單純的心思，原本只覺得這個時候來檢討民族主義不太對勁，但並沒能察覺到主辦者的深沈用心，因此對這場座談會曾寄予期待，期待藉此將民族主義闡釋得更爲有力，期待它能像保釣運動時所發揮的力量，成爲反對派對黨國威權體制的批判武器，也因此對現場的攪局與衝突自是憤恨不平。然而我們自己也不知道在民族主義這個議題上接著要如何走下去，並沒有要爲此擴大議論的計畫，何況我們的心思才被中央民代增補選

---

3 引自陳鼓應為此事件被校方要求提出的〈說明〉一文，轉載於趙天儀編著，《台大哲學系事件眞相》，頁18。

4 馮滬祥或者極有修養，或者極其壓抑。然而壓抑的也總要爆發，就爆發在一年後的「台大哲學系事件」上。談到修養，還有另一件事。民族主義座談會兩個月後，警總開始抓人時，蘇元良見朋友有難，想發動學生社團相救，馮居然還陪著蘇元良去向校方抗議學校沒能保護學生！

及學生監票員活動所牽掛，而我們的意識則還關照在「擁抱斯土斯民」的理念上。因此，我們雖然隱約感覺到對手將不只是黨國人馬，卻對座談會主辦者正在醞釀的一波文字突襲毫無所覺，直到一個星期之後。

座談會過後一個星期的12月11日，我們拿到當日出刊的《大學新聞》，赫然發現除了內頁一篇報導座談會的紀要外，最後一版還有三篇談論這場座談會的評論，幾乎占滿整個版面：

> 胡主民：〈冷眼看「民族主義座談會」：一個台大人的感想〉
> 穆谷：〈記一次熱烈但不成功的座談會〉
> 每週短評：〈談「民族主義座談會」〉

我們首先感覺到一種曖昧而令人不安的狀況，一場大學論壇社舉辦的座談會居然由大學新聞社來大肆宣揚，向我們透露著這兩個社團在當時的親密關係。我們一篇接著一篇讀著，心情也隨著逐漸緊繃，這些評論一篇又一篇讓人訝異難解，最後竟在我們胸中凝成一股難以扼抑的憤怒。

這三篇來勢洶洶的文章都很清楚地點名批判陳鼓應與王曉波兩人在座談會上的發言，這是首先令人感到不安與不解之處。並非基於學生不應該批評師長的傳統倫理，這在台大的自由學風中，在殷海光的批判精神影響下，本就不成問題。問題在於，陳王兩位並不是一般師長，而是過去一年多來勇敢站出來支持學生爭取民主權利最賣力的兩位老師，而其中陳鼓應尤其是當局的眼中釘，在半年前才被「小市民」圍剿過。

民族主義座談會之後，《大學新聞》以第四版的大半版面發起對左翼民族主義的攻擊，而焦點放在參與座談會的兩位哲學系老師陳鼓應與王曉波身上，不只對他們進行人格侮辱，還惡質地扣起紅帽子。由於來自同是反對派的學生，遂一時讓人搞不清是一場「小市民心聲」的第二波。（鄭梓提供）

當然民族主義是個大問題，就其爭議性提出與陳王二位不同的見解，不能算突兀。然而大學新聞這些文章的問題並不在就事論理方面，而在於含沙射影對陳王兩位進行的人格攻擊上。這幾篇文章不只批評陳鼓應與王曉波是「盲目排外的、情緒的民族主義」者，還以極不友善的口吻攻擊他們，譬如胡主民說陳鼓應與王曉波的「口號」讓他「發現一股『義和團』的歪風已逐漸蔓延」[5]；又說王曉波「不識時務」、「情緒用事」、「盲目排外」，與義和團無何不同[6]；而陳鼓應的思想則以「善變見長」[7]，並扭曲說陳鼓應會無理到認爲學了微積分就成了買辦階級[8]。穆谷除了攻擊陳鼓應話講太多、不守時、欠缺風度外，居然將陳鼓應對馮滬祥的反彈說成是「無謂的人身攻擊」、「沒有民主修養」[9]，而不去考慮到一年多來，馮滬祥在歷次校園民

5 「在一片反常的聲浪中，以陳鼓應、王曉波二先生的口號最為響亮，態度最為悲壯，聲勢也最為奪人。然而王曉波先生的『不知所云』『言之無物』聽起來頗令人痛心，以時下台灣的高級知識分子，竟作如是表現的確令人愕惋，愕惋之餘，不得不對台灣知識界作一通盤之檢討，檢討之下，才發現一股『義和團』的歪風已逐漸蔓延。」（胡主民〈冷眼看民族主義座談會〉）

6 「然而王曉波先生與義和團不識時務上則同，情緒用事上亦同，盲目排外上更無何不同。」（胡主民〈冷眼看民族主義座談會〉）

7 「據筆者所知陳鼓應先生的思想以善變見長，經常悟『今是而昨非』。」（胡主民〈冷眼看民族主義座談會〉）

8 「就以筆者所學的微積分、微方、高微，不能不承認其有效性，而如果具有這類知識的人便成為眾矢之的，成了陳先生口誅筆伐的買辦階級，是任何稍具知識良心的人所不能苟同的。」（胡主民〈冷眼看民族主義座談會〉）

9 「……由於老師和學生之間都欠缺風度，以致討論變成無謂的人身攻擊；……。我們不希望這種沒有『民主修養』的『討論』在台大校園內再度出現！」（穆谷，〈記一次熱烈但不成功的座談會〉）

主抗爭的座談會上對陳鼓應的挑釁。於是他竟然得出如此結論說，陳鼓應與王曉波「這些老師除了歲歲年年、年年歲歲重談這些陳舊的老調外還有什麼新穎」[10]。到底是什麼樣立場的人才會對熱烈支持過學生民主抗爭的這二位老師，發出這般嚴厲而不屑的斥責？真讓人納悶萬分。這些文章雖也批評馮滬祥，卻溫文有禮，除了批評馮的文化沙文主義與「只提反共而情願犧牲民主自由」外，毫無人格攻擊。

此外爲了營造攻擊條件，胡主民還自稱是「區區工學院之學生，平日所接觸者無非聲光化電等壯夫不爲之事，忽而聽到國家、民族、人生等至爲崇高之主題，遂迷惘而不知所措」。然而文章清楚透露這位仁兄絕非工科學生，而是人文社會學科的。這種擬態的攻擊準備經常以營造自己的客觀公正形象先行，胡主民假稱自己是工科學生，就像「孤影」將自己虛擬爲「小市民」一樣，要讀者相信他們是站在客觀立場的。這種虛擬身分、輕佻誇張、扭曲事實製造攻擊條件、進行人格攻擊的文風，是當時相當流行的黨國文人筆法，半年前的「小市民的心聲」已經給人鮮活的印象。

大學新聞的這些充滿台北文人浮誇虛擬筆調的攻擊文章，確實讓我們十分難過與不平。但是在這些批評裡頭，最惡劣也

10 「這些老師除了歲歲年年、年年歲歲重談這些陳舊的老調外還有什麼新穎？……一年多來不知道他們在現實問題的剖析上有了什麼長進？他們做了些什麼建設性的工作？他們還準備把同樣的話題重複幾次？一年多來，『知識分子』的良心早已路人皆知，不必要時時再多餘的懺悔；這並不會顯現知識分子的威重，反而讓人生厭。」(穆谷，〈記一次熱烈但不成功的座談會〉)一口氣說出，發洩了對陳鼓應與王曉波兩人的極大怨恨。

最令人憤怒的卻是這些文章開始扣起的紅帽子。譬如胡主民說「王曉波在座談會中只提反帝不談反共」，穆谷則說「別以爲打著民主自由招牌的人就不是別有用心的人」[11]。當年說人家政治上「別有用心」等於是在曖昧地暗示那人是「共匪」或其同路人，而陳鼓應與王曉波這一年來又正是爭取校園民主的積極帶頭者，竟被說是「打著民主自由招牌」的人。

這期大學新聞除了有這些以扣紅帽子手法來攻擊陳鼓應與王曉波的文章外，還有一篇極爲詭異的東西，第二版登了這麼一篇〈邱吉爾論共產主義〉的小文章，要大家對共產黨提高警覺。這種文章本身不足爲奇，奇怪的是文章的翻譯者卻是馮滬祥！更奇怪的是這篇文章登出當時並沒標明翻譯者，而在兩期之後以一個小小的「本報啓事」來聲明漏植[12]。

除了以上這些文章之外，《大學新聞》又在下一期[13]刊登一篇追擊文字：

逐客：〈向前看〉

這篇東西文如其名，認爲大家應該向前看，而「不該爲屈辱歷史所逼迫」，「暫時遺忘是唯一選擇的辦法」，並暗示高唱民族主義的人是活在過去，不愛自由。上面這幾篇文章就是

11　「如果民族主義只是為了激起悲憤的情緒，而不是作『建設性』的批評和監督政府從事地方上的興革，那我們正是重了人家煽惑情緒的圈套！別以為打著民主自由招牌的人就不是別有用心的人！」(穆谷〈記一次熱烈但不成功的座談會〉)

12　《大學新聞》第385期(民國61年12月25日)。

13　《大學新聞》第384期(民國61年12月18日)。

大學論壇社與大學新聞社聯合起來攻擊陳鼓應王曉波兩位及其民族主義的第一波圍剿。

摶命反擊——左翼學生總動員

他們的惡劣攻擊直接針對陳鼓應與王曉波兩位老師，我們學生與陳王兩位的關係雖不特別水乳交融，卻是感同身受，就像半年前「小市民心聲」對陳鼓應的圍剿引起台大學生同仇敵愾之心一樣。然而這裡卻有一個變相，在反擊「小市民心聲」的時候，我們同仇敵愾的對象是清清楚楚的黨國體制，就像馮滬祥這類旗幟鮮明的忠黨愛國言論，站在明處總是比較容易對付，但是這一次我們的對象卻是模糊的，是屬於我們一向以爲同屬反對派陣營裡的人馬。這種模糊性讓人極爲不安。

但是最令人膽戰心驚的卻是含沙射影扣紅帽子的動作。這不只牽涉到做人的基本道理，在白色恐怖餘威猶存的1970年代初，被扣紅帽子除了會成爲過街老鼠，而有殺頭坐牢的可能外，完全沒有在論理層次爲左翼思想抗辯的餘地。面對這樣的攻擊，我們一方面湧起驚惶之情，一方面也爆發出難以壓抑的義憤，因此除了「對號入座」跳起應戰之外別無選擇，即使這陣子我們正爲「擁抱斯土斯民」的學生監票員活動忙著。於是我們在沒有去找陳王兩位商量的情況下，就自行動員起來，覺得這是我們學生自己可以處理的事，毋須勞駕他們。

這時除了老錢還躲在山上外，我們幾乎傾巢而出，道琳、史朗、宛文與我四個人分配工作，每個人各寫了一篇反擊文章。

史朗的一篇投稿到《大學新聞》，宛文的以武憶秋[14]之名登到《台大法言》，道琳與我的則由《畢聯會訊》來刊載，我因主編身分乃繼續用傑爲筆名。然後令人喜出望外，古道熱腸的范良光以其北劍之威名，寫了一篇以文化民族主義立場立論的文章，拿到《畢聯會訊》來相助。不管我們當時對所謂文化民族主義的認識與看法如何，有人拔刀相助，只要不是黨國人馬，只有感激的份。如此攏攏總總居然湊出了五篇反擊文章：

黃道琳：〈冷眼再看民族主義座談會〉(畢聯會訊，民61/12/18)
謝史朗：〈反對污衊王曉波〉(大學新聞，民61/12/18)
傑：〈民族主義的黃昏？〉(畢聯會訊，民61/12/18)
北劍:〈民族主義的根基及其他〉(畢聯會訊,民61/12/18)
武憶秋：〈義和團思想？—兼論貧血的台大人〉(台大法言，民61/12/25)

此外，我又節錄陳映真 1968 年以許南村爲名所寫〈最牢固的磐石〉一文，重題爲〈理想主義的磐石〉，以喃春之名登在畢聯會訊上，還將其中一段話以黑體字印出：「**因此除非有人能證明今天世界上國與國、民族與民族間利用與玩弄的關係已不復存在，或認爲提出及批評這種泛在罪惡已是過時的思想，那麼民族主義的理想不但不曾過時得老掉大牙，而且具有無限生動的現實意義**」，希望能夠引爲我們反擊的基石。

14　這是浪漫的劉德明幫她取的筆名。

畢聯會訊
中華民國六十一年十二月十八日
冷眼再看「民族主義座談會」
一個中國人的感想
黃道琳
民族主義何來困境？
「一群」的力量
我們生存的意義是什麼？
誰是新義和團？

畢聯會訊
中華民國六十一年十二月十八日
民族主義的黃昏？
民族主義的湧現，有其客觀環境的需要。
鴉片與聖經
自我放逐
真理與良心
如得其情 哀矜而勿喜
民族主義根基

面對來自大學新聞的紅帽子與人格攻擊，雖然表面對象是陳鼓應與王曉波，我們一夥左翼學生卻是感同身受，義憤填膺，遂一躍而起，進行自衛。我們振筆直書寫就多篇反擊文章，分登於各校園報紙，圖為12月中旬《畢聯會訊》登出的部分。

（鄭梓提供）

臺大法　　中華民國六十一年十二月二十五日

義和團思想？
——兼論貧血的臺大人

□武憶秋□

手拿着大新，只覺其中的「民族主義座談會」撲人而來，使人驚心動魄。細讀之下，頓覺不寒而慄！

㊀「新義和團」？

數位作者皆以「不煽動情緒」（？）、極端「理性」的姿態，來鄙夷、漫罵義和團，說那是「無知仇外的愚行」、說那是「不識時務、情緒用事」，多麼的冷靜！多麼的超然！唯「理性」是從，唯「知識」是問。而後將反洋化反附庸之倡民族主義者都加上了「新義和團思想」的大帽子，好像從此把這些「為了滿是民族自尊」，設「煽動情緒的圈套」的人一併歸為「盲目排外」的「無知」之輩，而自己披着「理性」、「知識」、「良心」的外衣超之然遠高乎其上。似如此良心可重獲安寧，自我尊嚴可再得恢復。

我佩服他們對「合理化」的巧妙運用，因此時此地我，無法再去「合理化」、保衛自己。當我讀着清末各方帝國主義者以各種面貌、或明或暗的吞殺中國時，我

遺孽「無知」前輩的後代，已從他們血的教訓中知道要學習這西方的「知」才能生存，所以現在我們有「知」能夠知道前輩的「無知」。

我絕不願見義和團之重演，我絕對贊成「有知」，但去辱罵義和團，則絕非我所願，我也沒有資格。任何知識份子都沒有資格！

我不能理解更無法苟同那些位作者的「理性」及冷靜，既擁有「理性」，對於羣衆的愚昧與罪惡，卻不知從其環境和發生上去了解，卻超然地口出辱罵之言（並罵不同出此語者為阿Q！）這是為什麼

？難道他們不是中國人？難道他們根本沒有與中國人民認同？他們只是認同於擁有「知識」與「理性」的「學術」尊嚴？或是因為他們太貧血、太洋化了，無根無能，空空如也？

㊁貧血的臺大人

我恍然大悟了。是的，就是這些原因。他們追求「知識」，崇尚「理性」，認為「學術尊嚴」至上；而他們擁有知識是為了使自己頭戴光圈、鶴立鷄羣。高唱「理性」是為了將「理性」的遊戲作為一種自我享受。總之一句話——學術是享受，學術至上！

他們沒有認清學術是為了要服務社會大衆的，只是忙着認同於尊貴的學術，忘着自我放逐——這都是因為他們沒有真正與中國人民認同（他們即使高唱認同，也是為了一種意念的享受。）！是的，這是最根源的原因。不客氣的說，這些人沒有「知識份子的良心」（所以他們不願多提這句話，他們覺得懺悔噁心）他們眼中只有自己，並認為自己是高超的，是獨立存在、不與人民有關的。

因為他們的自私，因為他們的擁抱空洞的理性，因為他們的種種，所以他們就是現在這副

《台大法言》也加入反擊陣容。「如何看待義和團」是民族主義論戰的關鍵問題之一，武憶秋此文尤其針對《大學新聞》將義和團污名化的作法提出嚴厲批判。這個關鍵問題當時並未有得到深入探討的環境，如今似乎也還未有這個條件。

（鄭梓提供）

這幾篇反擊文章的聲勢不可謂不驚人，然而在對方已經扣紅帽子的情況下，我們除了搏命反擊之外又能如何？浮誇的黨國文風容易對付，黃道琳與謝史朗兩文一一揭穿他們的這些伎倆，指出他們不就事論事的人格攻擊作風，如罵陳鼓應思想善變，罵王曉波不識時務、情緒用事、盲目排外等；也指出他們曲解原意攻擊對方的手法，如關於義和團的觀點。

然而我們又能如何對付他們扣紅帽子的手段？在這種急切的處境下，我們為了自衛基本上也只能將民族主義抓得更緊，甚至抬出三民主義來當「護身符」，就如胡主民指控王曉波那

樣，因爲這在當時還有形式上的正當性。但是胡主民的錯誤在於，王曉波不論公開或私下的言論與主張，在當時確實沒有超過孫中山的範圍，說他拿三民主義來當護身符是不對的。而陳鼓應較爲浪漫的民族主義倒是充滿著自由與抗議精神，扣他紅帽子更屬惡劣。因此在這幾篇反擊文章中，除了范良光可以正大光明談其文化民族主義的立論外，我們幾乎全部退到了孫中山的民族主義立場來自衛。

對我們而言，受到1960年代全世界左翼思潮的衝擊之後，當然自認已經超越孫中山。我們這些學生開始看到，第三世界落後與貧困的問題核心主要在於資本主義進一步發展出來的帝國主義（這是頗正統的左派觀點）。第三世界走資本主義的道路，就只會陷入被帝國主義國家侵凌剝削以致萬劫不復的境地，唯有另尋出路才能從此困境中脫出，而不論中國大陸或台灣都在這個問題意識裡。然而在當時左翼思想不能明說的條件下，三民主義確實成了必要的護身符。

我們以三民主義爲護身符並非表示對它抱著虛假的態度，當時我們認爲就政治光譜而言孫中山的晚年思想是相當左傾的，而後來的黨國背離了孫中山，只是頂著他的光環，將他擺在神龕上，所作所爲卻是背道而馳。就是說我們只是認爲三民主義不夠左，而非認爲它不進步。而且面對台灣正逐步蛻變到資本主義體制，三民主義反而還有其進步意義。

於是黃道琳與謝史朗就以孫中山晚年的思想所隱含的豐富的左翼民族主義爲立論基礎，反擊他們扣來的紅帽子。譬如黃道琳從大新作者舉出的南越拒絕美國強加的停戰安排的例子，引出「反帝國強權干涉的民族主義」，由此質疑說：

> 既然作者首肯了南越人民的民族主義，那麼，當中國人民的領土被武力強權所侵占(釣魚台事件)，當中國人民的生存權利被經濟的強權所剝奪(飛歌事件)，當中國人民的自由選擇權利被文化強權所控制(思想強姦)，請問中國人民怎麼辦？答案很簡單、很沉痛：力行民族主義[15]。

總的說，我們的反擊受到了當時論述環境的極大限制，一方面黨國隨時準備以「動員戡亂時期臨時條款」的大刑來伺候，另一方面整個社會也在親美的國府政權的形塑下成了一個「反共社會」，左派成了過街老鼠。因此我們在理論上不能明白說出左翼反對帝國主義的理論，只能以孫中山為護身符；也不能明目張膽地介紹社會主義，只能訴諸素樸的社會正義，來質疑資本主義的意識形態及其世界觀。

在這種限制下，我們搏命反擊時所用的言語不免激越貧乏而充滿修辭，甚至還不得不回扣對方各種帽子。而我們所呈現出來的雖然多是以民族主義為名的論爭，然而台灣在 1960 年代的西化/傳統之爭後，這是進而將問題意識提升到左右之爭的第一次。而且一個文化民族主義者會在此時拔刀相助，也是因為這個左翼力量裡頭有著反抗西方霸權的民族主義因素。

15　黃道琳，〈冷眼再看民族主義座談會〉，畢聯會訊第 3 期(民國 61 年 12 月 18 日)。

腥風血雨——第二波攻擊與反擊

我們在12月18日這一天的激烈反應著實讓對方吃了一驚，穆谷因此又寫出一篇要分兩週才能登完的大文章來追殺，並且醫學院的《台大醫訊》也加入圍剿我們，於是展開了論戰的第二回合。下一週12月25日的《大學新聞》與《台大醫訊》同時推出了如下追擊文章：

> 穆谷：〈戈登結上的一刀：眞理的對質和爭論的解消〉（大學新聞）
> 星光：〈談自由民族主義〉（大學新聞）
> 吹簫客：〈也談民族主義〉（台大醫訊）

穆谷的長文分兩次在12月25日與元月一日登出，他除了更爲盛氣凌人賣弄文才之外，又欺著我們有難言之隱的弱點，要弄出一套萬無一失的反共邏輯來狠狠追擊。而其中最惡劣的莫過於把我們這些人劃成是屬於一個「用心路人皆知」的「×××訊」集團[16]，好似在昭告天下「畢聯會訊」是一個陰謀集團。

---

16 「那一次民族主義座談會的紀錄與感想刊出後，收到了來自各方的反響，其中尤以『×××訊』長達三版的批評文字最為『熱烈』，而餘下一篇大新『讀者論壇』的作者又據說也是『×××訊』的人。如此，則『×××訊』那幾位朋友的用心也未免太良苦了！為了答謝他們的愛顧，為了使他們的用心『路人皆知』，我想在這裡先就他們批評我們的部分提出答辯。」（穆谷，〈戈登結上的一刀〉，《大學新聞》第385期，民國61年12月25日）

星光的文章更不加掩飾，乾脆就將我們套了個「統戰民族主義」的紅帽子，說這種民族主義「往往渲染認同的重要性，有意避開社會制度的認同不談，在含混其詞中，企圖以籠統的一體歸屬感，遂其魚目混珠的目的」。最後還說「未來國家的現代化工業化才是我們全體人民應該努力以赴的目標」，一筆勾消保釣運動一年多來台大師生民主抗爭的努力成果，讓人搞不清楚他是反對派學生還是黨國中人。

《台大醫訊》的吹簫客則更是惡毒了，他如此逼問：

> 當中共的統戰陰謀以民族主義做「羊頭」，在海外賣他的「狗肉」時……，我們要問，你們如何讓各位同胞相信你們所販賣的民族主義不是統戰陰謀的台灣版，不是有奶的毒娘？

這一波以穆谷為主的新的攻擊有若腥風血雨，而且都是匿名，讓我們讀得毛骨悚然。但我們必須等到元月 8 日才能回應，因為原本兩週出刊一次的畢聯會訊碰上元旦而順延一週。對方除了主將穆谷之外，顯然也有不少能文打手，而我們這邊只能得到北劍的義助，情況委實孤立。不像「小市民心聲」所激起的幾乎是全校輿論的同仇敵愾，這次我們被扣紅帽子卻幾乎得不到任何聲援。

當初我們感同身受一躍而起，完全是自告奮勇之舉，並沒想到要驚動陳王兩位老師。座談會後陳鼓應立即陷入校方指控他污衊忠黨愛國學生的糾纏之中，無暇他顧。只有王曉波為了擺脫對方扣他「不反共」的紅帽子，不得不親自出馬，寫了一篇辯駁文章投到《大學新聞》，在民國62年1月1日刊出：

王曉波：〈愛國才能反共〉(大學新聞)

王曉波除了指出胡主民與穆谷的兩篇文章「斷章取義，極盡曲解及『扣帽子』的能事」外，還是繼續站穩他三民主義的立場，試圖更理論性地來澄清帝國主義的性質、義和團意涵的多面性、三民主義的時代性等等，並聲言「從未閱讀和研究過共產主義理論的經典」，奮力抵擋對方丟來的紅帽子。

《大學新聞》的編者[17]對登出這篇文章似乎不太情願，還在文前加了一段冗長的大字按語，聲稱大學新聞社的立場是「能爲我們的人民我們的社會和我們的國家做毫不保留的熱烈而虔誠的奉獻」，或許是想彌補王曉波在他這篇文章裡所指出來的，胡穆兩人亂扣帽子的作法所引起的讀者對大新的不良印象。

我們當然不甘示弱，在學期結束前又組織了幾篇大小文章。我以《畢聯會訊》主編身分寫了〈編者的幾點聲明〉，抗議穆谷使用「×××訊」一詞的不當；俠客北劍再度出手；在畢聯會工作的阿焜則實在看不過去，寫了一篇反擊穆谷的文章，卻又拉史朗與我，由三個畢聯會幹部一起掛名；史朗的社論也加入戰局，而道琳的一篇則投到《大學新聞》。這些全部在1月8日刊出：

17 大學新聞社在12月中由經濟系三年級的林嘉誠接替王溢嘉擔任總編輯，王則轉任總主筆。

社論：〈自由民主的眞諦〉（畢聯會訊）
北劍：〈中國的良心在哪裡？一個文化民族主義者的控訴〉（畢聯會訊）
黃道琳：〈穆谷大刀與邏輯：民族主義的困境〉（大學新聞）
張錦焜、鄭鴻生、謝史朗：〈告我的同胞穆谷〉（畢聯會訊）

爲了反擊對方污衊我們不講「自由民主」，史朗的社論試圖闡述自由民主的平等基礎：

> 自由民主的實現，就是對群體每個分子的各種社會活動，能夠給予積極妥善的照顧，對每個分子所面臨的困難，能夠傾全體之力給予解決。

由此來反觀「台灣知識分子的自由民主觀，一直是狹隘的自由民主。……自認爲群體中的優越分子，……他們汲汲營營所倡導的，僅僅是知識分子這一活動面的自由民主，他們一心一意所竭力爭取的，只不過是知識分子自身的權利」。

因此知識分子「還有所謂肩負使命的話，……就不應該再是過往那種爲自己打天下求特權的使命，而是爭取群體中每一個分子所應享的自由民主；換句話說，這個使命，應該就是爭取眞正自由民主的實現」。

史朗在妻子臨盆前夕寫就這篇社論，極力闡明我們當時以平等爲基礎的自由民主觀。而他卻也是我們當中最浪漫的民族主義者，很早就將兒女名字取好，生男叫漢威，生女叫唐美。

於是就在論戰仍熾，我們受困於圍剿之火的年底，這個世上誕生了一位小唐美，帶給我們一分新生的喜悅[18]。

北劍的文章針對星光與吹簫客兩人而來，將文化民族主義更進一步地發揮。而我們其他人則只能繼續與穆谷纏鬥，無暇顧及其他放冷箭的。

張錦焜並不清楚我們這些人受到左派世界觀的影響，純粹是被穆谷文章的傲慢與扣帽子的手法所激怒，並無論戰雙方各自不可言說的包袱。因此他寫來得心應手，以一個反對派學生的素樸正義感來反駁穆谷的栽贓指控。他在〈告我的同胞穆谷〉一文裡寫道：「一個身為台大名作家的你[19]，始而參加討論民族主義，繼而扮起超然的姿態，來個什麼戈登結的一刀，自比亞歷山大，做出解消爭論的樣態，……——〔還〕用『×××訊』來指涉我們，用『包藏禍心』等等帽子來要挾我們，來使我們的用心『路人皆知』。這不是運用職權上的方便強姦，是什麼?!」當然張錦焜基本上也是個民族主義者，而當時能夠讓他覺得安穩的也只能是孫中山的民族主義。

黃道琳的〈穆谷大刀與邏輯：民族主義的困境〉針對來勢更兇的穆谷長文奮力應戰。穆谷的反共意識形態框框，再加上對炫學的耽溺，使得他的文章漏洞百出，譬如他要賣弄邏輯、卻弄巧成拙說「對於這個假設句來說，如果前提不真，則結論斷然為假」[20]，又譬如他說「民族未統一，還有什麼民族主義可

18　後來史朗又得了一位小漢威。

19　這時我們都已知道穆谷就是主辦民族主義座談會的孫慶餘了。

20　對於一個假設句「若 A，則 B」，哲學系的穆谷居然導出「若非 A，則非 B」！

言」以及「勉強把『同胞』和『國家』分開來是沒有意義的」。攻擊這些弱點對道琳而言可說輕而易舉，但是對穆谷一而再的扣紅帽子手段，卻還是必須審慎對待。在這方面道琳也只能再次站穩反霸權的三民主義立場，並且也只好繼續糾纏在「反共與否」的陷阱裡，而不能進行深一層的論辯，可以看出對方以紅帽子為武器的狠毒，以及當時我們這些學生的窘狀。

在 1 月 8 日同一期的《大學新聞》上，編者還以學期最後一期為由，同時登了穆谷的回應文〈敬答黃道琳君〉以及更多的追剿文字，簡直是緊追不捨：

穆谷：〈敬答黃道琳君〉
許懷哲：〈愛國必先反共：也是一個台大人的感想〉
艾斯：〈空谷回音〉

穆谷顯然因為受到還擊而老羞成怒，這篇回應更見血腥，一開始就恐嚇說：「我固然未把你們的用心說出來，但我卻使某些人飽受一場虛驚，甚至惱羞成怒。……好話點到為止，黃君何不見好即收」，又說他「沉痛告白的對象」還該「包括那些假民族主義之名行『統戰』之實的海內外群丑」。除了這些恐嚇外，他就只能再度炫學搬弄，並沒超過他在〈戈登結〉長文所傳遞的觀念與慾望。

如果每一個筆名都是不同的人，則對方人數之多真令人驚訝，我們根本無法一一對付，而且論戰至此必須暫停，因為接下去就是期末考與寒假了。《大學新聞》在這學期的最後一期同時登了道琳的文章以及穆谷對他的回應，讓穆谷掌握了最後的發言權。穆谷也在這篇回應的最後承認他就是籌辦並主持民族主義座談會的孫慶餘，雖然對我們而言這已不是新聞。

不知是誰筆名的許懷哲，他這篇大文章的題目「愛國必先反共」則清楚點明了關鍵所在，在冷戰體制的敵我二分意識下，「反共」有著無上的優先位置，這個立場一站，對手只能望風披靡。而這一把反共大刀除了揮向我們反對帝國主義霸權的民族主義外，還將從殷海光開始、歷經保釣運動到校園民主抗爭的這條反對派傳承給斬斷了。

▪▪▪

陳鼓應這時已深陷馮滬祥的糾纏中，校方以此行文哲學系要剝奪他的導師資格，而被代系主任趙天儀拒絕[21]。然而學期尚未結束錢永祥就被校方，在沒知會哲學系的情況下，迅速記了一個大過，理由是「言論荒謬，中傷同學」。陳鼓應以老師之尊指責系裡的學生，不管是否罵對，校方居然主動幫學生來處罰老師，真是難以想像的開明！而挑起民族主義論戰的穆谷與胡主民兩位學生，對院系裡的陳鼓應與王曉波兩位老師的人格進行扭曲謾罵，對他們進行政治性攻擊，甚至惡劣到扣紅帽子，但兩位老師除了做口頭與文字答辯外，不曾憑藉學校之力以「污衊師道」的罪名來加以處分。這兩位年輕老師都是台大尤其是哲學系殷海光自由精神的傳人，自是不會幹這種事。而校方的

21　關於當時台大哲學系如何對抗校方的無理要求，參見趙天儀編著，《台大哲學系事件眞相》（花孩兒出版社，民國68年），第一部分之二。

視若無睹卻十足反映出，當局一再宣揚的尊師重道傳統倫理在威權體制下只不過是些空話。

當然這時我們已是腹背受敵，被逼到牆角，除了深感齷齪之外，並未警覺到事態嚴重，還以爲過完寒假後可以再來一番廝殺，萬沒料到論戰就此真的結束，萬沒料到那些圍剿我們的文字可是真的血滴子。

Help!...I need somebody

Help!...not just anybody

Help!...You know I need someone...Help!...

...

When I was younger so much younger than today

I never needed anybody's help in any way

But now these days are gone and I'm not so self assured

Now I find I changed my mind

I've opened up the doors

...

And now my life has changed in oh so many ways

My independence seems to vanish in the haze

But every now and then I feel so insecure

I know that I just need you like

I've never done before

Help! ——Beatles

第九章

暗潮洶湧——歷史伏線及其弔詭

I'd rather be a sparrow than a snail
Yes I would, if I could, I surely would
I'd rather be a hammer than a nail
Yes I would, if I only could, I surely would
...
Away, I'd rather sail away
Like a swan that's here and gone
A man gets tied up to the ground
He gives the world its saddest sound,
its saddest sound
...

El Condor Pasa (If I Could) — Simon & Garfunkel

這場「民族主義論戰」會在這種時候挑起，至今仍充滿疑團，因爲這課題就當時校園的民主抗爭而言是極爲離題的。一年多來台大校園的民主抗爭才剛起步，而在當局拋出〈一個小市民的心聲〉來攻擊爭取校園民主的師生才沒多久而仍餘波蕩漾之際，孫慶餘的大學論壇社和楊庸一的大學新聞社這兩批人馬卻在這時轉移議題來圍剿民族主義，而前後兩次圍剿的首要對象又都是陳鼓應。

第一次全國總動員式的大規模圍剿在台大校園徹底失敗，於是第二次對陳鼓應及其所代表的抗議理念的圍剿就採取縮小打擊圈的策略，只針對其中的「左翼民族主義」部分，全面避開校園民主抗爭的問題，而且打手不假外人，直接由校內學生擔任。這個策略果然奏效，就只有我們這些左翼學生以及一個「文化民族主義者」跳出來反抗，不像「小市民心聲」那樣引發了幾乎是全校師生的反彈。

我們當時純粹是因爲被原以爲是同盟者的那些人扣了紅帽子，才憤然躍起的，並沒能警覺到這樣的攻擊基本上是「小市民心聲」的延續，是對陳鼓應所代表的校園民主抗爭的第二波圍剿。事情就在如此莫名其妙的情況下發生，而其內在的激情、陰謀與弔詭至今仍糾纏難解，需要我們來進行一番深層解讀。

分歧伏線——不同的世界觀

這個看似突兀的事件，若將當時台大校園的各種思潮與勢力的源流作一回溯，或可找出一些人事上的線索。保釣運動之後，《台大青年》社的余任仰曾數天下風流人物般爲當時的活躍學生劃出三大勢力：洪三雄的法代會系統是一派，江炯聰的慈幼會系統是一派，而錢永祥的我們這些原大學論壇社人馬又是一派。這樣的劃分當然過於粗糙，但洪三雄從釣運開始的學生領袖地位無可置疑，當時是他帶著大家衝鋒陷陣的。江炯聰的慈幼會則是一群重視社群工作的人，企圖心既深且遠。而錢永祥這邊就是我們這幾個基本上是稱兄道弟的一夥人，而不是一個行動團體。我們對主流價值有著較爲叛逆的共同觀點，因而互相之間有著頗爲親密的關係，這種親密性曾讓不少人羨慕，也讓另一些人側目。我們由於在思想與生活上的反主流，而經常陷入行動的困境，甚至連論壇社也辦不下去，而且極其諷刺地拱手讓給了倒過來反咬一口的一些人。我們曾經一整年沒有掌握任何社團，可謂手無寸鐵，被說成一派確是誇張。

然而錢永祥有其個人魅力，即使沒什麼兵卒可用也足以稱尊。同時我們這些人是當時台大學生中唯一露出鋒芒的左翼，雖然在民族主義論戰之前從未大張旗鼓宣示過左派理念，但顯然這種左翼氣質在學生活動分子中相當凸顯，我們又是那麼缺乏警覺性，引人側目。何況保釣時我們的大學論壇社就曾撐起過一面旗幟鮮明的民族主義反帝大纛，本就樹大招風。因此我們這個小山頭的聲勢其實與實力無關，而在於別人用什麼眼光來看待。就是說，我們的社會主義左派理念雖然還在肚子裡消化，而無太多外顯行動，然而稍微洩漏出來的鋒芒卻足以令一些人不安了。我們學生的鋒芒可能只會令人不安，但兩位哲學系的年輕老師陳鼓應與王曉波，他們較爲鮮明的左翼民族主義鋒芒則顯然引發了對方更大的疑懼與危機感。民族主義座談會本來就是衝著他們而來。

在保釣運動引發的台大學生民主抗爭的這一整年，陳鼓應與王曉波這兩位重量級人物，是當時在台大公開露面加入學生爭取校園民主的老師中，出力最多、旗幟最鮮明的兩位。楊國樞、王文興與黃默雖也經常上台助陣，但火力溫和許多。他們發揮的力量的確很大，而也唯有他們的敢於挺身而出，才能有效遏止忠黨愛國學生所起的反作用。從這個面向來看，所有積極參與台大校園民主抗爭的師生，在做爲當局的反對派立場上是一致的。

但是若將視野拉大，我們便可看到其內部確實有個如今看來相當重大的歷史性分歧。這個分歧至今仍是主導台灣政治的最大心理機制，就是在於如何看待美國政府的世界霸權角色。受到反越戰、六八學潮以及民權運動影響的我們這些人，代表的是左翼反帝的社會主義理想在台大學生中的再次萌芽，自然會認定美國政府代表的是帝國主義世界霸權的角色。而在台大民主抗爭上出力甚多的陳鼓應與王曉波也都是左翼民族主義者，在大力爭取學生的民主權利之餘，不忘指出美國帝國主義的霸權性質。

但是大學新聞社的一批人顯然並未受到1960年代全世界抗議潮流的影響，似乎頗爲安於黨國的反共宣傳，而且在台大學生的保釣運動上也非積極參與者[1]，雖然後來也支持洪三雄的校園民主抗爭，但基本上可說是親美反中的右傾台獨勢力在台大

1 《大學新聞》在民國60年4月台大爆發保釣運動之後的第一篇社論，頗為保守地呼籲學生要〈冷靜的思考，理智的行動〉（《大學新聞》第334期，民國60年4月19日）。

校園的初次成型[2]。這個成型的動力顯然也來自當時國際局勢的巨變，如尼克森訪問北京與國府退出聯合國等事件所引發的危機感。

新大學論壇社的孫慶餘與杜念中的背景遠爲複雜，他們都不是台大保釣運動的參與者，也未積極介入校園民主抗爭。但孫慶餘同時又是大新主筆，在親美的世界觀上與大新成員十分接近。此外，後來加入論戰的醫學院學生刊物《台大醫訊》也是與大學新聞社的醫科學生有著相同的背景與理念[3]。

從這樣的背景來看，民族主義座談會與論戰會由新的大學論壇社來發動，大學新聞社來配合，就不足爲奇了。我們也很自然地會在事後認爲，民族主義座談會的主要目的就是在引蛇出洞，讓我們傻呼呼地從洞裡爬了出來步入陷阱。真是一場充滿荒謬與弔詭的混戰。

而殷海光的哲學系，台大自由與批判精神的最後堡壘，也從其內部開始敗壞，而後一發不可收拾，在一年後的台大哲學系整肅事件中黯然傾圮。

投石問路——從一篇曖昧的文章談起

在民族主義座談會一個星期前的民國61年11月27日，《大

2　「反中」的「中國」是最廣泛的定義，或許應該說「脫中」，代表著脫離中國歷史的傾向。洪三雄在《烽火杜鵑城》一書中稱他們是中間偏右。

3　台大醫學院在 1950 年代初郭琇琮與許強被黨國撲殺之後遂蛻變成保守的大本營。

學新聞》就先拋出一篇曖昧的文章：

堯旋：〈我看民族主義——從一封遠方的來信說起〉

這篇文章如此起頭：

> 自從尼克森與田中角榮分別訪問中國大陸，相繼發表「尼周公報」與「聯合聲明」之後，造成我國幾乎承擔不起的『震盪』以來，突然之間，「民族主義」的呼聲像是決堤的洪水頓時澎湃洶湧起來……。

在這之前的 9 月 29 日，日本繼尼克森訪問中國大陸之後與國府斷交，再一次造成台灣社會的震盪。學生為此曾配合當局表面上一貫的反日宣傳，有氣無力地鬧了一陣反日活動，如拒買日貨與示威遊行到日本大使館之類。

這些反日活動帶著黨國民族主義的特徵，當局其實並不真想反抗日本這個一向的反共同盟，這種黨國式動員只是用來強化受迫害的悲情意識(受到對中共妥協的「國際鴿派分子」的迫害)，用以彌補人民對當局漸失的向心力。這種保守意識的動員在 1970 年代的台灣其實已漸趨式微，除了加強忠黨愛國學生的悲情意識外，對一般學生並無太大作用。從台大的校園氣氛來看，保釣運動之後校園中的黨國勢力大舉衰退(此後也不再恢復)，趙少康畢業後幾乎只剩馮滬祥獨撐大局，所能表現出來的黨國式民族感情其實相當不振。

民國 61 年 9 月 17 日，台大學生為抗議日本與我斷交，在日本特使椎名抵松山機場時，前往示威，朔風野大，氣氛蒼茫。這些充滿黨國悲情意識的愛國動員，在台大學生中其實已是強弩之末，卻被《大學新聞》的一位作者當成洪水猛獸，用來作為攻擊民族主義的先聲。（鄭梓提供）

當時台大學生的抗議遊行由代聯會發動，雖有不少社團參與，也不免帶著黨國風格的愛國氣氛，但學生最大的動機還是來自想走上街頭的心理，以延續保釣運動以後抓住任何機會走出校園參與政治的路線。然而所能動員起來的氣勢與規模已經大不如一年多前的保釣運動。

不只是經過保釣與民主抗爭洗禮後的台大學生已對這類動

員抱著犬儒態度，整個社會的反應更是冷淡。台灣依賴美國與日本來發展經濟，這時已經水到渠成，要人民在經濟上一方面依賴美日，一方面反美反日，確實相當困難。我們的抗議隊伍行經台北鬧區，而街上的店面卻擺滿了台灣製造的日本品牌商品。我們學生拿著傳單向店家宣傳抵制日貨，他們卻多半抱著禮貌性的旁觀態度，甚至不乏發出冷嘲熱諷的。大半的台北市民除了惶恐之外，也多心裡有數，知覺到這只是巨變的一部分。

堯旋的這篇文章正是從這些有氣無力的反日示威談起的，他認爲這個時候民族主義「像是決堤的洪水頓時澎湃洶湧起來」，並接著說「我們的所作所爲，如果單單只是一種民族感情的發洩，那是極端沒有價值的。因爲民族主義不只是『愛國』，民族主義是要『救國』」。接下去整篇文章基本上就在指出這種民族主義的危險性甚至會危害到「民族生存」，他說「我們斷不容讓帶有曲解性的國家民族主義來建構自己的思維架構」、「要緊的是不能關閉了胸襟，而讓狹隘的情緒主宰了我們情感與理智」等等。

如果說黨國式民族主義在學生中的影響已經一蹶不振，那堯旋又爲何會如此恐慌？他在以理智與生存爲由來反對民族情緒的同時也露出一條重要線索，文章話鋒一轉說「生存的問題才是我們切身的要務，因此，在面對風雲變幻無常的世局之際，我們所要深自思考的是，究竟什麼樣的行爲對於我們才算構成壓迫？究竟外國人壓迫我們厲害？還是我們中國人自己壓迫自己厲害？」原來這些問題才是作者最大的不安所在。

堯旋真正不安的是起於學生自發的民族情懷、真正澎湃洶湧的保釣運動，及其所引發的反對帝國主義霸權的左翼民族主義。雖然這種新的傾向在當時的台灣還只在萌芽階段，但就其發展的潛力而言，顯然極爲驚動了作者，以及大學新聞社與大學論壇社的一些人。這種左翼民族主義在當時的台灣，除了陳鼓應王曉波在演講時偶而會露點鋒芒外，是沒有人敢明目張膽寫在紙上的。而且在與日本斷交這件事上，左翼民族主義者更是不會有特別的反日情緒。

如果這篇文章發表在台大保釣運動期間，可就是一篇呼籲學生不要衝動的忠黨愛國文章。雖然黨國一向會以民族情感與受迫害情結來強化追隨者的向心力，但其實是更擔心民族情感的騷動，因此會用理智與生存的說法來降低民族情感的過份發作，這篇文章就形式而言符合了黨國處理民族情感的一貫邏輯。只是如今時移境轉，這篇文章竟然藉著抗議日本斷交的時機，披著黨國對待民族情感的形式，來反對保釣運動所激起的民族主義。

這是一篇爲即將舉行的民族主義座談會投石問路的文章，出現在座談會一個星期之前的《大學新聞》上，相當呈現了論戰時大學新聞社與大學論壇社的立場。其實在保釣運動之後民主抗爭的這一年多來，台大的刊物就曾出現對民族主義的疑懼之聲[4]，可說其來有自。

洩漏的底線

民族主義座談會在主辦者的這種不安心態下舉辦。接下的

4　譬如文學院報紙《文訊》第 2 期(民國 61 年 3 月 6 日)上面的孫慶餘〈知識分子的十字架〉與杜念中〈從自覺談起〉兩篇文章都談及並質疑民族主義。

兩個星期，《大學新聞》登出批判民族主義及攻擊陳鼓應與王曉波兩人的幾篇文章，就更清楚說出他們對民族主義不安的原因了。

其中「每週短評」〈談「民族主義座談會」〉一文劈頭就說：「當國外的留學生正在受所謂『統一運動』和『獨立運動』等分解思想(原文如此)的干擾和宣傳時，……」。在這時談民族主義當然是針對「統運」而發，因爲這時台灣尚未有「台灣民族主義」的影子。在這裡也一併提出「獨立運動」，顯然只是防衛性的自我表態，表示把統運與台獨都一併批評，各打了五十大板。

雖然有此表態，批評的對象卻主要是中國民族主義。作者攻擊陳鼓應與王曉波兩人「把討論集中在對美、日的攻擊，而竟忘記了現在究竟是：毛共壓迫我們厲害？還是美、日壓迫我們厲害？」這是與堯旋的問題「究竟外國人壓迫我們厲害？還是我們中國人自己壓迫自己厲害？」一樣的「二分對立邏輯」，卻更清楚揭示出親美反共立場，而且開始影射陳鼓應與王曉波二位「不反共」。這位大新主筆不僅不以論理的方式來批評民族主義，還企圖扣陳鼓應與王曉波兩位紅帽子，開啓了他們運用黨國文人的伎倆來打擊對手的作法。

在一年半來的台大學生自發的民主抗爭中，陳鼓應王曉波所起的助力在台大老師中無人能出其右。而陳鼓應批評「崇洋媚外」與王曉波關懷「社會弱勢」的發言，基本上都還在民主抗爭的層次，並沒有真正觸及社會經濟體制的問題，那時的環境與條件也沒成熟到可以討論基本的社會經濟體制。王曉波的關懷弱勢與反帝論述絕對不脫三民主義的範圍，而陳鼓應對崇洋媚外與文化買辦的批判也主要是針對黨國體制的貪污腐化，以及來自他自己的民族文化的立場（他的哲學專業是老莊哲學）。他們這樣的言論有兩個基本重點，一是反對美國的國際霸權，包括文化上的，一是對美國所代表的資本主義體制的質疑。這兩個立場雖然在今天都還可以劃歸在廣義的左派一邊，卻絕對到不了黨國式「反共與否」的漢賊不兩立層次，但是《大學新聞》這篇評論卻將民族主義的問題推向了這個層次。向來是黨國當局在「反共與否」的問題上逼人表態的，如今這批親美派學生也有樣學樣，輕率地拿來指向兩位反對派老師。

保釣運動以來台大校園以爭取民主自由爲目標，把所有的反對派團結在一起，以對抗共同的壓迫者黨國威權體制。如今其中卻有一些人不加反省採用黨國的二分對立手法來打擊同盟者，而這些濫用手段的都還是在學學生，也是令人納悶的事！或許是有黨國背景的學生背後鼓動，但事情並非如此單純，這種手段的運用代表著學生中的一個重大分歧，牽涉到這些人的世界觀與基本立場。

《大學新聞》這篇評論的一段話可以用來揭示這個基本立場：「南越在美國安排的和談中悍然拒絕一面倒的政策，而堅強地要求尊重南越人民的生存權利和自由選擇的權利」。言下之意是當時有那麼一個站在人民一邊的堅強的南越政府，但是實情卻完全不是這樣。當時的南越政府是美國主導發動軍事政變，推翻較有自主意識的吳廷琰政府後，扶植起來的一連串軍人傀儡政權，這批軍人政客在 1975 年兵敗如山倒之時還帶著黃金逃之夭夭。大新的主筆會如此觀看越南戰爭，正顯示著他並沒受到 1960 年代「反越戰」的影響，而基本接受了美國政府與國府對越戰的觀點，一個台灣社會的主流觀點。

總的說，《大學新聞》這篇短短的評論揭露出兩個重要面相。首先是他們會那麼容易地使用黨國手段來攻擊對手，在基本心態上或許與黨國人馬有共通之處。再則，他們沒有受到 1960 年代國際反越戰、法國學生運動以及美國民權運動的影響，不是 60 年代的叛逆之子。事實上在一年多來的台大校園民主抗爭上，他們也不曾是積極的帶頭者，而他們在這次論戰的其他文章的立場，基本上不超出這篇社論所洩漏出的這兩個面相。

如何看待義和團——如得其情，哀矜勿喜

更具攻擊性的胡主民〈冷眼看民族主義座談會：一個台大人的感想〉一文，除了展現黨國文人之筆外，雖然在立場上不超出那篇短評，卻有多項深意，包括挑起了如何看待義和團的問題。

他將王曉波等同於在台灣教科書上一直惡名昭彰的義和團，認爲「一股義和團的歪風已逐漸蔓延」。將反霸權的民族主義冠以義和團之名來打擊，在當時甚至今天都依然十分有效，因爲在台灣的教育下義和團只能代表愚昧無知與盲目排外，被扣上義和團帽子如王曉波者，就背上了非理性與反現代的罪名。

但是義和團是充滿著弔詭的東西，在 1970 年代初對我們而言確實有著另外一種啓示。王曉波不僅向來反對只將義和團看做是愚昧無知與盲目排外的一般看法，反而在整個事件中看到了反壓迫的庶民抵抗精神。他還曾找出孫中山爲義和團辯護並

斥罵踐踏義和團的人為禽獸不如的言論[5]來，興奮地拿給我們看，以證明三民主義的信徒是不會隨便參與污衊義和團的行列的。

如何看待義和團？這個問題直到今天都還可能是個世界觀上的重大分歧。對生活在台灣的黨國教育下，又歷經文星時代全盤西化派的洗禮，以及現代主義之薰陶的我們這整個世代而言，義和團很自然地只能是蒙昧落後令人羞愧的代表。對於追求現代化的國人而言，義和團的行徑只能當成是愚民的暴行，其精神也只能等同於阿Q式的盲目排外；胡主民的觀念如此呈現出這樣一種台灣主流所代表的眼界與心胸[6]。

當時對我們而言，義和團卻是應該被同情地加以理解的，不僅中國的落後，所有第三世界的落後都應該被同情地理解。年輕的我們所抱持的理念是，落後與弱小不應成為可以凌辱踐踏的理由，我們更不應該以列強的勝利者姿態，在精神上進一步凌辱踐踏落後弱勢的祖先，這是我們當時很素樸的正義觀念。當然在我們接受左派思想的影響後，這個素樸的正義觀就有了更深廣的理論基礎，義和團不只該被同情地理解，他們還是第三世界人民反抗帝國主義的義舉，即使他們因認識不足「愚昧無知」兼手段失當「盲目排外」，以致慘敗。

這樣的觀點其實並未超越孫中山，而孫中山基本上也是廣

5　「……可怪他們還笑義和團野蠻。哼！義和團若是野蠻，他們連猴子也趕不上。」（孫中山，〈九七國恥紀念宣言〉，民國13年）。九月七日為辛丑合約簽約日。

6　對後來的台灣意識論者而言，義和團就更進一步是愚昧落後的「中國人」的代表了，既無反帝民族主義的問題，更無同情/同理心的問題。

義的左派，因而會在生命中最後幾年採取了聯俄容共的策略。我們歷經 1960 年代台灣的自由派、西化派、現代派的影響之後，原本對被供在黨國意識形態神龕裡的孫中山思想採取著輕視的態度，如今我們卻對不同於黨國所灌輸之版本的孫中山原貌，有了重新認識的必要，也對義和團有了新的看法。

穆谷的〈記一次熱烈但不成功的座談會〉這篇文章並沒超出胡主民關於義和團的言說範圍，他只能譏笑王曉波是阿 Q，認為「這種無知仇外的愚行」只是「為了滿足『民族自尊』而犧牲大多數人的利益」。他對義和團的貶斥與胡主民一樣，不能瞭解到我們對義和團的另類觀點並非只是為了「民族自尊」。

面對他們對義和團的踐踏，傑的〈民族主義的黃昏？〉與武憶秋的〈義和團思想？—兼論貧血的台大人〉兩篇文章以比較感性的散文筆法來反擊，重點在於對義和團與受侵凌的中國的態度上，以及「理性」的知識分子與「情緒」的弱勢人民的對立上。

傑文首先點出對中國發動的鴉片戰爭居然是經過「民主」的英國國會通過的，以此來呈現資本主義式民主所內涵的帝國主義性質，以及「民主進步的西方」壓迫「封建落後的中國」所透露的矛盾與荒謬。傑以「上帝」代表西方帝國主義的霸權、「福音」代表資本主義的意識形態，來鋪陳中國受到侵凌摧殘後的反應，包括西化之後對祖先與傳承的自我否定，以及面對西方時的羞恥心與自卑感等情結，因此接受了「上帝」福音的東方知識分子就有了對義和團「愚昧無知、情緒用事、盲目排外」的鄙視態度。

傑文還進一步指出，這些人否定帝國主義的存在以及民族主義的意義乃是因爲他們與現實隔絕，活在「理性、民主、自由」的觀念中。作者試圖從現實的角度出發，去觸及義和團的多面意涵，指出問題不只存在於民族壓迫，還有階級壓迫的一面：

> 所謂「民族自尊」只是知識分子的空泛情緒，而對於那些由愚昧無知的農民所組成的義和團，民族自尊這情感則太過神聖而高不可攀了。他們不是為了民族自尊這空泛情緒，而是為了切身的，不論肉體或心裡的現實上的壓迫。只有這種具體的、現實的壓迫才會逼使那些「愚昧無知」的農民們走向悲劇，而這個過程不是那些養尊處優、言必堯舜的知識階層所能體驗的。

因此「如得其情，哀矜而勿喜。面對義和團悲劇，如果不去細察它的歷史背景，一味譏諷其爲阿Q、盲目、歪風，此種心理何異於晉惠帝『何不食肉糜』之昏庸，與知識分子之狂傲、墮落。」

這個將知識分子作爲一個既得利益階級來反省的觀點，呼應著陳鼓應「買辦階級」的用詞，年輕時代的我們雖不能免於言語上的粗率，但至少試圖去抓住超越民族感情的一點現實的、底層的真相。

而這個現實的階級觀點不只來自左派世界觀，也延續著台大學生兩年來企圖走出知識分子象牙塔、關懷社會、「擁抱斯土斯民」的趨勢。當時不管是慈幼會的活動、代聯會的社會服務團，還是畢聯會的參與選舉，都是超越知識分子論學說理的侷限去關心社會底層的企圖。因此在這裡，對義和團的另類觀點就不只基於民族感情，更是一個「到民間去」的社會關懷取向了。

由同樣的理念引發出對台大學生的反省是武憶秋文章的重點。武憶秋指出大新的作者披著理性的外衣，

> 對於群眾的愚昧與罪惡，卻不知從其環境和發生上去理解，卻超然地口出辱罵之言……，難道他們根本沒有與中國人民認同？他們只是認同於擁有「知識」與「理性」的「學術」尊嚴？

這裡的「中國人民」當然不只是一種民族立場，這個概念所指涉的更是受帝國主義壓迫侵凌的第三世界的基層人民。

武憶秋認爲台大人追求知識「是爲了使自己頭戴光圈、鶴立雞群。……他們沒有認清學術是爲了要服務社會大眾的……」。繼而指出這是台大人的貧血現象，

> 到處都是附庸風雅之徒，躲在象牙塔中……，他們總是一本正經、貌乎神聖的討論著一些自己一知半解的觀念及思想。……說穿了，可憐的他們，除了擁有一些可供在嘴唇邊玩弄的名詞外，還有些什麼？

這些確實已是超越民族立場而對作爲知識分子的台大人的嚴厲批判了。當時這樣的自我批判確實嚴厲，然而年輕的我們

真是那麼急切地想指出學生如何被黨國的教育灌輸了錯誤的觀念，以致於會對義和團抱著如此負面的態度。

我們這兩篇文章寫得感性十足，但在感性之餘也試圖將爭論推進一層，試圖超越民族主義的侷限，去挑戰台灣所一向接受的西方現代化意識形態。因此傑的文章如此結論：

> 民族主義是有其現實之根的，沒有資本主義的擴張，沒有帝國主義的壓迫，就沒有民族主義可言。它的湧現有其客觀環境的需求，不是如「民主」「自由」者只不過是此地的知識分子放在嘴唇邊玩弄著的語彙罷了。

最後一句話雖然說得輕率，但以穆谷與胡主民等人會在客觀上與黨國體制形成同盟，來鎮壓剛萌芽的校園左翼力量的事實來說，他們難道不是只將民主自由掛在嘴上而已？

作爲對方圍剿首要目標之一的王曉波，在他親自披掛上陣所寫的〈愛國才能反共〉一文裡，不只站穩孫中山民族主義的立場，奮力抵抗迎面而來的紅帽子，也再一次爲義和團問題提出了反霸權的另類歷史觀：「歷史學家都是站在士大夫和白人價值中心的立場來寫這段歷史，來醜化義和團。」清楚點明怎麼看待義和團不只是民族問題，也是階級問題，是統治菁英的歷史觀在醜化義和團。而關心階級問題也是王曉波的本色，幾年來他對「黑手」勞動者的關心並不亞於對民族問題的關心。這可是台灣左派在 1950 年代被肅清之後，台灣知識分子關心勞動者的濫觴。

對待義和團的態度如同對越戰的觀點，顯示了雙方的重大分歧。本來在民國 61 年的台灣，討論民族主義是無須扯到這些的，然而《大學新聞》的作者或許以爲可以用義和團的污名，來達到污衊民族主義的效果，於是挑起了這個饒富深意的議題，可惜的是這議題在當時並沒能有深入探討的機會與環境。

如何割斷歷史臍帶——二分對立的冷眼觀點

我們的論戰對手都十分善用觀念上「二分對立」手法。譬如堯旋問說「究竟外國人壓迫我們厲害？還是我們中國人自己壓迫自己厲害？」而每週短評則問說「毛共壓迫我們厲害？還是美、日壓迫我們厲害？」以「外國人 vs.中國人」或「美日 vs.毛共」的對立要讀者二選一。一般人在長期反共教育的灌輸下，當然會選擇「中國人的毛共」壓迫我們厲害，何況在白色恐怖的陰影下，我們也不能從另類觀點去分析其歷史情境。這是他們在整個論戰過程中一再玩弄的伎倆，其他還有「民族主義」與「自由民主」的對立、「義和團情緒」與「現代化理性」的對立。只要你主張反帝的民族主義，就表示你反對自由民主；只要你同情義和團，就表示你缺乏理性。

胡主民的文章不只以此二分對立邏輯爲基礎，還進一步將「中國人」而非中共政權當成我們的對立面，他說「今天我們面對的不是黃髮碧眼的盎格魯・撒克遜人，而是與我們同文同種在共產獨裁政治統治下的『中國人』」。又說兩岸之間是「處於生活方式相對壘，思想形態相抗衡的兩個世界中，筆者深深懷疑到單純的民族主義是否已陷入了一種窘境」。胡主民不僅將原來黨國的傳統口號「反攻大陸，解救同胞」中抽象的「大陸同胞」（我們原來的解救對象），變成與我們有著不同生活方式與思想形態的中共政權的參與者與共謀者，也將這樣的中國人當成台灣人的對立面來陳述，中國人成了在「生活方式相對壘，思想形態相抗衡的兩個世界中」，與我們對立的另一個世界的抽象「他者」了。

在「台灣意識」成爲主流的今天，這樣的論述俯拾皆是[7]，但在黨國意識形態籠罩的當時，卻有著複雜而奇妙的意涵。這種將「中國人」與「台灣人」二分對立的公開提法或許是台灣內部的第一次，其實原來黨國的「中國人」概念就已隱含這個因子了。黨國原來的中國人概念是不包含「身陷匪區」的人的，大陸同胞只是個抽象名詞[8]，如今胡主民卻是把這個二分對立的身分顛倒過來，將黨國式的「中國人」身分奉送給抽象的「大陸同胞」。從這樣的立場出發，也就可以理解他爲何會那麼兇狠地攻擊王曉波的民族主義了。

這一篇頂著民主與理性光環卻又十分黨國筆法的文章，當然讓我們憤恨不已。這個在今天已經成爲政治主流的「中國/台灣」二分對立操作符碼，在當時卻是初次出現，也就成了批判的把柄。黃道琳與謝史朗二文於是在反擊對方的扣紅帽子之餘，進一步批判他們將對岸中國人當成台灣人對立面的觀念。道琳開門見山直摸這點：

7　以此延伸出來的二分邏輯是，只要你接受「中國」，就表示你不愛「台灣」。

8　因此當具體的、活生生的「大陸同胞」如王朝天、凌耿等紅衛兵來到台灣後，黨國必須想方設法隔絕台灣社會與他們的接觸。

> 胡文的民族主義把台灣跟大陸的同胞分成兩個對立的「民族」，又指出「這是什麼荒謬思想，這是什麼惡毒言論！照他說來，我們今天要把過去反抗帝國侵略的武器轉而『面對』在共產統治下的中國人！……這不僅比『台獨』分離思想更惡毒，簡直是要我們與在共產統治下的七億苦難同胞為敵了！

史朗則質問胡主民「與大陸七億同胞面對才是識時務嗎」？

就親美反共的立場而言，將海峽兩岸的人民對立起來看待其實是很現實的態度。我們以左翼民族主義的立場揭示了他們的這個觀點，當然以爲抓到了把柄，而以「台獨」的帽子反扣回去，然而卻是在對方扣紅帽子的情況下被迫進行自衛的無奈手段，卻也見到當年大家同樣受到黨國文風的惡劣影響。

受到反越戰、六八學運、文革與保釣影響的我們這批學生既不再盲目反中國，也不認爲獨立是條出路。然而我們這批學生之所以會在這個節點上擁護民族主義，並非爲了反台獨，而是要反對身兼資本主義與帝國主義龍頭的美國霸權。我們當時認爲台灣最大的問題在於親美的黨國威權體制，「統獨問題」並不存在，我們向來也沒有本質論地去否定台獨，還曾興致勃勃傳閱過左雄與史明關於台灣民主或民族革命的辯論文章，因此不僅沒有對立的心理，反而抱著同情與敬意，認爲是向黨國威權體制抗爭的盟友，遑論當成敵人了。但是我們的論戰對手顯然十分敏感於海外民族主義的反帝風潮，雖然這個風潮在台大其實只在一小群師生之間起作用。這本是黨國密切在注意、隨時會動手鎮壓之事，而我們的對手卻如此過敏，如臨大敵，以致要主動出手幫助擒殺？

逐客所寫的〈「向前看」〉一文雖然不做人格攻擊也較無黨國文風，但也一樣呼應兩岸二分對立的觀點，並對中國的歷史意識提出了遠較深刻的挑戰。他並不加入對傳統中國的鄙視，不責怪義和團愚昧無知，也不正面否定民族主義的正當性，然而卻提出了對歷史意義的質疑。

逐客要我們拋棄中國的歷史包袱向前看，文章開始就問

> 是否年青一代必須依賴一些歷史事件(或更眞確的說：歷史神話)才足以成長自己的靈魂。沒有北京大學、新青年、五四運動就沒有這一代的靈魂嗎？難道我們已喪失了自我啓發、自我豐富的能力，而要透過一些歷史的傳說來發現自己。

又說「當有歷史困難、是非難分時，暫時遺忘是唯一選擇的辦法。『向前看』是解決過去災禍疑難的最佳辦法」。爲了挑戰近代中國歷史事件的意義，逐客甚至進一步去挑戰歷史一般的意義：「歷史是歷史、歷史不是無上的道德真理，不是唯有透過它，才能發現意義」。

逐客雖對歷史一般的意義也提出挑戰，但是對中國歷史卻更顯得不安：

> 我們不再能自由地問好的中國人、理想的中國該是什麼？而只能問誰最能繼承鴉片戰爭義和團的反帝精

神？誰代表五四精神？因而我就屬於誰？…我們不該為屈辱歷史所逼迫，而交出自己良心的自由和所深信的價值。

顯然他感覺到中國近代歷史的力量太大了，而這個力量所推動的方向卻又不符合他所深信的價值觀，譬如說這個力量會導致對社會主義中國的認同，因此他只能提出用遺忘與向前看的方法來對抗。

然而不顧歷史情境，不管是哪一類情境，而只依循「個人良心的自由」生活，在當時的台灣，甚至今天整個世界，都可能只是烏托邦的主張。這一點逐客並非毫無所覺，於是他又說：「很可瞭解的：追求成功，以抹拭掉不愉快的回憶是受屈辱民族感情上所難避免的」。顯然逐客的困境並非在於歷史一般本身，而在於中國近代史，在於驚覺到那個歷史力量正推動著走向社會主義中國的「必然性」，因此必須割斷中國近代史。爲了割捨中國歷史，逐客甚至提說那些事件是「歷史神話」與「歷史傳說」。

逐客在呼籲割斷歷史意識之後，談到民族主義。他說

真正的民族主義分子不是只會吸收鴉片戰爭——天津教案——義和團——五四運動等歷史營養的人。能提供中國新精神、新文明使中國富強康樂的人，不論他的工具是外來的或本土的，才是眞正的民族主義者。

這是一個弔詭的說法，當時海外不少留學生就是因爲認定

社會主義中國確實提供了新精神、新文明，並走向富強康樂的道路，才成爲「統運」分子的，顯然在這裡作者又一次自陷困境了。

不管逐客如何努力要拋開「歷史」與「民族主義」的困境而未能成功，他卻清楚提出了要對中國歷史做一割捨的主張。這也是一個重要宣示，與胡主民將兩岸人民對立起來的觀點有異曲同工之妙，預示著脫離「中國」的走向[9]。

台灣意識論述的浮現

穆谷在他的第一篇攻擊文字遭到駁斥之後，寫了一篇萬字長文〈戈登結上的一刀——真理的對質和爭論的解消〉。文章一開始就含沙射影說這篇答辯是爲了使我們的用心「路人皆知」，然後在如此輕易封殺對手後，還是回到民族主義的問題上來。他的文章大半就纏繞在這個議題上，顯然這才是最令他寢食難安的「盲目情緒」，扣紅帽子只是個手段。

在質疑民族主義的當代意義時，穆谷繼續發揮胡主民將對岸中國人當成台灣人的對立物來看待的二分對立觀點，他說：

> 或許有人會再說談論民族主義只是在民族同胞間造成情感交流，與政府無關，那麼我必須再告訴你，那些你想造成情感交流的「同胞」正隨時可能在共匪一聲

9　作者以「逐客」為筆名，就不知是「驅逐來客」，還是「自我放逐之客」之意了。

> 號令下血洗台灣；同時在世界各處默默進行孤立我們打擊我們的也正是這些「苦難同胞」。對於敵對雙方，勉強把「同胞」和「國家」分開是沒有意義的；……。

這裡更清楚呈現出「兩個國家、兩種人民」的二分對立論述。

在這種對立論述的前提下，穆谷接著營造初步的「台灣意識」，他指控與他有著「態度分歧、意識形態上根本差異」的我們只能「抽象思考」，「從一個觀念過渡到另一個觀念，……無視於一個抽象推理所能『犧牲』的實質條件；這個條件便是衣食他、溫暖他、在絕望無依時給他安慰的母社會…。他們口口聲聲『人民』『社會良心』，然而，如果他們真正關心『人民』，真正存念『社會良心』，他們便該有『本末輕重』之分，不該…使被遺棄的孤雛含憤莫瞑…。」

穆谷在這裡所說的「衣食他、溫暖他、在絕望無依時給他安慰的母社會」就是他所想像的「台灣社會共同體」。在這裡他用了很多二分對立的詭計來攻擊我們，首先他將與他有著「態度分歧、意識形態上根本差異」的左派，與具體關懷的能力對立起來，對他而言左派只能做抽象思考，沒有關懷具體事物的能力，因此左派也就不能關懷具體的「母社會」，而這個「母社會」卻又只能是在他的二分對立論述下的「台灣社會」。他以這樣二分對立的推論方式來得出，不管是馬克思主義者還是左翼民族主義者，都是與他所想像出來的抽象的「母社會」、抽象的「台灣」對立的。這裡可以清楚看出，他爲了抵制我們以左翼民族主義的立場討論台灣社會問題所帶來的影響，爲了建構這套「台灣意識」論，竟然無視於左派有著深刻社會意識的具體事實，無視於兩年來我們的介入校園民主抗爭，也無視於我們正在宣揚「擁抱斯土斯民」理念，並鼓勵學生參與中央民代選舉的監票活動，更無視於陳鼓應對學生民主權利以及王曉波對台灣勞動者處境的大聲疾呼[10]。

然後穆谷轉而對付文化民族主義，認爲「北劍的錯誤在於，他企圖把文化置於更高的層次上來解消政治的分歧；而事實上並無所謂文化高於政治的道理」。他於是提出台灣獨立論者的一貫論證：同文同種的美國與英國，當年由於實際利益的衝突，在政治上分成了兩個國家，因此台灣與中國大陸是可以分成兩個國家的。他並認爲「國家先於民族」[11]，意思是說台灣作爲一個國家是既不需要有個中華民族，也不需要有個台灣民族來做基礎，反而有了台灣這個國家之後，台灣民族才有可能。他一手建構國家一手建構民族的這套論述可以稱得上當代「民族/國家」的建構典範。這個論點雖然沒進一步闡述，但在世紀之交的世界性民族主義風潮中，民族／國家／文化三者的關係卻依然糾纏不清。

10　這種右派的抽象「台灣意識論」或「本土論」如今已是台灣的主流論述，玩弄著「愛」、「認同」與「台灣」這三個符碼，以「愛不愛台灣」或「認不認同台灣」等抽象問題來界定一個人的「政治正確」，這種操作手段並不脫穆谷在這篇文章所運用的。

11　「這個例子說明了國家先於民族的事實；對於獨立的美國而言，傳統英國式的民族主義已經不具任何意涵。」（穆谷，〈戈登結上的一刀〉，《大學新聞》第 386 期，民國 62 年元月 1 日）

傳統vs.西化戰火未熄

面對兩岸二分對立邏輯與台灣意識論述的出現，反彈最爲強烈的莫過於文化民族主義者北劍了。相對於已經在論述上取得霸權的現代化派與西化論者，他們被認爲是文化保守派，在政治光譜上被擺得較爲右邊。經過1960年代西化與傳統論戰之後，他們甚至被認定與黨國有著瓜葛不清的關係。然而如今卻有這麼一位文化民族主義者來與左派結盟，無寧有著不尋常的意義。

北劍對亂扣紅帽子極爲反感，在〈民族主義的根基及其他〉一文裡首先指斥這種惡劣作法。他接著指出反民族主義的態度是根源於觀念的誤導，他將民族主義分成政治的與文化的，政治民族主義如日本與普魯士的軍國主義所衍生的問題，並不必然否定「每一民族追求文化理想與自求多福的願望」，又說：「一個民族追求其文化理想是天經地義的趨向，不必扣一個罪惡的大帽子。」

在提出文化民族主義的天經地義之論後，北劍進一步說明

> 中國民族主義從來都是源自文化意識的本位論，而且中國民族在四千六百年艱困的奮鬥下，發展出異於世界上任何文化體系的思想精神；就同化力而非武力之渾厚而言，世無其匹，不僅此也，王道政治的理想是所有統治者共通的願望。

這是他對「中國文化」根本精神的認識，而且進一步認爲孫中山的民族主義也是這傳統的繼承，因此「所有辱罵 1900 年義和拳民的中國人，大概洋水喝多了」，「太作賤自己的民族了」。

當然在反擊對方扣紅帽子手段時，一個文化民族主義者可以理直氣壯說：「毛共崛起於國際社會，也許滿足了一些中國人的安慰，但是，在文化的根基上和生活方式上，馬列主義不是屬於中國，也決不適合於中國。……我們反共，不是反華，更不要數典忘祖把中國性埋葬」！這裡他提出的「中國性」這概念，居然在二三十年後還在與西方的啓蒙與進步等現代性概念混戰不懈。

由這個文化立場出發，對於對方提出二分對立的陷阱式問題「毛共壓迫我們厲害？還是美、日壓迫我們厲害？」就有著簡單的答案：前者厲害，但後者也不輕。而且如果只是企圖躲在後者的保護下，前者的壓迫就不可能解消。這在今天似乎還是一個鏗鏘有聲的論證。

北劍只是單純的文化民族論者嗎？顯然不是。在談論義和團時，他充滿著「同情小老百姓」的社會正義感，並進而說：

> 為廣大生黎打抱不平的肝膽，有什麼可以懺悔的？……帝國主義絕不壓迫全部的殖民地人民，他們讓知識分子養尊處優，在佳餚美酒高薪出路就可以安定，……文化買辦的陰影，永遠盤據在學術神龕上，……

這些話有若呼應陳鼓應的浪漫激情，也延續著他對融融社嚴厲批判的氣勢。

這是北劍的初次反擊，隨後他顯然又被對方的西化派論調激怒，再寫了一篇洋洋灑灑的〈中國的良心在哪裡？一個文化民族主義者的控訴〉，將「文化民族主義」發揮得更爲淋漓盡致。他說：

> 七十年代在台灣的中國青年，居然斗膽宣布中國民族的訃聞，意圖割斷民族大慧命的根母，以一種厭惡的情緒對中國民族下毒藥，播野種，廢棄民族文化，美名為「建設現代化」，這種心理除了無知幼稚外，就是中了白色願望的毒。

雖然充滿激情，卻指出了如今已經內化爲台灣意識論者深層心理的「嫌惡中國」情結。

北劍也試圖鋪陳文化民族主義的論點，認爲西方文化是「重力文化」，中國文化是「重德文化」，以力服德是以刀叉吃人肉，中國因此吃虧太大。又說西方所謂「進步」的觀念「伴隨著帝國主義(各種形式的帝國主義)而來，則是破壞東亞文化的主力」，他如此挑戰進步觀念，頗有「後現代」的意味。當然他並不否定科學與民主，而是強調文化的「主體性」這東西，認爲「中國文化在近世的失調是因爲沒有適當的時空來發展[科學與民主]，就給白色人種攪了局」，又說「自由民主在歷史文化根基深厚的民族實行起來，較有正面積極的肯定價值，較能收到恆久而豐富的成果。」

對文化民族主義者北劍而言，這論戰有如1960年代「傳統與西化」之爭的延續。對方親美反中的心態以及對「中國屬性」的嫌惡情節當然不是他可以忍受的，這應是他作爲《大學新聞》主筆居然會加入我們這邊的原因。而這個原以爲已經被《文星》的全盤西化派於 1960 年代擊垮的文化民族主義派，在這次論戰中居然還冒出頭來扮演一個角色，而且還與左派結盟，與我們一樣站到了反霸權/反威權的立場，可說出人意表。

右派大聯盟的必然

總之，我們的對手從〈遠方的一封來信〉開始就顯示出對反霸權的民族主義有著極大的不安，對反美的言論極不認同。1960 年代世界上發生的幾個挑戰美國霸權與西方資本主義既定秩序的重要運動，對他們基本上沒有影響。對於二次戰後形成的冷戰局勢，他們簡單地接受了美國與黨國的觀點，就是說「反共」成了他們的最大關切。這種親美反共的意識形態對反對帝國主義霸權的左翼民族主義極爲敏感與恐慌，然而並不是對民族主義本身，而是對其中反帝反美的左翼思想，這裡就顯然存在著思想上深刻的左右之分了。這種左右之分深刻到讓他們不顧一年多來校園民主抗爭的左右結盟，輕易拋棄了民主抗爭的成果，轉而來挑起圍剿左翼民族主義的戰火。

一方是剛接觸到馬克思，有著左派自覺、站上第三世界弱勢立場反對帝國主義霸權的學生，另一方則是親美反共、認同資本主義體制，並開始營建「台灣意識」的學生。我們這邊的一個異數是文化民族主義者范良光。左派當然要反對美國帝國主義，而右派學生裡頭的「台灣意識」論者則不會去反美帝，反而必須以美國為靠山，以「自由民主」來挑戰黨國威權統治。右派學生裡也有著與當局關係曖昧的成分，以國民黨開明派立場來攻擊反美反帝的左翼學生。可以說，對方是「自由民主」派、親美台獨派、國民黨開明派，在「反共」旗幟下的大聯盟，在這點上他們清楚顯示出與黨國保守派同流的右派屬性。幾乎從對方的每一篇文章都可讀出「反共」是他們共同的obsession(執迷)與結盟的基礎。而這個「反共」的具體內容並無關乎共產主義或馬克思主義的實質意義與具體內涵，而是在冷戰結構下凝結而成的「反左/反中共」，最後蛻變成「反華/反中國」的一套「反共意識形態」，甚至到今天都還陰魂不散，成了台灣意識論者的思想桎梏。

雖然當時我們將民族主義往上直溯到列強侵華與孫中山的革命，而且又與保釣運動掛了勾，因而有了立論上的正當性。但是這種正當性卻可能召喚出對社會主義中國的同情，進而威脅到反共的心防，這是這個「反共聯盟」為何要反對民族主義的最大心理機制。這也是民族主義在台灣的轉折，它原本是黨國的反共思想武器，卻轉化成同情中共的情懷。而且反對帝國主義霸權的左翼民族主義不僅反抗親美的黨國威權體制，更挑戰了美國為首的世界資本主義體制，有著第三世界的國際主義連結。這種第三世界的反帝民族主義同時打到了這兩個勢力，讓他們得以結盟。因此對方除了藉由現代化的訴求，將左翼民族主義詆毀為愚昧無知、情緒用事的義和團思想外，也祭出白色恐怖手段，扣我們紅帽子，如此就更加反應出他們的右派實質了。

他們的右傾親美心態在許懷哲〈愛國必先反共〉這篇文章

裡毫無遮攔地展現出來。談到「帝國主義」一詞，他說這是「共產黨徒用來稱呼敵人、侮蔑西方國家的慣技」；又說帝國主義「並非實有其物，有之，也是上半個世紀的產物」，又說「十九世紀西方帝國主義的侵入，與其說是政治、思想的，倒不如說是經濟的；西方帝國主義隨著經濟自由而擴張。由於在本質上是個人主義，因此它並不以消滅別國政治、思想爲目的，而是，消極的防範」，而現在仍然大行其道的是「共產主義的帝國主義」。這種西方資本主義本位立場的宣示，莫非是 1960 年代台灣西化派的努力澆灌，在 1970 年代之後的大豐收？

這種左右之分又深刻到讓他們開始把對岸的中國人當成台灣的對立物來對待，當然這種觀點至少承認了當時中共政權與中國大陸人民互相之間並非敵我二分，而可能是一體兩面的現實情況，遠高明於當時黨國「解救大陸同胞」的說法。他們甚至產生了割斷「中國歷史」的主張，可以看出這個新興的「台灣意識」在其初起之時就已同時包含著深刻的右傾性格了。

黨國修辭的背後

有著這麼一個右傾實質，這些文章會呈現黨國風格的語法與修辭，會充滿台北的流氣品味，這些作者會使用黨國作風的攻擊手段，或許就不足爲奇了。

然而這裡也隱藏著一個台灣南北與城鄉差距的因素。我們這邊積極參與這場論戰的幾個學生，除范良光是桃園客家人外，黃道琳、謝史朗與我都是來自南部的福佬裔本省人，中小學教育主要都在南部完成，來到台北都不免會爲自己「鄉巴佬」舉止自慚形穢。然而另一方面我們也還帶著南部人的土直與單純，極不屑於台北學生那種夸夸其談的流氣。在我們看來，台北學生不管本省外省在言談與論說上的那種虛矯浮誇，是與接近政權與文化中心息息相關的，因此我們的對手基本上就是一群「台北人」。這次論戰無關省籍，而我們這幾個南部人會被激怒，部分也是由於他們的攻擊文字所充斥的那種浮誇的台北流氣。這種憤怒不可避免地含有台灣南部人對台北人的妒恨情緒。

語法與修辭上最嚴重的莫過於幾乎在他們每一篇文章裡俯拾皆是的扣紅帽子手段了。從這裡引伸出的問題是，這些號稱要保衛「民主自由」的學生到底受到台灣大學自由與抗議精神多少薰陶？從運用白色恐怖手段這件事來看，這些學生即使真的沒有黨國背景，卻顯示出他們對自由的認識極爲貧乏，也可算是台大校園民主抗爭的墮落了，如此談「民主自由」不就變成一種意識形態？反而他們所攻擊的陳鼓應王曉波卻都繼承了台灣的自由啓蒙者殷海光的精神。

如此「民主」、「自由」與「理性」等符號也就成了神聖圖騰，一方面他們自稱是在追求民主、自由與理性，並誣指陳鼓應與王曉波二人的民族感情是非理性的情緒發洩，是反民主自由；另一方面他們又很敵視陳鼓應與王曉波兩人一年多來以實際行動支持校園民主抗爭的信譽，不得不說陳鼓應是「高談民主自由的人」，又說他們是「打著民主自由招牌的人」。從這裡我們倒是可以看出「民主、自由、理性」等觀念，已經在1970 年代的台大校園建立了意識形態的「正當性」霸權，也反映出黨國威權體制在理念上的霸權地位已在台大校園潰敗。這或許也可解釋爲何這些台大學生不再繼續追求校園裡實質的民主程序，轉而攻擊對美國式「自由民主」意識形態提出強烈挑戰、並反對美國世界霸權的左翼世界觀了。

最後他們又有一個共同點，就是全部用筆名發表。除了穆谷最後被迫承認就是孫慶餘外，其他一概隱名。相對於我們大半亮了名字(黃道琳、謝史朗、鄭鴻生、范良光以及張錦焜)，他們這種隱諱性代表著什麼？

我們這邊也充滿著激越的言語，並且大半只能一邊以孫中山爲護身符，一邊訴諸「民族感情」，訴諸當時還未受到強烈挑戰的「中國人」的一體觀，甚至因此以台獨帽子來反擊對方扣紅帽子的手段。但那是由於受制於白色恐怖，同時也缺乏理論訓練，因而這些基本上都是用來反擊與自衛，爲了撇清「爲匪宣傳」的罪名。言語看似激越，然而在左派理念不能宣揚，中國民族主義在當時的台灣已是強弩之末，而我們又只有挨打的份的處境下，心裡其實十分齷齪。

在這種情況下，我們浪漫的激情不免有些氾濫，並投向對代表被壓迫底層人民的義和團與飛歌廠工人的同情，與對高談民主自由與理性的知識菁英的不屑，所有這些在缺乏社會運動的當時顯然也是無可避免的。

幾個歷史的弔詭

多年之後我們回頭來看這場論戰，還可發現其中所充滿的多種歷史弔詭。

首先，當時打著民族主義旗號的是左派，而右派卻是反民族主義的。1970 年初，海外的史明已經提出台灣民族的觀點，但還沒在台灣流播。因此大學新聞社與大學論壇社的這些人只能以親美反共為訴求，來攻擊左翼民族主義。

左翼學生這一邊的民族主義自是絕非黨國式民族主義，而是為了反對美國的霸權。在台大學生中，這樣一個左翼民族主義思想啓動於民國 60 年的保釣運動，那時釣魚台的問題揭露出「美國政府將屬於台灣的釣魚台私相授受交給日本」這麼一個霸權行徑。「反美帝」在當時還有著一個全球性的意義，即是反對當時還在進行的越戰，以及美國政府為了自己利益在第三世界的惡行劣跡。而且很重要的是，當時我們只能用民族主義作為「護身符」，來傳遞左翼世界觀的理念，那時左翼民族主義包含了反美帝、反越戰、反殖民主義、反資本主義、支持社會主義、同情社會主義中國、同情第三世界等等意涵，可以說隱含著一個廣義的馬克思主義的立場。

當然我們在這時並不充分認識到這個立場的全部內涵，我們的對手也未能清楚左翼民族主義的意義，但他們實際表現出來的卻是集結了幾乎所有左派的對立面：親美台獨派、「自由民主」派、黨國右翼分子、文學上的現代主義者(後來延燒成鄉土文學論戰)等等。顯然在當時一個左翼民族主義的聲音，即使十分微弱也很令他們驚慌。

其中又可引伸出「本土」一詞的弔詭。相對於我們的對手令人莫名其妙的「戈登結」，我們的「黃罔市」可是十分「本土」。相對於對方在文藝上的「附庸風雅」，我們的最愛可是很「本土」的流行歌。相對於對方「高唱民主自由與理性」，我們可是要到民間去「擁抱斯土斯民」。

當時反民族主義而崇尚現代化的台獨右派，如今卻發展成必須靠標榜「本土性」的台灣民族主義來撐腰[12]，這是第一個歷史的弔詭。就像當年我們祭起中華民族主義的大旗就可理直氣壯，攻擊對方買辦崇洋，如今只要講起「愛不愛台灣，認不認同台灣」，就可壟斷「政治正確性」，到處整人，以明示或暗含的「台灣民族」之名罵人賣台。當然這種台灣民族主義的右派淵源很清楚是承繼了幾十年來忠黨愛國者以「反不反共」來整人的黨國心態。這裡前後一貫的情況卻是，30 年後的今天，號稱解嚴的台灣依舊是一個受限於冷戰結構下的反共社會，在這點上他們遂成了黨國的忠實繼承人[13]，而左派的東西都只能躲在後面，不能旗幟鮮明，或許是這個弔詭的基本因素吧！

第二個弔詭是，當時與親美台獨陣營聯手打擊左翼民族主義的忠黨愛國者如馮滬祥等人，如今卻成了反台獨的狂熱分子。馮原本狂熱反共，當年用來攻擊陳鼓應與王曉波的罪名都是「爲匪張目」之類，也是在這個立場上他當年會加入打擊左翼民族主義者的行列。當年他不僅反共，還反自由主義，反學生民主要求，完全是黨國體制的忠實護衛者，如今他卻成了「保衛民主」的反對黨。當年他跳出來反對台大保釣運動衍生出來的校園民主抗爭，如今他卻成爲當今的保釣分子。

第三個弔詭是，身爲中國現代革命一個重要組成部分的中

12　極為西化的李登輝居然號稱代表「本土」，也算是這種「本土錯亂」的極致表現。

13　從這個面相來看不少狂熱的台灣意識論者竟然出身於原來的黨國體系，或曾是熱烈的擁護者，也是不足為奇的。

國國民黨竟然自我斬斷了這個傳承。我們在台大校園「下保釣運動的半旗」同時，也下了五四的半旗，下了中國現代革命在台灣的半旗。1970 年代初的保釣運動可說是中國現代革命歷史在台灣的最後一樁大事件，它是承繼辛亥與五四的革命歷史而來的，從台獨派從頭到尾未曾介入保釣運動來看，這個屬性清楚顯現。然而就在黨國機器鎮壓了我們這群左翼抗爭者之後，這個傳承劃下了句點。而作爲這個中國革命進程很重要一環的中國自由主義也隨之斷送，這點在錢永祥與邱義仁在民國 84 年的有關對談中也有清楚的陳述。而中國國民黨的這個自我斷根顯然也爲後來所謂的「國民黨本土化」鋪了路。

第四個弔詭是文化民族主義者與左派的合流。文化民族主義者當年不僅沒加入攻擊左翼民族主義的行列，反而站到這邊來。按照過去的講法，以繼承中華文化傳統爲職志的文化民族主義者基本上是被劃爲右派的「封建餘孽」，是文革「破四舊」的對象。然而在台灣當年的時空環境中，他們卻能與左派結盟。

當年在台大校園的優勢思潮中，傳統派經過 1960 年代西化派的批判後幾乎一蹶不振，台大的校園刊物難得看到談文化傳統的，頂多是「打落水狗」、繼續追擊的東西。當時有一位喜好傳統戲曲的教官，不時會爲台大國劇社與崑曲社的演出撰寫劇評登在《大學新聞》上，在充滿現代文藝思潮的大新上，這類文字算是末流了，而我們這些反對派學生對此也總會嗤之以鼻。有一天大新社長楊庸一就很得意地向我表示他們已經拒絕再刊登這位教官的戲曲評論了，我聽了也表贊同，以爲他幹得好。對我而言，當時的教官與「國劇」都是威權與傳統的代表，處於校園民主抗爭熱潮的氣氛下，這些東西皆屬落伍之類。但是我並不確定大學新聞社的拒斥「國劇」文章是因爲它屬於傳統的並與威權體制有關，還是因爲它屬於中國，或者兩者對他們而言已是分不開了。不管如何，中國傳統在當時已屬末流，由此可見一斑。

那時背後有著蔣經國影響的大學雜誌社，集結了社會上各方面的改革人士，預示著台灣直到今天的走向，而其中也沒有一個是傳統派或文化民族主義者。可以說在 1960 年代以後「中國文化傳統」已經在反對派學生中，甚至在主導台灣走向的改革派政治人物中，失去了「正當性」。可能正因如此，這個「文化傳統」開始有了與黨國政權脫勾後的生機，開始有了社會批判的意識，提供了反對黨國體制的年輕文化民族主義者一個新的空間。如今在左右與統獨紛擾不休的混局裡，他們儼然自成一股勢力。從「後現代」的觀點來看，他們確實對左右雙方不同的現代化方案都提出了嚴肅的質疑。

▪ ▪ ▪

這些歷史的弔詭在民族主義論戰當時都是超乎我們想像之外的，《大學新聞》在這個學期關於論戰的最後一篇文章〈愛國必先反共〉將這場論戰作了一個最後的定性。寒假期間，我在台南家中思索著如何脫出這個定性所強加的意識形態枷鎖，卻沒料到已經時不我與。

這是發生在 1970 年代初期台灣的一次思想上的論戰，這場論戰將「左右」、「統獨」、「傳統與現代」等觀念攪和在一起，而這些觀念的糾纏在 30 年後的今天似乎仍看不出有解消的跡象，或許正顯示出這些觀念已經窮盡了現實上的有效性，不再能爲我們提供前瞻的視野。

第十章
風雨如晦—國家機器動手之日

Hello, darkness, my old friend
I've come to talk with you again
Because a vision softly creeping
Left its seeds while I was sleeping
And the vision that was planted in my brain
Still remains within the sound of silence

...

And in the naked light I saw
Ten thousand people, maybe more
People talking without speaking
People hearing without listening
People writing songs that voices never share
And no one dare disturb the sound of silence...

Sound of Silence — Simon & Garfunkel

徵兆連連——來自各方的監視

民國62年初隨著寒假的來臨，民族主義座談會及其論戰的熱火在學生之間暫時冷卻下來，餘燼卻在當局有關單位升溫，醞釀著另一場風暴。然而我們毫無所覺，各自放假回家。在台南家裡，我心有未甘，計畫著開學後要如何繼續辯論這個議題。開學前回到台北註冊的這一天，大家才又重新碰頭。錢永祥上學期的體育課安然過關，總算修完他可以畢業的學分，但因學制關係，他還是要多留一個學期，所以也來註冊了。這是2月14日星期三的上午。

這天上午台北的天氣從晴朗轉爲陰鬱。我們在台大體育館註完冊後，幾個人包括老錢、阿束、阿焜和我又湊在一起來到阿束家，而住到天母去的道琳與史朗這天卻從早就不見人影，阿吳則註完冊回家去了。這一年阿束與阿吳一起上了哲學研究所，而他家也因父親調職到台北而舉家北上住在郵局宿舍。那是在距離台大不遠的和平東路與安東街(現瑞安街)之交，如今已被闢爲建國南路的那一帶，是個有院子的老平房。

這時已是正午，大家先張羅午飯，隨意下了麵吃。飯後正在閒扯，突然電話鈴響，是史朗打來的。他很神秘地約老錢到台北火車站旁的公路局西站見面，說有要事見面再談。老錢抓著我陪他一起去，其他人則仍留在阿束家。

我們搭著零南路線的公車去公路西站，途中甚感納悶不安，於是我就跟老錢開著玩笑說「是不是道琳被抓了」。在論戰中遭到狗血淋頭般圍剿之後的這一陣子，我們偶爾會互相開起這種玩笑，有著被監視的感覺，也隱約覺得什麼時候會出事，但又逞著年少的英雄豪氣，漫不經心，不太當一回事。

民國 62 年 2 月間，民族主義論戰因寒假而暫歇，我們回到台南過年，蘇元良、林載爵與作者聚在一起，一時心血來潮拍了這張照片。我還在思索著開學後如何繼續論戰，沒想到隔幾天回到台大註冊時就出了事，2 月 12 日警總開始抓人，先是盧正邦，接著黃道琳、錢永祥也都陸續進去。（作者提供）

早在論戰方酣之際，在台北經商的四姑丈有一天突然來到台大文學院找我，而我這時恰好在文學院上課，姑丈一見到我，就說是台南家裡託他來看看我是否還平安健在，因爲情治單位在台南調查起我來了，把家人嚇了一大跳。他見我平安無事，就回去回話了。原來是某個情治單位到父親工作的銀行秘密調查家裡和我的情況，銀行的人事向父親洩漏消息，才引起家裡極大恐慌。

我住的地方沒有電話，家裡一時聯絡不上我，也不敢打電報，才打電話動員台北的親戚找我弄清楚情況。住在吳興街的三叔曾錯跑到基隆路的台大宿舍沒能找到我，而雙城街的四姑丈則找到文學院來，恰巧我在文學院上課，而不在一向留連的活動中心畢聯會辦公室。我於是託朋友向在情治單位工作的兄長打聽情況，他說這種事應該只是「例行調查」，我也就不放在心上了。

其實自從保釣運動以來，情治單位在台大校園的活動就大為頻繁，社團之間也經常有著某某同學是眼線之類的傳言。當然偵測系統不只佈建在學生中，也佈建到各個角落。畢聯會辦公室所在的學生活動中心有一位退役的老工友，我們沒事就會與他聊天。有次聽他說起如何來到台灣的悲慘故事：年輕時他在家鄉結婚沒多久，正在田裡工作時，卻被路過的軍隊「拉夫」一路來到台灣，此後不曾再見到新婚妻子與爹娘。這麼一位流離失所的老工友顯然也奉命執行任務，有一天我們很早來到辦公室，碰巧撞見他一邊清掃房間，一邊檢查垃圾桶裡的紙條。當然他不會找到任何東西，因為我們不會在人來人往的辦公室收藏什麼。除了有一次大家一時興起，在辦公室白牆上將原來有人寫上的「海闊憑魚躍，天空任鳥飛」，改成「海淺逼魚躍，天低迫鳥飛」，阿束還笑說我們在題反詩。我們其實並不覺得這位老工友能夠帶來什麼麻煩。

但是現在想起會不寒而慄的，卻是一個神秘人物的出現。上個學期蘇元良剛接畢聯會不久的一個晚上，一位自稱老李的本省籍中年人來到他租屋處，說是在警備總部服務，帶來兩瓶金門高粱，想與元良交個朋友。更令人驚訝的是，陪他來的竟然是台大一個重要社團的前任負責人，當時還在讀醫科的邱武義。元良深感不安，覺得一個人應付不來，就把我拉了去。此後我們四個人就多次在台大對面巷口的火鍋攤一起喝酒吃宵夜，而老李所談大半言不及義，不脫對現實發牢騷，我們也跟著小心應和。每次與他們吃喝時，我與元良總是戰戰兢兢，邱武義則頗爲自己的角色尷尬，但也每次都來作陪，而這位老李則滿懷鬼胎不露聲色。直到有一次他向元良表示「有志青年應該一起來幹革命」，想邀元良參加，把元良嚇得此後不敢再接受他的火鍋邀約[1]。

初生之犢不畏虎，我們對這些四面八方，甚至迎面而來的監視並不特別恐懼，不以爲意。

黨國出手——「道琳進去了」

民國62年2月14日這天下午，接到史朗的神秘電話後，我與老錢在開往公路西站的零南路線公車上，以「道琳是否被抓」的疑問互相開著玩笑，卻也壓不住內心的不安，兩個人都神經質地笑著。這時心裡確實浮現了陰影，因爲這種約會的方式不是史朗的一貫作風，而我們整個早上又都沒有見到道琳與史朗他們兩人。

我們來到台北火車站旁公路西站天橋邊不安地等著，而史朗一出現就以一向嚴肅而鎮定的神情說「道琳進去了」，證實了我們的預感。史朗說他一大早就出門來到學校註冊，並沒看

1　後來聽說邱君在當兵時卻莫名其妙被抓去關了好幾年，以他當年有著台大醫科學生的光明前程，為何會與警總的人扯上關係，甚至捲入牢獄之災，令人費解。

見道琳，而在註完冊回到天母後，卻碰上警總的人來搜查道琳房間，並貼了封條，才得知道琳已經進了警總。我們又急切想知道那一箱書的狀況，史朗卻說書還安在，沒被搜走。

道琳其實在前一天就從屏東回到台北來註冊了。他趁著開學時從家裡帶來的錢比較寬裕，註完冊後就去現代書局王小姐那裡，把積存多時的一批原版英文書「贖出」，然後去基隆路[2]上的台大研究生宿舍找老朋友劉石吉，晚上就睡在那裡。隔天他起個大早，算算身上還有餘錢，是還債的好時候，就先到羅斯福路巷子裡元良住處把舊債還清，又覺得不想與我們這批狐群狗黨廝混，於是決定回天母去。他心情輕快地抱著那堆剛買的新書，在八九點鐘的時候回到了天母，這時史朗卻早已出門到台大註冊，因此兩人並沒碰上面。他們住的地方是棟四周還有農田菜園的平房，位於天母東路靠近中山北路七段的一條巷子裡，當年這地方還有不少農舍，是處還保存著鄉土氣味的台北庄腳。

他抱著書回到住處，一進門就發現有兩個陌生的年輕人等在客廳。他們問明是黃道琳正身後，竟然出示一張警總傳票，要他去部裡談一下。那兩個人原先是向當時也住在這裡的史朗父親詐稱是道琳的屏東同鄉，才得以進入屋內的，而史朗的父親讓他們進來後則自顧自回房睡覺去了。

道琳起初不以爲意，以爲去談一下就可回來，但來人似乎十分緊迫，馬上將他帶上吉普車，連他買回來的那堆新書都來不及收拾，只好丟在門邊。警總派來抓他的人員都很年輕，應

2　這一段基隆路即是現在的舟山路。

是專修班出身的低階軍官。車子開出路口，帶頭的那位還下車打公共電話回部裡報告(這時離行動電話的時代還早)，他對著話筒大聲說了句「人，有了」，像是出征搜刮了一項戰利品，又像是出獵抓到了一頭野豬。道琳坐在車上故做鎮靜，還拿出煙來請他們抽，直到進了警總大門。

車子一到警總，道琳馬上被帶到一間詢問室，裡面有六七個中年人一字排開。然後各個聲色俱厲，輪流質問他有無「通匪」陰謀，要他從實招來。這個突來的震撼才讓他如夢初醒，意識到事態嚴重。接著他就被關進一間囚室，吃睡偵訊都在那裡，直到釋放。

警總的人先來帶走道琳，再回來搜書並查封房間。在他們再次回來搜查之前，史朗已經註完冊回到家，正爲著那堆放在門邊來不及收拾的書百思不得其解，他不知道道琳已經回來過又被警總帶走的事，而從睡夢中醒來的父親也只記得有兩個從屏東來找道琳的年輕人，不知其他。

史朗回家後，警總的人在里長陪同下回來搜查房間了。他們把道琳房間裡的所有抽屜與垃圾桶都翻過一遍，也把他書架上擺得整齊的豐富藏書整個翻過一遍，書籍散落滿地，結果搜走了所有美國小說家馬克吐溫(Mark Twain)的英文書，卻留下法國馬克思主義者馬庫色(Herbert Marcuse)的東西。然後又去搜查史朗的房間，拿走了所有舊俄小說，包括杜思妥也夫斯基的《卡拉馬助夫兄弟們》。他們除了帶走這些不相干的書籍外，還找到了一張道琳無聊時在紙上塗鴉的「反動言論」的紙屑，以及兩位旅美學人的演講稿與錄音，此外並沒能搜到什麼。他們帶走這些物證之後就關上道琳的房門，並在上面貼了封條。

牽連到的這兩位華裔旅美學人就是著名的數學家陳省身與邏輯學家王浩[3]，而「物證」就是他們當年訪問中國大陸回美後的演講錄音帶與講稿。這些東西都是來自陳鼓應王曉波他們[4]，陳省身的演講錄音帶據說還是源自張俊宏，而成了我們師生之間有所牽連的唯一罪證。我們的那一箱經典書籍當時則是放在史朗夫婦的床底下，沒被搜走，警總的人走後，史朗馬上將它移到屋後竹林掩埋。兩天之後，警總才又根據招供回來向史朗索取。這次警總派來的陣仗十分驚人，十多個穿著黑色西裝的年輕彪形大漢一擁而入，史朗無奈地從竹林中挖出那箱書繳出，於是就成了我們真正的罪狀[5]。

史朗在14日當天碰到警總來查封房間時才得知道琳已經被抓走了，就急著四處打電話找我們，終於在阿東家找到。這天下午我們來到公路西站，聽了史朗的報告後一時傻眼不知所措。老錢頓然想起，這天早上出門下山的路上，有人向他詢問

---

3 知名邏輯學家王浩與殷海光同是金岳霖的學生，一個走學術路線成為世界知名邏輯學家，一個來到台灣成了台灣青年自由精神的啓蒙者。

4 民國63年暑假，國民黨青工會在發給國建會歸國學人的參考資料上如是說：「陳[鼓應]供承曾於61年9月取得留美數學家陳省身訪匪後演講宣傳錄音帶，播放給黃道琳、錢永祥……等收聽。王曉波於去年「保釣運動」其間，獲得海外同學黃樹民寄來王浩訪問匪區返美演講，宣傳匪區進步繁榮之油印講稿一份；交陳鼓應研究參考，……」。陳鼓應其實就曾半公開地在他的研究室將此錄音放給一些學生聽。

5 同前引文：「該等均曾涉嫌為匪宣傳，及閱讀匪書，思想左傾，觸犯懲治叛亂條例第六、七條之罪嫌，經於62年2月14日依法傳訊錢永祥、黃道琳二名到案，並在其住所搜獲匪黨理論書刊73冊，……」。

翠嶺路九號的位置，而他家則是十九號。那是在新北投的一個山腰上，周遭還頗荒涼，沒太多房舍，走到山腳則有一段路程。他也記起看到一輛吉普車就停在山腰，方位正可觀察到他們那一片房舍的出入情況。由此他推斷那個問路的人以及那輛吉普車應該就是來抓他的，警總顯然打算這天一早就將老錢與道琳兩人一併抓走，卻不巧讓他成了漏網之魚。這時他能想到的是立刻回家銷毀可能帶來麻煩的所有文件與書籍，於是在公路西站當下就告別我們趕緊搭車回家。史朗也在向我們傳達了這個惡訊之後回天母照顧妻小去了。而我則再次搭乘零南公車，茫茫然回到阿束家報告這個壞消息。

這天早上在翠嶺路上問路的那個人終於找對了門號，也發現了他要的人剛巧和他錯身而過，就火速下山企圖攔下開往台北的公車抓人，但還是遲了一步，讓老錢懵然無覺地來到台大註了冊。根據一位住在附近的台大同學描述，她恰巧也在同一時段在新北投搭公車到學校，車子沒開多久卻被一輛軍車攔住，一個年輕人上車在乘客中搜尋一回，沒找到目標而怏怏下車。於是警總的人只好折回山腰，繼續監控翠嶺路上的房舍。

這天下午老錢在公路西站與我們分手回到新北投後，在下車處搭乘載客摩托車繞過山腰處警總的吉普車哨摸回家裡，立即找出一些書籍與信件要弟弟永和拿到附近的林子裡去燒掉，然後自己繞小路躲過吉普車哨走下山，再次搭車來到台北。老錢先到西門町漫無目的地走著，想起多少先行者已經一去不返，多少人仍身繫囹圄，想著這不是革命的時代，沒有革命組織可以投靠，沒有媒體輿論可以求援，他望著西門町的茫茫人海，個人像滄海一粟般無助。最後他決定去石牌找老政治犯孟祥柯，處於這種無所遁逃的困境，孟祥柯於是幫他聯絡上警總，然後陪著他到新生北路的一個警總單位去。當天晚上警總的人押著他回到新北投家搜查，也拿走了一些不相干的東西。雖然警總的人員對待軍屬遺族的家庭客氣許多，早年喪偶的錢媽當場還是把來人罵了一頓。

風聲鶴唳——令人驚心的吉普車聲

這天下午我回到阿東家向他們報告這樁緊急事件，對於我們藏有一箱「匪書」之事他們並不知情，我當場也沒再多說，心想我們在民族主義論戰時被扣上的紅帽子就足以罪該萬死，有沒有這箱書應不是最要緊的事了。阿東和阿焜聽了之後都跳了起來，決定趕快分頭去通知其他朋友。阿焜曾試圖計畫一個救援行動，但一群手無寸鐵的書生還能做什麼？

當天晚上，在不知老錢下落的情況下，我小心翼翼打了電話到老錢家找他弟弟永和，不敢多問，只約他隔天早上在景美施智璋處見面。見面之後，永和向我描述了老錢被抓的大概情形，並沒提說老錢對我們有何交代，除了一張要阿東設法代爲贖回的打字機當票。

阿東雖不曾加入老錢的大學論壇社，也沒與我們一起捲入校園民主抗爭，或跟我們飲酒唱歌，但老錢要找他幫忙什麼，他總會來，是個很可信賴的人，因此找他幫忙不會出錯。民國59 年底我們編輯最後一期論壇，就不在全成冰果室，而是在一棟他幫人看守的房子裡。後來老錢包來北投陳家老屋的油漆工事，也是由阿東帶著我們一批人一起去粉刷的。他性情溫和，少有成見，系裡系外都有不少朋友，我當時住在公館蟾蜍山腳的租屋即是他介紹的。而警總抓人這一天，我們正在他家，於是他家在白天就自然成了我們的聯絡中心。他雖然不知道我們這幫人幹了什麼事，爲我們東奔西跑卻是不遺餘力，也是我這幾天的心理支柱。

秩銘和大頭在接到我們通知後都趕來了，他們那邊也察覺到風吹草動，毀掉「罪證」是大家要趕緊進行的[6]，大頭於是拿來他多年苦心蒐集到的禁書到阿東家院子裡燒掉，也拿去秩銘家在景美的一棟房子裡燒過，阿吳則自己在家裡把一些海外保釣刊物燒了。我們也趕快去通知陳鼓應與王曉波，但顯然他們已是泥菩薩過河，安撫不了我們。阿東和我又去找在文工會工作的張俊宏，希望搞清楚怎麼回事，而進去的人又如何了，也是徒勞。而不知我們有此左翼牽連的元良在接到我的告知後，隔天以畢聯會主席的身分帶了一隊學生社團人馬，去向校方抗議警總抓學生，當然只能得到囁嚅的回應。這幾天我們就每天神色倉皇在阿東家進進出出，交換最新消息，詢問其他朋友狀況，幸好他家人白天都上班或上學去了，不知有這麼一回事。

老錢與道琳進去之後都被隔離審查，並不知道誰在裡頭誰在外面。道琳有天發現盧正邦就在他隔壁兩個房間。卡爾似乎沒有改變他平日不在乎的習性，還會吵著沒肥皂之類的；有一次提訊回押經過道琳房門時，還探頭向他不屑地說聲「亂搞」！

---

6 緊張情況當然遠超過民國九十年春天成大宿舍 MP3 事件時學生忙著藏匿電腦硬碟的狼狽樣。

有一天道琳的隔壁來了一位炸魚被抓來的，之後又聽到了王曉波的大嗓門。我們後來才知道服役中的卡爾，在道琳老錢進去兩天前就從部隊受訓中被押到警總。洪三雄當時也從部隊被押到台北六張犁營區審訊了一整天。

還在外面的我們一夥人並不確定他們抓人的線索，只能猜測大概與我們在民族主義論戰的左傾言論有關，何況老錢與道琳(再加卡爾)這幾個進去的人，正是一年多來我們這批學生中最露鋒芒的。我自己盤算著如果抓人的範圍在台大學生中擴大，就要輪到史朗與我了。因此除了睡覺外，這幾天大半時間我都逗留在外頭，不願回到蟾蜍山腳下的租屋。早晚在那裡時，也總覺風聲鶴唳，提心吊膽，尤其對吉普車特有的那種「咻、咻、咻、咻」的引擎聲特別敏感，聽到外頭的車聲總會心頭一緊，仔細聽著，直到車聲遠離。偏偏附近就有一個小兵營，軍用吉普整天來來往往，令人神經緊張。陳鼓應回憶說，有天我和他約好早上八點在哲學系研究室見面，到了九點還未出現，他們緊張起來以爲也被逮了，到處找人，結果發現我只是因爲失眠而遲起。有天晚上我乾脆就賴在新生南路的秩銘家過夜了。

就在這幾天，由於搞不清楚狀況，心裡已經準備好隨時都有進去的可能，於是有個晚上我就與宛文來到當年有名的一心餐廳吃了一頓西餐。西餐在當時可是高級享受，我心想進去前要好好享受一頓，既抱著「風蕭蕭兮易水寒」的悲壯情懷，而面對著宛文，卻又有著萬分的悲切與不捨。

……好夢由來最易醒，好夢由來最易醒
好夢易醒，獨有阮夢未醒
心海情波滾未停，噫—滾未停……
良人何時上歸程，今夜獨對相思燈，
對相思燈，斷腸對相思燈

〈相思燈〉黃俊雄詞

多方株連——撲朔迷離的案情

2月17日早上，我在秩銘那裡過夜的隔天，一起來到阿東家交換情報，到了中午秩銘就先行回家了。然而當我下午再打電話找他時，卻是他父親接的，而且說秩銘也被警總帶走了。原以爲只限於台大的案子，如今終於擴大到也把校外朋友牽扯進來了。秩銘當時與民族主義論戰扯不上關係，那就可能真的是那箱書的緣故了，我如此心神不寧，胡思亂想一通。

秩銘這天中午回到家，發現身後有兩個人跟著進門，說要找他父親，秩銘讓他們在客廳等著。直到下午兩點左右他父親回來後，那兩個人卻亮出傳票將他帶走。抓秩銘的動作，顯然因他父親的社會地位而較爲客氣。他被帶到新店一個地方審訊，當天下午又有人到他家搜查，除了他父母房間外都搜過一遍，帶走整整一箱書。他被偵訊了一整天之後，在隔天2月18日下午被放回家，搜走的書只還了半箱。真會有問題的書秩銘都早已處理掉了，而被扣下的卻多像是卡繆的《叛徒》這類書。秩銘帶著那半箱書回到家後跌坐地上，大聲罵出「幹你娘膣屄」，發洩出滿腔的憤恨，把站在一旁端莊的父母親嚇了一跳。

這時不只宋秩銘被抓，郭譽孚也已進去了，而周一回則在郭宋兩人之前就已先被帶走，只是我們並不知道，以爲他們這兩天躲到哪裡去了。周一回進去時並不知道是什麼單位，偵訊人員好整以暇並不多言，要他自己說出爲何會被抓來。這是個殘酷的逼供，沒有不說話的自由，也沒有不牽連的餘裕，周一回頓時陷入心理困境。他能想到的是幾個可能出事的原因：首先是他與藍家老大在師大圖書館偷讀禁書的事，再來可能是他將那幾本空飄過來的書交給我們傳閱，甚至還曾給了一批成大學生。但是他不知道有誰已經進來，審訊的人掌握到了什麼，因此不知道該說到什麼程度，也不願說多了牽連無辜。他最後只能從師大圖書館說起，然而面對國家機器如此威壓，隻身一介的個人如何能擋？

後來宋秩銘才從父親那裡得知，抓他們的是調查局而非警總。他父親曾因他叔父台南神學院院長宋泉盛的自決主張惹了麻煩，而與警總有過往來，在他被帶走之後，一時沒搞清狀況就先向警總打聽，才得知原來是調查局辦的案子。

周一回他們牽涉到的固非我們台大這邊的活動，也非師大圖書館的禁書，而有可能是所謂「成大共產黨案」[7]的餘波。一位也讀過那幾本空飄經典的成大鄭姓同學是周一回他們高中同窗好友，很想介紹一批志同道合的成大同學給周一回。有一天他們就在師大圖書館前的大草坪見了面。周對這批成大學生的

7　據涉案者鄧伯宸的自述〈那個大霧的時代〉(《自由時報》，民國90年2月26日)，此案發生在民國61年。

清純理想印象深刻，也將那幾本書給了他們。或許這些成大學生出了事……？

我們事後才知道是兩個單位分別下手的兩件不同案子。但爲何會湊巧碰在一起至今仍不得其解，只能猜測他們可能彼此競爭，一方動手抓學生了，另一方也要有些績效，卻不巧都落在我們這夥人身上。

17日這天在得知秩銘也被抓走之後，當晚我與阿東一起來到汀州街找王曉波，要告知他又有學生被抓的新狀況。結果我們還沒上樓就在門口被曉波的朋友攔住，向我們說曉波剛被帶走。我們搭計程車火速奔往景美育英街陳鼓應住處，通知他這件事。陳鼓應這時還安然無恙，聽到我們向他報告曉波已被抓走時甚爲鎮定，似乎對事態的發展已是胸有成竹，珊珊也沒驚慌。這時候警總的吉普車已經等在門外頭多時了。

我們正談著就有人來敲門，正是他們。一批人闖了進來，帶頭的穿中山裝，看起來是個校級軍官，對待陳鼓應還算客氣。他要陳鼓應跟他去警總「走一趟，談一談」，也沒提要談什麼。陳鼓應夫妻倆同他爭辯，珊珊甚至氣憤地罵出警總是「強盜集團」。這時住在對面一位大學雜誌社的同仁過來打圓場，意思是陳鼓應還是跟他們去最好。

我與阿東兩個人站到一邊，噤若寒蟬。在一天之內經歷過這麼一連串朋友與師長被帶走的事件後，我心裡嘀咕他們會不會當場發現了我是誰，也把我一併帶走。警總帶走陳鼓應之後還留下人來守著，不知是否要看住珊珊，還是想有什麼後續行動。珊珊則暗示我從後門溜走，免得生變。然後陳鼓應的好朋友張俊宏來了，當晚珊珊帶著一對兒女投奔到張俊宏家去。

這時我一面擔心當場被帶走，一面卻也感覺到或許不會被抓了。因爲他們在抓了幾個帶頭的學生之後，接著就往上抓老師，所以整個案件可能是爲了抓老師才先抓學生的，而非倒過來，因此應該不會往下發展抓到我來了。這是我當時最樂觀的想法，而這一夜可能是幾天以來睡得最好的一次。

以血明志——郭譽孚整個生命的抗議

2月18日下午郭譽孚也和宋秩銘一樣被放出來，我們之中最爲熱血的他出來之後胸中憤恨自是難平。當晚華燈初上之時，大頭向他母親要了一筆錢，來到師大附近和平東路上靠近羅斯福路的那家清真牛肉店，走進店裡丟下這筆錢，拿走一把銳利的切肉刀，走到羅斯福路的大馬路上。他視死如歸地割了手腕，一路滴著血走到了台大校門口。這時他雖然已因失血而感覺暈眩，仍在轉角的博士書店要了白紙，然後走到對面大學口，當場引刀自刎，以示對這個令人窒息的威權壓迫的終極抗議，一時血流滿身。這時人群聚攏，他將白紙鋪在地上，用鮮血寫下兩張大字報：

「和平、統一、救中國」
「釋放愛國學生錢永祥、周一回」

他手裡舉著這兩張大字報，搖搖晃晃走在羅斯福路上。周遭人群騷動，救護車及時趕到，把他送到台大醫院。

據說救護車是住在附近的老朋友解秀峰叫來的，她也通知了宋秩銘。剛被放出來的秩銘不顧家人反對趕到台大醫院，這時病房門禁森嚴，有警察把守，去探望的人必須簽名。他找到了急救醫師，醫師向他說「這個人命不該絕，像他這種割法通常救不回來」。蒼天有眼，大頭的命保住了，但喉嚨嚴重受損，從此失去原來厚重的聲音，至今說起話來仍帶著沙啞的傷痕。

郭譽孚如此回想當時的心境與情景：

是 1973 年寒假，那時所謂「白色恐怖」的暗影仍深沈地籠罩在我們的土地上。

讀台大哲學系的好朋友陸續被約談了，令人窒息的氛圍日夜都附著在我們的四周。我們能做什麼？我們只是比較勤於思索、生活，比較喜歡探究問題的大學生。我們熱切於瞭解我們社會裡總總奇怪的現象，探究使我們憤懣於執政者顯然的欺矇；我們相信人應該有探索眞相與追求理想事物的權利，因而不甘心被擺佈在粗率矛盾的格局裡。我們各自四出蒐集可以找到的資訊：由文星雜誌、自由中國到觀察雜誌和二二八史料；由存在主義、邏輯實證論、系統神學到社會主義；甚至及於當時被禁止傳教的統一教與一貫道的經典。我們閱讀、寫作、也演出戲劇。曾經參加熱情的自覺運動、保衛釣魚台運動……我們眞的不甘心把自己束縛在顯然破綻百出的官方求知體系裡。為什麼要泯滅年輕人主動探索社會和追求知識的深切慾望？不准，就是不准。

……在巨大的暗影下——那陣子，眞不知自己該做些什麼，除了燒書——我們把自己辛苦蒐集到，可能『有問題的』書籍和資料全部焚燬。然後，我們先後都進了調查單位。在刺眼的燈光和耳邊不時傳來的哀嚎聲裡；每個人都被要求去出賣別人的詢問方式，實在是最令人難耐的酷刑。更不合理的，是要求事後不能把約談内容洩漏出去。這是一個關懷社會的青年，應該要承擔的代價？沈悶呀，事情會如此發展，知識青年的憤懣何時才會結束，我們的社會何時才能走出它悲劇的命運？

終於，萌發了一個意念。與其默默地，靜候可能的宰割；那是極可能被誣蔑、被扭曲、被醜化的存活；寧可來一次明火執杖的抗議——理智而堅決的。是的，以生命和鮮血演出一個眞誠追求眞理的戲碼吧——首先想到的是如何表現眞誠，並且不是一時的衝動。其次，是要有不讓事情失敗的良好工具。前者，用頸部和腕部兩個致命的傷口來呈現抗議的堅決意志和愛；以大字報表達對社會國家與好友的關懷。後者，看中了和平東路和羅斯福路口附近牛肉店裡足夠銳利的工具。時間是一九七三年二月十八日。出發前備妥一筆應該足以購得那工具的鈔票，以免牛肉店平白失卻他謀生的工具[8]。

8 錄自郭譽孚《自惕的主體的台灣史》之〈序(三)〉(汗漫書屋，民國87年)。

事情發生時，元良正來到蟾蜍山腳下找我。面對著兩位老師與多位老友都已進去，而秩銘與大頭又命運未卜的情況下，兩個人正相對無語。然後元良的女朋友社會系的林主瑤與她的一位同學突然衝進門來，上氣不接下氣告訴我們剛剛發生在台大校門口的這件事，她們恰巧就在大頭自刎抗議時，當場目睹了整個過程。我們急忙趕往台大校門口，這時由於大頭已經被送往台大醫院，因而除了地上的殘血外，路上行人依舊匆匆，了無抗議蹤影。主瑤並不認得郭譽孚，但我們根據她轉述大字報的內容，推斷別無他人，就是大頭。

這時心頭紛亂而膽怯的我並不敢馬上跟去台大醫院探視，只好趕快打電話給阿東報告情況，他卻回說剛得知陳鼓應與王曉波兩位老師被放出來的消息，頓時令人憂喜參半。

黯然收場

2 月 18 日這天晚上，郭譽孚在台大校門口以血明志之後，又傳來放人的消息，我與阿東遂一起趕到陳鼓應家。來到時那裡已經坐滿了人，除了陳王兩家人外，大多是大學雜誌社的人馬。我激動地向他們報告郭譽孚的事情，並急切想知道老錢與道琳他們的情況，但在座的人似乎更關心陳王兩位以及他們自身的處境。我們頗為無奈地離去，但也感覺到老錢他們應該很快會出來了。

果然隔天 2 月 19 日老錢與道琳就被放了出來，卡爾則是被送回部隊，至此大家才稍鬆了口氣。當台大校長閻振興的秘書奉命去警總將學生保出來時，警總還當場在桌上擺出那箱書作爲罪證給校方看。

事後不久，老錢不知從哪裡又摸出幾本，找了阿東、宛文與我陪他一起去訓導處繳交。訓導長看到我們來繳械，臉上露出得意的笑容。後來在當局散發的詆誹文宣上也指名道姓羅列了這件事[9]，不過卻把東連元誤爲蘇元良了，真不知道是否由於我們在舉辦學生監票員活動懸掛白布條一事，遂將元良的老帳一併算清，趁機落井下石？

這次警總抓人並未能找到陳鼓應與王曉波兩人的罪證，最嚴重的頂多是在道琳那邊找到的那卷張俊宏從美國帶回來的陳省身演講錄音帶，以及王浩的演講油印稿，拿這兩位國際知名學者的言論來當罪證也未免太可笑了。當局可能企圖先從學生下手，以找出可以牽連陳王兩位的罪證？沒想到學生方面的思想資源並非來自他們，而是另有管道從海外直接進來。但不管如何，當局顯然把老師與學生看成一體，台大校園這幾個月來出現的左翼言論，讓他們懷疑背後必定有什麼陰謀在進行？而且在民族主義座談會上，他們的忠黨愛國學生又當面受到斥責與羞辱，然後又衍生出前所未有的民族主義論戰，讓左翼的聲音「肆無忌憚」地傳播，更讓他們覺得事態嚴重了？

警總或許原先並不知道我們學生中有著這麼一箱書，以爲這些學生是受到陳王兩位老師的影響，以爲這兩位老師一定提供了什麼問題書刊來煽動學生？或許他們知道有些東西在學生

9　「二月廿二日錢永祥、鄭鴻生、瞿宛文、蘇元良等四人，又親持匪書十六本呈繳台大校本部」，見「台灣大學陳鼓應、王曉波、盧正邦、錢永祥、黃道琳案情資料」，這份資料在民國84年間台大為哲學系事件召開的平反會議上散發，印發單位不詳。

中流傳，但以爲是來自老師，因此想從學生中找到這些罪證，以便用來構陷老師？結果「匪書」是找到了，卻難以用來羅織成老師的罪狀。

然而他們又爲何從輕發落學生[10]？若說原來重點是在老師，既然老師辦不下去或整夠了，就饒了學生？或許他們是看到我們其實並沒幹出什麼造反的事？就在我們出事之前，南部的成功大學也出了事，一批學生被抓而且被判刑關了起來[11]，南北兩批學生遭遇如此不同？或許成大那些學生已經進入組織與行動的階段？還是因爲他們沒有知名老師擋在前面？這些疑惑如今恐怕已經隨著警總資料的湮滅而不得其解了。

▪▪▪

醫院裡的郭譽孚雙手被銬在床側，因爲

……送至台大醫院時，我強烈地要拔除身上一切的管線……；因「那美好的仗，我已打過」，有想永久休息的感受；否則，康復後是怎樣難耐的存活呀……。直要到二二八那天，偶然，看到當天《中央日報》的

10　國民黨青工會在民國63年發給暑期國建會歸國學人的參考資料上如此陳述：「據警總表示陳鼓應、王曉波二名，已構成為匪宣傳行為，觸犯懲治叛亂條例第七條罪嫌，依法可判七年以上有期徒刑。盧正邦、錢永祥、黃道琳三名，思想傾匪，並傳閱匪書，已觸犯懲治叛亂條例第八條一項二款，依法可裁定感化三年」。老師是「為匪宣傳」，學生則是「傳閱匪書」。

11　從三年感化教育、十五年徒刑，甚至無期徒刑都有。

> 頭條，標題竟是「政府特別重視改善 沿海漁鹽農民生活」，我極意外的悸動起來，那正是我在調查單位強烈陳述的主題呀。含著淚水，喚來父母，不用再為我的生命意志擔心了，解開我兩手的捆綁吧，我的努力似乎竟還能有助於這塊土地與它的人民……我要努力地活下去……[12]。

當其他人都已釋放，而郭譽孚也日見康復之際，周一回卻遲遲未見出來，反而傳來了周的寡母自盡身亡的事情。周一回是遺腹子，他的母親在如此白色恐怖的威壓下，最後或許是抱著以生命換取生命的悲憤意念，而採取了愛子心切的行動。這毋寧是整個事變中最令人悲慟之事。

我接到秩銘的通知，在周母出殯之日，一早趕到周一回在新店的老家。卻不知何故，在新店山邊交錯的田疇與合院中找不到地方，最後悵然返回台大。

當局羈押了周一回一個多月，一直對他隱瞞母親過世之事，直到放出來之日。而周一回的大女兒也恰巧在這段羈押期間出生，面對如此難以承受之生命情境，周只能靠著意志力及剛出世的小生命，咬著牙關度過這場煎熬。

---

12 錄自郭譽孚前引書之〈序(三)〉。

When you're weary, feeling small

When tears are in your eyes, I will dry them all

I'm on your side, when times get rough

And friends just can't be found

Like a bridge over troubled water, I will lay me down

Like a bridge over troubled water, I will lay me down

…

When you're down and out, when you're on the street

When evening falls so hard, I will comfort you

I'll take your part, when darkness comes

And pain is all around

Like a bridge over troubled water, I will lay me down

Like a bridge over troubled water, I will lay me down

…

Bridge over Troubled Water — Simon & Garfunkel

第十一章

邊緣戰鬥—女性主義初試啼聲

When I find myself in times of trouble
Mother Mary comes to me
Speaking words of wisdom...let it be
And in my hour of darkness
She is standing right in front of me
Speaking words of wisdom...let it be
Let it be...let it be
Let it be...yeah, let it be
Speaking words of wisdom...let it be

Let It Be — The Beatles

餘火未熄

民國62年春天2月驚變之後，我們心有餘悸回到學校，不敢再談民族主義問題。但是對方似乎不願放棄機會，《大學新聞》以其開學後第一篇社論繼續糾纏。這篇社論題爲〈重振理想主義的精神〉，卻是在攻擊我在論戰中節錄自陳映真並改題爲〈理想主義的磐石〉[1]一文，這位主筆顯然不願放過在獄中的陳映真，給他安了一頂「思想的暴君」的帽子[2]。我們每個男生都像鬥敗的公雞，不敢再以「歪論」成爲他的「絆石」，不再回應。校園也繼續出現攻擊我們及左翼民族主義的文字，譬如《代聯會訊》上文彥的〈民族主義與木馬〉[3]，依舊玩弄扣紅帽子的伎倆，而我們也不敢再有所回應。

這個學期大家草草度過，陳鼓應請我們學生到他家吃了頓壓驚飯。我亟思搬離蟾蜍山腳，免得再聽到令人膽顫心驚的吉普車聲，於是又經由阿東介紹，向系裡的韓國研究生金容沃分租了在新店建國路九十巷公寓的一個房間。我住在那裡的大學最後一個

1 陳映眞原題〈最牢固的磐石〉，說的是眞理是有倫理條件的，而「眞理的倫理條件……便是理想主義得勝的最牢固的磐石」。

2 「那些絕對論的理想主義者相信，他的理想已經『盡美矣，盡善矣』，人們不需再追求，只需安於理想（其實是安於現實），在絕對前提的預示下亦步亦趨；他把他的絕對前提叫做『理想主義的磐石』。然而他所謂的『理想主義的磐石』不過是他個人的磐石，他的理想成為別人的歪論，他的磐石成為別人的絆石，而他自己則成為思想的暴君。」（〈重振理想主義的精神〉，《大學新聞》第388期社論，民國62年2月26日）。

3 《代聯會訊》第15期（民國62年4月9日）。

學期，不只學吃了韓國人的辣椒餐[4]，還第一次見識到同屬開發中國家的韓國人所擁有的恢弘眼界與無畏志氣[5]。正巧那時曉波宋元夫婦也從汀州街搬到附近，在畢業前百無聊賴的日子裡，我三不五時就會走兩步路去找他聊天，每次他都拿出老米酒「晃頭仔」，斟滿兩個碗公，一人一碗，我陪著他大口大口往肚子裡灌。保釣以來兩年的火熱時光猛然結束，如今又回到鬱悶無邊的日子。

事變後的這個學期，畢聯會除了舉辦諸如畢業生拱豬大賽與醉月湖划船比賽[6]這類熱熱鬧鬧的餘興節目外，不再搞政治性活動。這學期第一次出刊的第五期畢聯會訊上，我也乖乖地只報導與畢業生有關的預官考選事務。

但我心有未甘，繼續尋找較爲邊緣較不敏感的議題，譬如台灣農村漁村的問題。早在民族主義論戰乍起之前，蘇益仁就曾寫過一篇〈一個農家子弟的心聲〉[7]，呼籲同學關心工業化過程中被犧牲的台灣農村。於是從第六期起我又蠢蠢欲動，先是刊登了陳映真〈知識人的偏執〉一文的節錄，又找來大一時與我睡上下舖、對台灣經濟問題進行深刻思考的張錫峰，爲我們撰寫一連串經濟問題的文章，包括一篇〈台灣農業問題之我見〉[8]；瞿宛文則在《台大法言》上以〈呼籲成立台大農家子弟協會〉[9]來回應。在同一期，

4　以生辣椒沾辣椒醬吃是經常的一碟小菜。

5　金容沃現在是韓國很有名的哲學大師，他在民國 61 年間來到台灣大學跟方東美讀中國哲學，他的妻子崔玲愛當時則在中文系博士班。

6　這時台大校方剛把一個原來蟲草茂盛的野池整修完成，畢聯會率先利用辦了一場划船比賽，鄭梓與蘇元良並為此取名「醉月湖」。

7　《大學新聞》第 380 期(民國 61 年 10 月 20 日)。

8　《畢聯會訊》61 年度第 6 期(民國 62 年 3 月 19 日)。

9　《台大法言》第 31 期(民國 62 年 4 月 16 日)。

我又因應李鎮源新任台大醫學院院長所遭逢的問題，寫了一篇社論〈從台大醫院的革新談起〉，批判沉痾已久的台灣醫病關係。

此外，蘇元良也爲了男生畢業後的兵役問題提出了「社會役」的建言。他在畢聯會訊上寫了一篇社論〈寓預官役於勞務〉[10]，建議將剛延長爲兩年的役期改爲「一年兵役，一年勞務」，一方面紓解男生入伍當兵的壓力，一方面也延續台大學生這幾年「上山下鄉，服務社會」的導向。這項建議竟然引起一些討論，國防部也來表示會慎重考慮。

女性主義初試啼聲

雖然我們個男生都像鬥敗的公雞，氣幾乎全癟了。然而女性畢竟較爲堅韌，瞿宛文並不因挫敗而氣餒，繼續進行她持續關心的婦女解放議題。緊接著開學後，她就在3月1日爲法代會辦了一場「男性中心的社會該結束了吧」座談會，請來的主講者便是呂秀蓮。呂秀蓮才回國不久，擔任行政院的諮議，又在杭州南路上台大法學院對面開了「拓荒者之家」咖啡館，開始提倡「新女性主義」，爲台灣的婦女運動點燃了火苗。

稍後出刊的《台大法言》以如此頭條標題「新女性主義當『男』不讓，向傳統挑戰『女』非弱者」來報導呂秀蓮演講座談的空前盛況：「該晚男女同學參加皆極踴躍，聞風而來的社會名流亦不在少數，會場座無虛席，盛況空前。會中先由呂秀蓮女士做四十五分鐘之專題演講，大聲呼籲男性中心社會之結

---

10 《畢聯會訊》61年度第7期(民國62年4月9日)。

束，儘速達到真正的男女平等」。在校園民主運運動顯已夭折的氣氛中，婦女運動的抗爭性引來無數學生的關注，呂秀蓮以其迷人的口才演講完畢之後，隨即展開熱烈的座談，在欲罷不能的情況下直到晚上十點才結束。

呂秀蓮的這次演講主要在挑戰社會偏見，並宣揚作爲基本人權的男女平等理念。她主要從國家發展的角度來呈現男女平等的觀點，認爲女性在台灣「既與男子同享教育之機會，她就有義務還報社會以同等之服務」[11]。這樣重要的資源國家必須好好加以利用才能發展，因此在「把女生趕出校門，或讓太太走出廚房」的選擇中，答案應該很清楚。這個男女平等的論點雖很清楚，但在當時卻仍充滿爭議。座談會上於是有男士提出，他理智上可以同意呂秀蓮所說的，但感情上卻不以爲然，並強調他找的對象就不會是女權運動者，這種相當主流的看法在會場上頗引起一些情緒波動。瞿宛文隨即發言強調女性自我覺醒的重要性，她認爲女性應該全面自我覺醒，不需要去等待男性的讓與權利，「權利是要我們自己去爭取的。若到時候，每一個女性皆是女權運動者，那男人在找對象時也就沒有選擇餘地了」[12]。

在這段期間，女性的自我成長問題一直是瞿宛文關心之所在，做爲我們這群激進學生中唯一活躍的女性，這兩年來的社

11　呂秀蓮並提出當年經合會的調查數據，指出在「台灣受過大專以上程度教育的[人口中，]婦女竟佔了 36%」，這個比率在當時比起先進國家應是不遑多讓。

12　以上演講的報導與發言內容均引自《台大法言》第 29 期(民國 62 年 3 月 12 日)所刊登之座談會新聞與記錄。頭條標題顯然又是劉德明的傑作。受邀參與座談者還包括李藍、施叔青、汪瑩、鄧維楨等人。余光中夫婦也來聽講，呂秀蓮並請他們發言。

中華民國六十二年三月十二日
臺大法言
第二十
男性中心的社會該結束了罷？
三月一日於十六教室
法代會主辦

民國 62 年 2 月驚變之後，不顧政治鎮壓的噤聲效應，瞿宛文在《台大法言》繼續探討婦女解放的問題，並於 3 月中邀請回國不久的呂秀蓮到台大法學院闡述「新女性主義」的主張。這時男女平權的主張在台大校園尚屬不入主流的異類與邊緣，受到的待遇只能是譏諷。（鄭梓提供）

團活動經驗確是讓她深刻體會到女性獨立自主的必要。為此她又在下一期的台大法言上寫了一篇〈女性的自覺——女權運動成敗之關鍵條件〉[13]，指出「女人唯有在了解自己不平等之地位時，才可能有真正平等之出現」。

大半年來，我們在推動「擁抱斯土斯民」理念並捲入民族主義論戰的同時，瞿宛文就以「羅莎」和「羅瓊」為筆名[14]，在《台大法言》與《畢聯會訊》上撰寫了多篇呼籲女性自覺的文章，尤其關心到在兩性關係中女性心理上的深層機制。女性應該「把自己看做是一個獨立的，和男性平等的人，對自己賦予信心，瀟瀟灑灑地去愛」，而不要做一個以為是在「將自己的命運交在他人手上」的〈怨女〉[15]。她對只將女性看成性目標的那種男性眼光尤其嫌惡，看到同學也在參加選美活動，禁不住憤然指出「說穿了就是一套賣肉的把戲，……女孩不把自己當做一個『人』看待，只把自己看做是一塊肉，一個性的目標」，〈尊嚴何在？——談選美〉[16]？當青年黨的張淑真破天荒不以婦女保障名額，也不靠家世背景，高票當選民國六十一年底的增額立委選舉時，她興奮地〈談女性參與選舉〉[17]，認為女性應有參與政治的自覺，因為投身政治乃是「達到真正的男女平等，

13　《台大法言》第30期(民國62年3月26日)。

14　羅莎之名來自波蘭革命女傑羅莎・盧森堡(Rosa Luxemburg)，羅瓊之名則來自英國女經濟學家瓊・羅賓森(Joan Robinson)。

15　羅莎，〈怨女〉，《畢聯會訊》61年度第1期(民國61年11月20日)。

16　羅瓊，〈尊嚴何在？——談選美〉，《台大法言》第27期(民國61年12月25日)。

17　羅瓊〈責任與平等——談女性參與選舉〉，《台大法言》第28期(民國62年元月12日)。

最徹底、最有效的辦法」。對於要女性留在家裡的社會主流觀點，她則指出只有「使女性參與公共事務，爲人類共同的幸福而努力，因而使女性有豐富的生活、健全的人格發展，如此才能有真正和諧的家庭和健全的夫婦和子女。……〈相夫教子〉[18]不應再是女人逃避社會責任的藉口」。

如何不再是弱者——〈台大女生的剖析〉

作爲一個台大學生，瞿宛文對女性同學的處境既同情也不滿，於是整理了幾年來的觀察與體會，爲《台大青年》寫了一篇〈台大女生的剖析〉[19]，以婦女解放的觀點，對台大女生的基本心理特質與處境進行深入探索，延續多年來台大校園對大學生男女關係尷尬狀態的討論。

她發現台大女生多半來自都會區尤其是台北地區，地位雖然優越，但在當時成長環境下卻與現實隔離，缺乏社會意識，在社團活動中也無太大發揮空間。她們多半緊抓傳統的「愛情、丈夫、家庭」的道路不放，然而在尋求丈夫與家庭的愛情之路上卻又充滿焦慮與難關。一方面她們自視太低，潛意識中總認爲婚姻意味著抹殺自我從屬丈夫，因而在愛情「定下來」的過程中就充滿著非理性的反抗情緒；另一方面她們又因家庭出身而自視過高，自我阻絕了很多交往機會。由於認定了她們的前景在家庭之外別無它途，愛情問題遂成了女生成長的焦慮所在。

---

18 羅瓊〈相夫教子？〉，《畢聯會訊》61年度第7期（民國62年4月9日）。

19 《台大青年》第70期（民國62年）。

因此台大女生缺乏自我、缺乏獨立思考能力、缺乏社會意識等因素遂互爲因果，形成一個惡性循環，而男性中心社會的各種力量又在幫助維持這惡性循環的每個環節。不過她還是認爲「惡性循環並不太可怕，最可怕的是完全放棄作自己主人的念頭」，她對女性的自主意識充滿信心，進行如此的檢討剖析也是爲了能夠超越與再出發。

這篇文章被張俊宏拿去《大學雜誌》轉載，並找來林瑞明寫了篇回應。在這之前瞿宛文也認識到，談自覺基本上是女性知識菁英才有的空間，但其他階層的婦女並不一定會有同等的條件。因此她在呼喚台大女生自覺意識的同時，也懷著跳出這個侷限去認識台灣各階層婦女實際情況的企圖心，爲《大學雜誌》寫過一篇〈屬於台灣各階層婦女的女權運動之真義〉[20]。

這些都是自我成長與掙扎的深刻體驗，並沒藉助任何理論來啓發或引導。在我們將左傾當成一種知識分子的覺醒過程並認定自我改造的必要之後，婦女解放的觀點當然也帶給她感性經驗的提升，更認識到知識女性的覺醒與自我改造的必要了。因此就在我們這些男生受到國家機器的鎮壓而意志消沈之時，瞿宛文在這個學期卻能振奮地宣揚婦女解放。當時台大女生雖有多人參與到校園民主抗爭的活動，但在充滿霸氣的台大社團活躍份子之間，有勇氣提出婦女解放主張的卻幾乎只有她一個人，自是感到十分孤單。

這時的台大校園政治，女權是個極爲邊緣的問題，認真對待的文章除了在台大法言與畢聯會訊之外，基本上不會在主流

20　《大學雜誌》，民國62年5月。

刊物如大學新聞上出現[21]。呂秀蓮的座談會前後，不少相關文章都採取戲謔態度，有篇文章如此起頭「最近熱門的話題真多，先是女權運動鬧得滿城風雨，有人叫好，有人喊打，有人笑臉觀變，有人如沐春風，有人緊張莫名，如受切膚之痛…」[22]；有人擔心星火燎原[23]，更有人嘲弄女權運動是失敗女人的運動[24]；連「二呆囈語」也有過一篇〈關於女才運動的笑話〉[25]；而最多的則是把婦女解放的問題當成是「兩性之間的戰爭」。當年活躍在校園社團的男生可以大剌剌地擺出這種看笑話的態度，而無須有任何「政治正確性」的包袱。在這種十分壓抑女性自主的環境中，瞿宛文可謂特立獨行。

因此當呂秀蓮帶回歐美婦女運動理論，配合國家發展觀點宣

---

21 《大學新聞》上幾乎只有李榮武〈女權問題〉一文對男女平權抱著同情的態度，他認為女性的問題是社會制約而來的，「長久以來，整個社會法律的擬定，教育、心理或宗教系統，婚姻、家庭與經濟的結構，都把女人看做為一種廉價、易駕馭的佣人，或商業上的奴隸、管家婆。」《大學新聞》第391期(民國62年3月19日)。

22 莫翔，〈由「女權運動與一百萬小時」談起〉，《台大法言》，第31期(民國62年4月16日)。

23 「筆者日前曾於法學院親見數位積極熱心之女同學，討論激動，大有『負我至此者！男人也』『是可忍孰不可忍乎』之趨勢，此則走火入魔矣。星火可以燎原，慎勿變質。」(魚客，〈旁觀新女性主義運動有感〉，《代聯會訊》第15期，民國62年4月9日)

24 「如果我們仔細分析這些女權運動者的心態，我們不難發現包藏在她們動機裡的禍心與苦衷。這些女權運動者對做為一個女人來說，可以說是徹底的失敗，她們沒有一般女人所具有的優點，不見容於女人的陣營，頓時怒從心起，惡向膽邊生，成群結隊闖進男人的陣營中來打家劫舍。男人看穿了她們這一點，因此也一直對她們採取諒解與隱忍的態度。」(十三郎，〈也談女權運動〉，《台大醫訊》第30期，民國62年3月26日)

25 呂秀蓮曾從發揮女性才智的觀點，自稱她所提倡的是「女才運動」。

揚新女性主義時，瞿宛文遂以強烈的女性自覺意識熱烈支持。第一次女性主義座談之後，她再接再厲計畫續辦一場「女人不再是弱者——如何促使男性中心社會的結束」座談會，再度邀請呂秀蓮登場，希望進一步討論婦女運動之實踐與手段。但這場座談會卻因法代會內部的不同意見，雖然公告已經發出，還是被迫取消。

無情的太陽，可恨的沙漠
逼阮滿身的汗 流甲澹糊糊
拖著沈重的腳步，欲走千里路途
阮為何，為何流浪江湖，為何命如此……
討厭交男子，歡迎女朋友
討厭文雅幼秀，歡喜學風流……
毋願作女紅粧，偏扮作女紅粧
醉茫茫，怎樣醉茫茫，無奈的女郎……

〈苦海女神龍〉—黃俊雄作詞

下保釣運動的半旗

這些「邊緣」議題誠可稍解悶氣，到了5月中旬，正值美國政府將釣魚台交給日本的一週年，台大校園卻異常平靜。阿焜不知死活，提議說要找來千面國旗，遍插校園以示抗議，沒人敢附和。但我們還是鼓起餘勇組織了一些文章，不只爲兩年多來台大學生民族／民主抗爭活動的結束做一哀悼性的紀念，還將保釣運動與五四運動進行歷史性的連結。

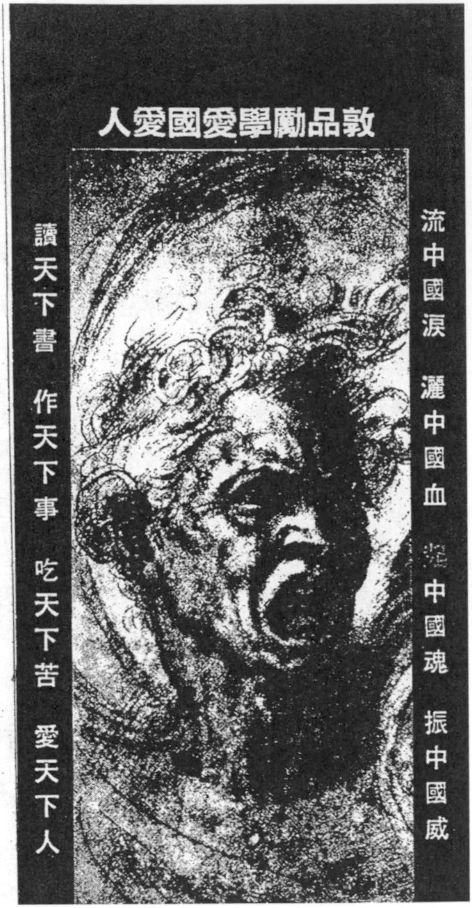

我們要揮着慧劍，割去陳腐。我們要廓清因循、頹廢、軟弱、倚賴、卑怯和一切時代錯誤的思想──生命的毒菌。不但是打掃地方為了培養新的肌肉，而且是期待長成新的骨幹。

中華民國六十二年三月廿五日台大法言社敬贈

民國 62 年 3、4 月間，台大學生保釣運動二週年將屆，鎮壓後的校園，除了我們在安排文章紀念一個時代的結束外，了無二年前烽火硝煙景象。台大法言總編輯劉德明設計了這張浪漫的大書籤發給同學，卻反諷地成了一個時代的追憶。（作者提供）

《畢聯會訊》與《台大法言》合作編撰了一份「釣魚台的歷史回顧」，涵蓋從明朝永樂元年(西元 1403 年)記載此島開始[26]，直到民國61年5月22日台大學生保衛釣魚台委員會宣布解散爲止的歷史事件。然後分成上下兩篇，上篇從明永樂元年開始，到民國59年底留美學生在普林斯頓大學召開座談會決定發起示威遊行爲止，登在《畢聯會訊》上面，冠以標題「釣魚台沈淪憑誰問，五一五國恥今未了，保釣運動銷聲匿跡，如今小子何去何從」[27]。涵蓋台大學生保釣運動時期的下半篇，則以《台大法言》頭版頭條「滿腔激憤慷慨悲歌，保釣運動煙消雲散」的形式出現[28]，劉德明並以其浪漫的民族情懷，爲此寫了一篇慷慨激昂的社論〈祖國啊祖國！妳何時才壯大〉。

鄭梓的「台大大事紀」編撰工作這時也適時推出〈台大保釣運動專刊〉，詳細條陳從民國59年9月樂吾生在《大學新聞》上發表〈看釣魚台的爭執〉一文開始，台大校園兩年多來保釣運動的大事紀，分兩期在《畢聯會訊》上刊出。我同時寫一篇社論〈從五四、五一五到社會服務〉，企圖闡釋從五四運動開始知識份子與民眾力量結合的意義。尤其對於台大學生在保釣運動之後所推動的一連串走入民間的活動，不論是慈幼會、社會服務團或百萬小時的奉獻，更是寄予深切的期盼，即使台大保釣運動已黯然落幕，而民主/民族抗爭也慘遭鎮壓。算是我在畢業之前，餘氣尚存之下的一點樂觀想頭。

26　〈回顧〉文第一條：明永樂元年「順風相送」航海圖云：「福建往琉球。太武放洋，…用乙辰取小琉球頭，又用乙辰求木山，北風東湧開洋，用甲辰取蒙家山，用乙卯及單卯取釣魚嶼…」。

27　《畢聯會訊》第10期(民國62年5月21日)。

28　《台大法言》第33期(民國62年5月14日)。

民國 62 年 5 月，《台大法言》與《畢聯會訊》聯合紀念台大保釣運動二週年，刊出自明永樂年間開始，直到台灣學生保釣運動為止的釣魚台歷史大事記。兩份刊物都企圖闡述保釣與五四的歷史聯繫，由此我們在下保釣運動半旗的同時，也下了五四運動在台灣的半旗。

（鄭梓提供）

瞿宛文也在同期的台大法言上寫了一篇〈保釣運動對台大人的意義與影響〉，回溯保釣運動讓台大學生開始熱烈參與，並從爭取校園的言論自由到參與全國性的民主選舉，以各種方式走入社會；同時也以社會服務的方式來拉近知識份子與社會的距離。最後「儘管目前由盛而衰，……但保釣運動已將覺醒的種子帶入了台大，這是變的因子……」，如此表達了同樣樂觀的看法。

同時劉德明爲了反駁當時已經開始的一種將「五四運動」與中共劃上等號的論調，不只整理了一份五四事件的紀實〈五四年前驚天動地的一件大事——五四事件紀實及餘波〉，還寫了一篇〈我們對五四運動應有的認識與態度——澄清對「五四」的若干誤解〉，力圖澄清。

當我們將當期的畢聯會訊與台大法言的大半版面都用來紀念「五一五」這一天，算是對台大保釣運動黯然落幕的歷史交代時，相較於我們如此大張旗鼓，《大學新聞》保持相當的低調，只在當期最後一版登了一個「國土雖喪，心終不灰」的新聞稿[29]，而其中主旨卻是「退此一步，即無死所」，竟然表現出與黨國觀點平行的視野。同一版面的「每週短評」也在要求「每一位青年，必須真正深切體認『退此一步，即無死所』的實質意義」。

不只如此，下一週的「每週短評」還繼續對保釣運動所釋放出來的民族情懷投以強烈的疑懼與敵意：

就海外留學生而言，民族主義的狂熱心態正中毛共「回

29　《大學新聞》第 398 期(民國 62 年 5 月 14 日)。

> 歸」、「統一」的下懷，強大祖國的憧憬使他們不視民主、自由的眞諦而囫圇吞棗似地胡亂「認同」一番。就國內情況而論亦有少許人亂發狂言，不能實事求是，掩飾事態後果而欲掀起國人盲目衝動。諸如此類我們不但有責任口誅筆伐，以正視聽，我們更有義務分析事實，曉以大義[30]。

這位大新主筆在台大保釣運動已經煙消雲散的民國 62 年 5 月 15 這一天，對它的長遠影響仍是極爲惴惴不安，以致發出這種與黨國觀點極爲搭調的言論，對我們「少許人」的「亂發狂言」，要「口誅筆伐」與「曉以大義」一番。但是這些卻已是馬後砲了，不需他來「口誅筆伐」與「曉以大義」，國家機器早就動員來收拾過我們了。而我們如今像龜孫子一樣，不敢再對這位主筆有所回應，讓他舒舒服服清掃戰場，撿拾最後一項戰利品[31]。

如此，在這淒零黯淡的民國 62 年 5 月天，我們下了台大保釣運動的半旗。不僅如此，台大學生也下了五四運動在台灣的半

30　《大學新聞》第 399 期(民國 62 年 5 月 21 日)。

31　二十多年後，這項戰利品居然還有剩餘價值！1995 年孫慶餘在自由時報寫了一篇〈台大哲學系事件另一現場〉，不僅歪曲很多事實，還繼續玩弄樂此不疲的扣帽子伎倆。他在文章上這麼說「就一九七一年國府退出聯合國以來『急統』氣勢的瀰漫台大而言，民族主義座談會又是『急統』與『反急統』交鋒的『另一現場』……」，這次他扣的是一項時下最流行的新帽子「急統派」。然後他又自吹自擂說「……這次民族主義論戰，也意外迫使『急統』的擴張受到嚴重挫折，統派至少十年無力為禍台灣……」，如此向當道的新勢力表功，而忘了當年讓我們慘遭「嚴重挫折」的可是警備總部，而不是孫慶餘。不過他這個獨白倒可算是當年與黨國形成實質聯盟的一個旁證。

旗，就像大學新聞在發動攻擊陳鼓應王曉波，並挑起民族主義論戰的那一期上面用來補白的標語「打破繼承北大觀念，發揚現代台大精神」那樣。只是他們在斬斷五四傳承的同時，也把台大的自由精神一併踐踏，留下的只是空洞的「台大精神」[32]。

最後的哲學系——台大哲學系事件

面對事後還被這樣當落水狗打而無能還手的處境，我們學生自是十分鬱卒。然而對於陳鼓應與王曉波，日子就不只是鬱悶而已了。當局對台大哲學系的整肅行動已經提上日程表，即使他們並沒能找到陳鼓應與王曉波的把柄。

民族主義論戰方酣之際，校方已經藉著座談會的「職業學生」事件記了錢永祥一個大過，並且行文哲學系要剝奪陳鼓應的導師資格。二月驚變之後，有關單位馬上對台大哲學系展開進一步處置，首先在四月中旬下令停辦當年哲學研究所的招生[33]，顯然是擔心我們這批學生考進哲研所會影響到他們即將進行的哲學系整肅計畫。接著馮滬祥又藉著「邏輯零分事件」[34]在系內引發不小波瀾。

32　校方配合當局整肅台大哲學系時，據說出身北大的台大歷史系教授李邁先曾當面向閻振興抗議說「北大是不會容許這種事情發生的」。揚棄了北大的精神資源，台大精神剩下什麼？

33　「本校哲學研究所奉部令停止招生」，《畢聯會訊》第 8 期，民國 62 年 4 月 23 日。這個部令即是教育部的正式命令，表面理由是「師資不足」。

34　詳見趙天儀編著，《台大哲學系事件真相》（花孩兒出版社，民國 68 年），第一部分之四。

誕生於民族主義論戰熱潮中的小唐美，在民國 62 年 6 月 12 日，由父親抱著一起來參加畢業典禮。史朗早已為兒女取好名字：生男叫漢威，生女名唐美。後來史朗果然又得了一位小漢威。　（作者提供）

我畢業的這年暑假，當局開始第一步的整肅行動，解聘了陳鼓應與王曉波兩位老師[35]，並從美國找來一位孫智燊當代系主任，取代不聽話的趙天儀，以便展開進一步的動作。後來不知是那個層級改變了主意，只先解聘陳鼓應，讓王曉波繼續任教，然而他還是逃不過隔年的大整肅。

民國 62 年秋天，空降的孫智燊執掌台大哲學系，配合當局的旨意對哲學系的老師開始進行一整年風雨如晦，充滿著欺瞞、錯亂、迫害，又極其荒謬的整肅行動。最後在民國 63 年夏

35　解聘是實質的效果，官方的名稱是「不續聘」，當年當局管束老師的辦法是一或二年一聘，當你沒接到下一年度的聘書時，就是解聘的意思了。

天達到高潮，解聘了包括王曉波、趙天儀在內12位哲學系的年輕老師和助教，加上前一年就已解聘的陳鼓應總共13位[36]，其中大部分都是被當局認定是「殷黨」的年輕教師，甚至波及美國請來的客座教授馬樂伯(Robert Martin)夫婦[37]，造成哲學系大失血，這就是所謂的「台大哲學系事件」[38]。

當黨國進一步整肅哲學系的時候，我們這幾個造反的學生都已入伍當兵。我們這些學生雖然沒有幾個人，但闖下的禍卻影響到了整個台大哲學系的最後存活，而其中多位遭到株連的老師助教卻是十分無辜。在 1970 年代之初台大校園民主抗爭的那兩年中，哲學系的老師真正投入政治性抗爭的其實只有陳鼓應與王曉波兩位，其他人則是在當局「肅清殷海光餘孽」的陰謀下成了犧牲品。這件歷史沉冤要到20年後的民國84年才得以平反[39]。

36　遭到解聘的13位老師如下：陳鼓應、王曉波、趙天儀、胡基峻、李日章、陳明玉、梁振生、黃天成、郭實渝、鍾友聯、黃慶明、楊斐華、游祥洲。

37　教語言哲學的馬樂伯教授竟被誣指為「匪諜」，不准再入境，而他的人類學者的妻子也被迫中斷正在台灣進行的田野調查工作，改變了她一生的學術路程。

38　有關台大哲學系事件，詳見趙天儀前引書，以及台灣大學《台大哲學系事件調查報告》(民國84年)。

39　趙天儀後來對此事件如此回顧:「蔣經國時代的『台大哲學系事件』，除了台大哲學系本身的內鬥之外，事實上，也成了國民黨上層內部鬥爭的犧牲品。於今思昔，從1972年到年，台灣尚在白色恐怖的時代，所謂台灣的黨外運動也尚未崛起，所以，當年『台大哲學系事件』的受難者在血滴子所羅織的紅色大帽子之下，既未受到法律公平的審判，也未受到合理的教權與人權的申訴之機會，竟在不明就裡的情況下受到圍剿批鬥，在一陣亂棍之下，被『電』、被修理，毫無反擊之力，而這樣地含冤了20年的歲月，……」(〈台大哲學系事件20週年回顧〉，《自立早報》，民國82年5月13日)。

自由精神的命運

台大師生的民族／民主抗爭從保釣開始到警總抓人爲止，兩年不到戛然而止。而後學生四散，陳鼓應與王曉波連同其他許多無辜的年輕老師接著被趕出台大。此後台大校園一片沈寂，甚至連親美反中的台獨右派一時也無事可幹，要到 1980 年代中期解嚴之前，才又熱鬧起來。

黨國當局在 1970 年代之初的多事之秋，成功地壓制了台灣大學校園裡的躁動，然而校園外的民主運動卻已勢不可擋。民國 61 年底的增額中央民代選舉，康寧祥的當選成功地挑戰了黨國當局，開啓了黨外民主運動的新頁。此後大學師生反而不再受困於校園，而是直接參與政治活動。邱義仁棄（哲）學從政（治），並介入黨外運動，即是一個鮮明的例子。

然而，除了左派另類選擇的可能性再一次被鎮壓外，自由主義在台灣也是命運多舛。當年攻擊左翼民族主義的對手，打的是「自由民主」的旗號，實質上卻參與了黨國整肅台大哲學系的陰謀。1950、1960 年代在殷海光的帶頭下，台大哲學系曾經是一個自由精神與進步意識的策源地，也成了黨國的心腹大患，視爲台大的亂源。當局終於在 1970 年代之初，接著「小市民心聲」與「民族主義論戰」的兩次圍剿，最後動用了警總來拔除最露鋒芒的師生，包括殷海光的兩位最有抗爭精神的弟子陳鼓應與王曉波，以及我們這些私淑學生。之後台大哲學系所存續的自由精神與進步意識頓失屏障與鬥士，遂被黨國當局裡應外合策動「台大哲學系事件」來輕易收拾，如此當局清算殷海光影響的計畫才算大功告成。

錢永祥曾經痛切指出這是整個社會的巨大損失，包括「一，把哲學當作學術的認真態度被抹殺了；二，哲學作爲啓蒙、開放功能的作用被斲喪了」[40]。此後不只台大哲學系本身換掉一大半人，武功全廢，成了主要是教導「人生修養」的道場，台灣大學也不再能找到自由精神與進步意識的凝聚，等於說它作爲前衛思想的領導地位被成功地閹割掉，以後出身的台大學生也就少有當年的理想性格了。

吳企平提出一個可以與此接軌的觀點：殷海光過世後，當局即開始在哲學系布置起來，準備進行清算與接收。在老師方面甚至可能從成中英接系主任就已開始，他可能不自覺地成爲一顆棋子，其他一些老師也可能成了收編的對象。這現象不僅發生在老師方面，保釣運動之後進來的哲學系學生也開始起變化，最顯著的除了馮滬祥考進研究所與孫慶餘從政大轉學過來外，民國 59 年度入學的這一屆學生也開始出現清楚的忠黨愛國聲音。這或許全是巧合，但卻前所未有，而台大哲學系學生的自由與批判精神也幾乎就在這一屆之後中斷。這段期間，系裡師生雙方的變化遂提供了黨國進行整肅的條件。從這一觀點來看，哲學系裡被整肅的其他年輕老師其實並不冤枉，因爲他們也是台大哲學系自由精神與進步意識傳承的一部分，而黨國的最終目標就是要斬草除根，並非只限於陳鼓應與王曉波二位。

邱義仁在關於此事件的對談中如此說：

40　錢永祥與邱義仁關於台大哲學系事件之對話：〈自由主義早到了〉，《中國時報．人間副刊》，民國 84 年 7 月 27、28 日。

> 哲學系事件之後，自由主義的傳統也跟著煙消雲散[41]。又說：「似乎相隔了五年以上的時間，校園裡較活躍、具異議特質的社團才又再現。……因為自由派傳統在哲學系事件後就戛然中斷，所以本土性的訴求很快就攫取他們的向心力……。

多年之後才得以復甦的新一代反對派學生，失去了1960年代台大自由精神與進步意識的薰陶，就只能在無需知性論辯、只要訴諸狹隘的「我族」情緒的族群政治權力鬥爭中吸取養分了。錢永祥在同一對談中進一步說：「哲學系事件是台灣思想史的一個分水嶺，一個在1960年代萌芽的啓蒙批判傳統，在逐步緊縮的政治壓力中宣告夭折」。可以看出當時爲了肅清左派進步意識的影響，右派反共大聯盟包括台獨傾向的親美反中派，竟不顧自由主義之夭折，一併清除了《自由中國》與《文星》一系下來的自由主義在台灣的最後堡壘。今天自由主義在台灣聲音如此微弱，恐怕部分源自這個斷裂。

歷史意識的斷裂

然而斷裂的不只是自由主義，也是中國的自由主義傳承。斷裂的是雷震、殷海光等人從大陸帶到台灣來的「中國自由主義」傳承。

41　同上註。

斷裂的不只是「中國自由主義」，也是中國的現代革命傳承。斷裂的是從辛亥革命到五四運動的整個中國現代化過程所激盪出來的革命意識。

斷裂的不只是「中國現代革命」，也是「中國」的意識。斷裂的不只是黨國當局在台灣重建起來的「中國」意識，也包括本省人從父祖之輩傳承下來的傳統歷史意識。

最可笑的是中國國民黨竟然參與執行了這項對中國歷史意識的絞殺。

台大校園經過這麼一個精神上的斷裂，剩下的空間只有讓執迷於族群意識的反共親美勢力趁勢崛起，引爲風潮，甚至連我們之中一起走過這段歷史的一些老朋友，也不免捲入這個新起的潮流裡，難以自拔。仔細考察我們當時的對手在民族主義論戰時與黨國聯手圍剿我們的情況，這個轉折對後來台灣的政治發展確實有著相當的啓示性。

第十二章 尾聲

民國 62 年 2 月驚變之後，台大哲學研究所停止招生，堵了我們一條出路，只好先去當兵再說。這年夏天，老錢、史朗與我各自入伍，我考上預官，不善考試的他們兩人只能當大頭兵。然後在服役中傳來哲學系大整肅的消息，令我心中黯然良久。雖然哲學研究所在隔年恢復招生，但我們都不想回去被清洗了的台大哲學系。

隨後在等著退伍的民國 64 年 4 月(西元 1975 年)，我準備出國讀書，卻傳來南越政權兵敗如山倒的消息，越戰終於真正結束了。我拿著美國的《時代週刊》，翻閱戰事的最後場景，一位預官同僚看到其中的照片頓時目瞪口呆。他看到的是幾張南越村民以燦爛的笑容迎接越共部隊進入村莊的照片，有如「簞食壺漿，以迎王師」的景象，令長期接受反共教育的他難以置信。處在如此蒙昧的環境，回想兩年前我們被圍剿追殺的景況，也只能泰然處之了。

▪ ▪ ▪

史朗畢業前就有妻小家計必須承擔，當完兵後直接進入斯土斯民的世界，嘗試過各種有贏有輸的商機，同時也捲入了黨外民主運動。大概是當老大的代價，老錢在部隊裡受到密切監視，退伍出國時不僅遭遇不少麻煩，在英國留學時還繼續受到關注[1]，甚至後來在申請回到國內學術單位工作時，也歷經一番波折。卡爾當完兵後出國，沒聽說有問題，後來他完全放棄政治，當起加州律師來了[2]。道琳回到人類學研究所，而後出國繼續攻讀，然而我們之中最博覽群籍的他，似乎已經走過了生命中最戰鬥的時刻。當年最被我們看重的洪三雄，畢業後卻幾乎不涉政治，如今與陳玲玉一起成了收藏家[3]。

正在讀哲學研究所的阿吳與阿束兩人，身處凋零破敗的哲學系，也先後棄學從商。阿吳在我畢業前夕與我們班上的阿定訂了婚，隨後見天下紛紛，索性入伍去了。兩年後復學時哲學系所已遭整肅，人人噤若寒蟬，竟然連找論文指導老師都被互踢皮球，於是離開了哲研所從事貿易。阿束則先賣了一陣子音響，再轉入傳播業，默默工作多年之後，如今也闖出名號。阿

1 據他說在英國留學時，有一位拿中山獎學金的台大舊識還負責打他的報告。而此君當年在民族主義論戰時據說還參加了對我們的圍剿，算是當年論戰時「親美反共聯盟」的一個具體旁證。

2 我剛到美國不久，卡爾曾從舊金山寄來一張中國地圖送我，並題曰：「江山如此多嬌，代有人才起——鴻生惠存。正邦，1976年元月，周恩來過世之日」。

3 當年介入台大校園民主運動的幾個帶頭人物，如今大半都不在政治圈。譬如開創社會服務社團慈幼會的江炯聰，他也與洪三雄、錢永祥一樣，畢業後處處受到黨國的掣肘與圍堵，最後走向企管專業之路。當然這裡又有著一種非常不同的情境，當年介入民主運動的青年學生並非為著自己的政治前途，而是出於理想與熱血，政客之途本非我們所憧憬的。

焜一向是最具縱橫商場潛力，離開學校後進入出版界發展，然而卻還保持著對理念的執著以及對人世的憤恨。阿仁那時正在服役，聽到了這些老朋友出事，終於下了決心放棄哲學，放棄懷海德，也放棄德國，退伍後改考台大政治研究所，並同時介入新興的黨外民主運動。鄭南榕退伍後與這些老同學在商場上混了一陣，最後也介入了黨外民主運動[4]。

張復本來在大學後期就已逐漸脫離哲學而修起數學系的課程，哲研所的取消招生對他影響不大，退伍出國後就直接攻讀數學方面的博士，畢業後在美國東岸的貝爾實驗室一邊研究電腦網路，一邊寫起小說來，每寫完一篇就寄來芝加哥給我們分享。他最後也回到台灣的學術單位，並出了小說集[5]。施智璋在畢業後棄文從商之前還開過一家「花孩兒出版社」，幫趙天儀出版了《台大哲學系事件真相》一書。莫一予在研究所之後移民美國，近年來除了沈浸於繪畫外，還在台灣的網路文學上開拓出一片新天地。

宛文升上大四後不再涉入社團活動，認真讀起書來，並於經濟系畢業後考上研究所，走上經濟學專業研究之路。秩銘繼續讀完淡水工商，在淡水地區搞出一個活動圈，並在畢業之後展開他的廣告事業。一回出來後咬緊牙關，也進入商界發展。大頭喉嚨受損，但還是回去完成師大的學業，畢業後帶著案底紀錄到國中教書，最後由於不滿於教育界的環境，毅然退出，

4　而他生命最後的那柱火炬，就有如我們整個世代的窒悶與憤怒的最後猛爆。

5　張復，《高塔》（九歌出版社，民國 89 年）。

成爲一位熱心研究台灣史的民間學者[6]。何美鄉在居間傳遞那箱經典之後也隨即出國讀書，一年後在美國得知老朋友出事，黯然不能自已。她當時出國讀的就是生物醫學方面，多年後也回到台灣的相關研究機構。我們出事時，陳雪梨正準備結束柏克萊的學業回到台灣來，得到消息後曾動員紐約時報登了這個新聞。她又知道這種情況下回台希望渺茫，遂隱姓埋名重新出發，而在企業界有所發展。

元良畢業後考上預官，退伍後與主瑤一起出國留學。他先去讀老本行心理學，然後在一連串轉讀之後，最後拿到的竟是工業工程博士，而在回到台灣來大展宏圖之前，也曾在貝爾實驗室修練過一段日子。載爵留在東海讀歷史研究所，研一的時候就住在東海花園裡，從楊逵那裡不只學習到台灣的過去，還學到了園圃的樂趣[7]。我在大學畢業後等著當兵的日子，曾陪著他一起來到台南佳里鎮，尋到日據時代台灣文學工作者吳新榮醫師的故居，找到吳的家人探詢台灣文學史料。載爵這時已經全心投入台灣歷史與文學的研究，研究所畢業退伍後還去主編過剛起的夏潮雜誌，也開始在東海大學歷史系任教。鄭梓則帶著未完成的「台大大事紀」資料來到東海讀歷史研究所，與載爵二度同窗，也開始了與台灣省議會的不解之緣，並投入台灣地方自治與黨外民主運動的歷史研究。載爵與鄭梓兩個人遂在1970 年代中期，一起在東海大學展開了研究台灣歷史與文學的

6　郭譽孚著有《自惕的主體的台灣史》一書（汗漫書屋，民國 87 年），並不時在報刊上為文澄清台灣歷史的種種迷霧。

7　十多年後他更將所住的東海教職員宿舍前後院開闢成大度山上最美麗的小花園。

先鋒工作[8]。

我在紀錄上顯然不受影響[9]，憑著高中時迷糊加入的黨籍，入伍後還當了政戰官，出國留學也沒問題。民國64年夏末，我在退伍之後與宛文相偕赴美留學。出國前夕我來到松山永吉路巷子裡的一棟公寓一樓，找到阿東他們與之道別。我一進門，在瀰漫的煙霧與昏暗的燈光下，只見幾個人圍坐一桌，麻將打得正酣，正是阿東、阿焜與南榕等人。這時哲學系大整肅已經結束，這幾個人也都不在系裡了，日子過得顯然頗爲落寞虛無。阿東在開門讓我進來之後，回座打牌，幾個人頭也不回，繼續鏖戰方城。我坐在一旁默默看著他們鬱悶的牌局，最後南榕終於開口問起我出國唸什麼，而在得知我將繼續讀哲學時，他頭也不抬說「你出去可要爲我們哲學系爭一口氣」。我突然有種即將拋棄他們的歉疚感，稍坐一會之後，悄然告別。

有多少知心朋友 還能長聚首
有多少美麗時光 還能再回頭
還記得你曾說過 韶華不為少年留
誰能夠 叫它不走
〈韶華不為少年留〉— 翁倩玉唱

我們前後幾期的同學多人先後放棄了哲學，像吳企平、東

8　這時陳忠信還在東海大學，幾個人形成一個小圈子。剛下部隊的老錢，英雄氣短，百無聊賴，還曾多次在休假時來到東海與他們廝混，遂又擊出另一番火花。

9　據說我在警總的紀錄是「民族主義者」。

連元、邱義仁、張復、施智璋、徐政平、莫一予、鄭南榕、張景森、蔡禎文等人。我到了美國之後不久，爲求溫飽也改習電腦，在美國求學與工作了 13 年之後，才又回到故土。

▪▪▪

1968 年的南部台灣，我結識了謝史朗以及《南一中青年》的一夥人，又從《建中青年》上認識了錢永祥那幫人。那是個 1950 年代白色恐怖之後，我們這一代人的大啓蒙年代，我們如飢似渴地吸取各種啓蒙的理念，培育出各種叛逆激進的念頭，從羅素，從殷海光，從李敖，從陳映真。我們這一群人從台南經過台中聚到台北，原本只是臭味相投，卻沒料到會有一個釣魚台事件，將我們捲進歷史的漩渦，將我們變成保釣運動與民主運動的急先鋒，再將我們推上台灣左翼傳承的連接點上。

1970 年初的海外留學生保釣運動演變成統一運動，然後在四人幫垮台，鄧小平復出後，無疾而終。台灣的保釣運動卻觸發了台大的校園民主抗爭，開展出台灣遲來的「60 年代」，然而才短短二年，卻在反共親美派學生與黨國當局聯手鎮壓反對派學生中的左翼之後，台灣這個短暫的「60 年代」也提前黯然收場。釣魚台事件在太平洋兩岸都是歷史潮流中的一個觸媒，而當年捲進這潮流的我們這些師生，也算是真誠地扮演了我們的歷史角色。殷海光先生當時若還在世，恐怕也會陪著我們一道走過這場歷史的盛會吧！

Those were the days my friend,
We thought they'd never end,
We'd sing and dance for ever and a day.
We'd live the life we'd choose,
We'd fight and never lose,
For we were young and sure to have our way..

Those Were the Days — Gene Raskin/Mary Hopkin

Those were the days my friend,

We thought they'd never end

We'd sing and dance [illegible]

[illegible]

[illegible]

[illegible]

[illegible] Those Were the Days [illegible] Mary Hopkin

後記

闖了這個禍，恍如做了一場噩夢，事後當事者都不願多談，而後各奔東西，直到25年之後。那是民國87年的初春，一群台大哲學系的老同學重聚在「寂寞聖賢」。這家躲在伊通公園旁的歐式西餐小店是高我兩屆的張景森經營的，老同學重聚，相濡以沫，阿東突然提起「今年是 25 週年了」！大家先是面面相覷，然後我就想起他指的是什麼了。

民國 62 年 2 月驚變之後，多少年來我們這群老朋友互相之間很少談及此事，即使有人提起，也都三言兩語帶過，尤其是牽涉較深的幾個人，恍若當年所作所爲是件很不堪的窩囊事。阿東、阿吳、阿焜幾個人當年對我們到底幹了什麼，沒有多問一句，事後我們也沒多做交代。即使牽涉較深的幾位，互相之間也多因避談此事，而不曾有過一個全貌。然後各奔東西，自尋生路。即使在幾年前的民國 84、85 年間，因台大哲學系事件之平反而鬧得風風雨雨，我們也都漠然以對，似乎不在意這段歷史的遺忘。

然而阿東這麼一提卻觸到了大家的痛處，心裡頭那堵壓抑之牆瞬即崩潰，整整沈積了25年的那股鬱悶之氣就此傾洩而出。大家七嘴八舌重回現場，重溫舊夢，也觸動了我將這段歷史書寫出來的衝動。我於是走訪了多位老友，讓他們重啓記憶之門，很多細節都已流失於記憶之河，很多關鍵卻又重新串起。我言簡意賅很快寫出一份兩三萬字的初稿在老朋友間傳閱，勾起不小的漣漪與回饋，也撫慰了多年來難言之痛，等於進行了一次集體治療。

我又把這份簡短的回憶給了台社[1]諸君看，除了得到應該公諸於世的鼓勵外，光興也認爲民族主義論戰的部分極具歷史意義，應該加以深入解讀。因此幾年來我一邊參考更多資料，包括洪三雄的巨著《烽火杜鵑城》，一邊也從自己的以及老朋友的記憶深處挖掘出更多陳年老帳。這份追憶也就越寫越厚，涵蓋的層面也越來越廣，甚至超出回憶錄的一般界線了。而我自己也在重新活過這段歷史的同時進行了一場自我療傷與思想整理，到了第二稿完成之時，我很清楚這已不只是一本個人的或集體的回憶錄，也不只是30年前關於台灣知識青年的一段歷史記載，這裡承載著台灣在歷史的交錯點上的諸種意識原型與時代精神，而這些東西至今仍然主導著我們目前的歷史進程。秩銘曾經建議寫成小說，以對人事物能有更大的揮灑空間，描繪出更寬廣的時代背景，然而以我的文才與想像力，對時代背景只能做到盡力交代，對人事物則盡力如實呈現，無法成就一部小說，誠爲憾事。

第二稿完成之後，我終於從鄭梓老家的舊藏中找到了當年台大的舊報紙，也從洪三雄的收藏中補足一些缺漏，並取得不少精彩照片。這些寶貴的舊報刊，加上讀過第二稿甚至第三稿的朋友所提供的意見與資料，構成了我從頭到尾進行最後增刪

1 《台灣社會研究季刊》社，是一本立足於批判觀點的民間學術期刊。

修訂的基礎，不少人物的場景得以鋪陳，事件的細節得以圓滿。這些加油添醋並非爲了凸顯個人，而是爲了更能真切地交代出當年的時代背景與生命情境。

最後的修訂過程也幫助我把整個時代的歷史意義重新思索一遍，最後定稿之日雖然已近嘔心瀝血，但回首一望卻發現過去已經不再是噩夢，而我所完成的也不只在集體療傷，不只在清算幾筆陳年老帳，我能感覺到昨日之怒已經化成了一首首充滿希望的青春之歌，在這個歷史的斷裂點上重又發聲高唱，尋找重新接合的可能。

這確是充滿青春歌唱的一段歷史，在完稿過程我逐一想起當年我們一群人喜愛的時代歌謠，遂選擇其中一些加在章節起承之處，希望更能呈現這段時光的如歌氣氛。

我們當然不是 1960、70 年代之交，唯一追尋左翼另類出路的熱血青年，當年台灣各地都有著更爲可歌、更爲可愛的驚蟄故事在發生，只是多年來一直埋沒不爲人知。在這裡說出我們這群人的這段如歌往事，也是希望能拋磚引玉，期待一部大合唱的出現。

▪ ▪ ▪

這本書雖是有關一群人的故事，資料也是眾人粒積而成，但所抱持的視野與觀點難免會有我個人角度的侷限。首先，本書未能完全寫出每個老朋友個別的心路歷程，這點特別要請諸位老友諒解。再則，「左翼」的界定從來就極有爭議，本書呈現的當然只是我極爲包容的「左翼觀點」，也請讀者包容。最後，台大哲學系本具多種面向，而其師生也是龍蛇混雜，面貌多端，本書呈現的只是其曾戰鬥過的一面，疏漏之處尚請老同學見諒。是以，這本書所表白的時代觀點與歷史解讀基本上是我個人的，其中的是非對錯自然是我個人要來負責。此外，書中人物除了少數因各種因素姑隱其名之外，大部分是真實姓名[2]。

這本書的完成非我一人之力，首先感謝的當然是現身書中的諸位老友，感謝他們與我一起走過這段歷史，也感謝他們大方地成爲我書中的角色，無以回報，僅將此書獻給他們。作者也感謝讀過初稿二稿乃至三稿，提供很多寶貴意見、資料與圖片的朋友，沒有他們的回饋、批評與鼓勵，這本書不可能有如今之面貌。而與我相遇於那火熱年代，並一起走過這三十年歲月的宛文，幾年來容忍我如此不務正業，更是我特別感激的。

（民國 90 年 10 月 28 日）

2　這本書裡使用隱名的包括張文清、季小蘭、郭耀楠、邱武義、熊教授等人。

跋

青春歌聲裏的低調

錢永祥

鄭鴻生兄將我們少年時代共同渡過的一段經歷寫成了文字，並且邀請我攀附書後，發表一些感想。本書的內容雖然屬於嚴肅的歷史－實踐反思，不過書中難免涉及那些慘綠歲月的一些舊事、私事，其中不堪回首者居多。而佔用公共場所曝曬「嬰兒時代的鞋子」(或者其他本應屬於私人、私室的事務)，更令我覺得失措而尷尬。可是鴻生容許我在他的故事之後續貂，於我乃是三十幾年共迎風雨、相濡以沫所換來的莫大榮幸，我不能不鄭重其事。鄭重之道，莫過於不要打擾他敘事的思路蜿蜒和情緒起伏，而是設法自行提供一個「入戲觀眾」的若干思考，說說我在年過半百之後，是如何理解、感嘆那段經歷的。

其實，三十幾年以來，我對於自己成長的那些年頭、那些人與事，不敢回首之外始終也有難捨的眷戀——那是一群活得認真的朋友、一個自信不平凡的時代、一段豐富而狼狽的經歷。眷戀之餘，自然也思索過其間的「意義」，尤其是超乎個人而較爲客觀層面的意義。這樣做，勢必需要將個人的經歷聯繫到歷史、聯繫到自己當時身處的時代與社會脈絡。可是每每我會發現，自己的回憶與今天台灣社會所提供的歷史記憶有些枘鑿。無庸諱言，我們一批老朋友，與當前台灣的主流意識形態是有相當距離的。不過我本以為，與自己社會的「主流民意」維持一段距離，乃是知識份子的本分，並不足以為奇。可是一旦距離居然造成了極為不同的歷史回憶，便構成了一個有著相當反思餘地與個人興趣的問題，值得作為反省的出發點。

在今天，提到解嚴之前的台灣，流行說詞好用「威權壓制」與「爭取民主」之類的二元字眼撐起一套架構，敘述其間的種種。這套故事有一種更為簡化的版本，甚至認為台灣的反對意識、反對運動的歷史，可以總結為國民黨與黨外（民進黨）、或者外來政權與本土意識的衝突史。一旦在內容上如此簡化，則時間上也必須截流。於是美麗島事件雖然不能不供奉在開紀元的地位，畢竟屬於史前時代；真正正統、體面的歷史，還是要從 1980 年代後期起算，也就是要從本土論述成熟，民進黨和李登輝（以及無數攀附在周遭的青年、中年、老年「本土派」）出場之後，台灣才算有了值得承認的民主反對運動。至於美麗島事件之前的幾十年、以及著眼點超越本土的其他反對論述，恐怕就要到侏羅紀公園去尋找遺跡了。

這類「搶」歷史的景觀，說來有趣而並不令人意外。偶而見到解嚴之後才撥冗露臉的反對派學者，在公開場合暢談他們心目中的反對理念，我總是難禁同為芻狗的同情之感。我深知，歷史是要今用的，而使用權當然首先屬於今天的強者、得勢者、勝利者。他們佔有歷史的方式，自有他們的考量和理路。身非歷史學者，我從來不覺得有側耳彎腰喋喋爭論的必要。

可是從比較嚴肅的倫理－政治角度來說，這種詮釋台灣的反對運動歷史的方式，由於忽略了「反對」這個概念一個很重要的面向，卻又不能不一爭。「反對」這個概念的庸俗化，比其他事物的庸俗化都更殘忍，因爲這代表對抗庸俗化的最後防線也告失守。在這個問題上，我有一點自己的想法。

「反對」何指？這個態度可以指受支配的「我們」設法推翻當權的「他們」、指企圖「取而代之」。不過反對還有一層意義不容一時潮流侵蝕淹沒，那就不僅是在兩個集團之間的相對權力位置上著眼，而是追問反對者與當權者之間是否代表著迥異的價值取向？二者所呈現的價值理想，究竟應該如何比較與定位？在甚麼意義上，反對者的價值理想，代表著社會趨於公道和人心稍形寬厚與敏感的可能性？反對者的理想，是否可以讓更多的人——無論他們有沒有勢力——活得更像人？顯然，這種意義下的反對，關心的首要不是誰在統治、統治得好不好，而是當前的體制、價值觀違逆了甚麼重要、基本的做人道理[1]，結果令一些人遭受踐踏和侮辱，讓社會生活的方式扭曲而人性必須變態，令殘忍、趨附、冷漠和作戲成爲司空見慣。對這種反對立場來說，統治者與統治方式不是不重要，可是反對他們的理由，需要由關於社會價值的陳述與堅持來提供內容。反對也不是對人無所認同，不過被壓迫者之所以需要同情

---

1 「基本的做人道理」一詞其來有自，在鴻生這本頗有同學錄意義的書裡正好留下記錄。1980年代我讀到歐威爾(George Orwell)用common decency一詞形容社會主義的理想，不知如何翻譯，黃道琳('Habei')一本他的奇才，應詢隨口告訴我當如此翻譯。道琳與我的學誼起自高中、酒誼起自大學、然後一起受驚、而後又參商多年，萍聚之時總能作多聞之友，在此不能不記一筆。

和解放，不是因爲他們具有某種選民式的特殊品質或者身分，而是因爲體制在他們身上所造成的剝奪與痛苦，不是價值的普遍性要求所能容忍的。「取而代之式」的反對，乃是政治人物和政治勢力的責任。「價值衝突式」的反對，則是每個有實踐自覺的人都應該關心的問題。取消了價值衝突，代表受苦者註定瘖啞、代表超越現狀的可能性已經熄滅，從而改變與進步也就不再是人們心裡的嚮往和動力。這種情況之下，政治式的反抗也就不免是純粹的權力遊戲，當事者樂在其中，對外人卻不會有太大意思。

回到台灣，流行的「威權／民主」提法，當然不是沒有價值的自覺、對比與堅持；畢竟，民主——無論你如何理解——並不是一個在價值上中立的概念。它預設了每一個個人的道德平等與決定一己生活方式的平等權利，以及這兩項價值的許多嚴峻要求。可是這種價值涵蘊，隨著台灣環境的特殊性，卻始終沒有得到經營開展。民主淪爲一些形式主義的口號、一些膚淺的立場認定。在政治行動全無可能的年代，既然缺乏行動的機會，儀式性地重複這類口號或許有它的一定意義。可是到了局面開放，政治實踐有其可能的時候，由於蒼白貧血的民主概念無力抗拒政治勢力的挾持，考驗就臨頭了。

在黨外運動出現之前，台灣不是沒有個人或者團體有意識地採取反對的態度，並且付出可觀的代價。一系列刊物以及背後的同仁組合，在那個年代就是反對行動的上限了。這些刊物以及言論，均有相當明確的針對性，那就是企圖鬆動國民黨的控制，爲台灣培養出一種較爲自主、開放、講理、踏實的社會雛形和文化取向。在這方面，我個人對這些先行者的勇氣和視野，一向相當尊敬。

可是讓我們正視台灣環境的特色。從 1950 年代以降，台灣的公共文化、台灣人的集體意識，便一直相當貧瘠破碎。一個明顯的事實是，由於統治者的更迭和鎮壓、國際冷戰大環境作祟、以及黨國引導從封建地主體制向資本主義快速蛻變的結構性原因，台灣不容易見到較成體系的公共價值論述。在台灣，保守者沒有自信，無能發展出以菁英的穩定傳承爲取向的公共價值，於是傾向於小市民化（中產階級的意識形態）；自由派缺乏由社會鬥爭所激盪出來的價值自覺，不識個人尊嚴這項要求的激進涵蘊，於是僅能以符號式的反威權自恃（知識分子的意識形態）；而受壓迫者找不到明確、具體的正義概念作爲自衛屏障，所以社會意識往往被迫求助於各種反現代導向的族群主義、以及對「民間」這個反動意味濃烈的領域的崇拜（社會運動者的意識形態）。換言之，幾種較有可能經營出一套社會理想的基本價值，在台灣都沒有發展、深化的內在動力。這種情況之下，反對者往往只能仰仗個人的道德資源、道德感受。可是，個人豈真有能力展開一個道德世界？從這種緊張、素樸的資源所衍生出來的反對姿勢，表達對於當政者的不屑態度可以，卻沒有辦法構成更新政治、社會、與文化的系統論述；對於社會上許多感到挫折與壓抑的人們刺激有餘，卻不會發出持久的感動、鼓舞力量。台灣人的政治言行，不時會流露出幾許流氣、痞氣（黨國領導人、政治人物、學者、新聞記者都不例外），原因或許即在於他們始終找不到一套具有道德意義的語言，足以將長期的挫敗感昇華成歷史的進步故事？

大環境使然，莫怪乎台灣在以多數族群爲名掃除威權體制以後，「反對」僅剩下「反對國民黨」的意思，而反對的理據也會萎縮到「台灣意識」的底線本能。在這個論述界域裏，價值理想——無論保守、自由、或公義取向的——居於從屬、邊陲的位置。有人會說，自決、認同、乃至於對於自己土地和「鄉親」的歸屬感，爲甚麼不算是價值？我的答覆很簡單、但是也實在很沈重：這些訴求都是個人的權利，不容剝奪；可是訴求的權利並不涵蘊訴求內容的價值。這些概念太簡單、太單薄、太保守、太具有欺罔性了，不僅無足以暴露本土／民間生活裏頭的多重壓迫實相、無足以分辨頭上支配者的統治方式是否合理，更無足以支撐起一套關於整個社會的合作應該如何進行的理想遠景和制度思考[2]。在一套泥沙俱下而價值意識扁平的「本土」意識籠罩之下，反對不免淪爲「取而代之」，而民主也就流爲政治動員的操作技術。這時候，憲政體制的原則、社會整合的途徑、公共政策的利害、公共議題的先後選擇等等，由於找不到一套說得出是或者非、對還是錯的標準，也就很難在價值理念的引導之下展開公共討論。

把台灣在世紀之交的荒蕪景象，歸因到反對者的價值意識

---

2 要透視「本土」這個概念的欺罔性格，一個很有啓發性的切入角度，就是拿它和1970年代鄉土文學論戰中的「鄉土」概念做對比。這兩個概念看起來相像，其實它們不僅問題意識迥異，預設的價值迥異，對立面迥異，使用者在社會、經濟、政治上的身分和位置迥異，自許的使命迥異，連所指的「土」，當然也不是同一回事。從鄉土到本土的論述轉變，乃是台灣思想史裏面必須澄清的一個關鍵問題，可是討論者好像還不算多。請讀者參見林載爵，〈本土之前的鄉土〉，《讀書》260期（北京：2000年11月），頁3-11。

之貧乏，論者或會譏以爲是筆者個人的乖僻成見。不過即使如此，我仍必須在此強調這個問題的重要性。往者已矣，新一代的實踐者若要擺脫陳年窠臼的糾纏，將不得不面對這個問題。而鴻生這本書，由於生動敘述的正是這個問題在三十餘年前的雛形預演，將會有助於重新開啓這方面的思索和討論，迫使年輕一代中仍以反對的可能性爲念的人，三思自己的承諾究竟何在。

…

話說回來，我們少年時代的焦躁、憤怒、徬徨、狼狽，又何嘗不是上述價值貧瘠情境的產物？機緣使然，我們當年從多個方面接觸到了一些揭發性質的批判，啓發了我們對於現狀的不安、懷疑、甚至抗拒。這一方面，我們一圈朋友與零星散佈在各地的不少同一代人並無二致。可是在這種「不滿現狀」的情緒加溫之餘，出路卻無處可尋。現狀必須對抗，可是要用甚麼理想來對抗它？環顧四周，我們找不到思想上的投身之處。

不過，除了這種對於台灣現實的一般性的不滿之外，1960年代末與1970年代初，我們周遭還存在著一些當日台灣比較陌生的思想趨向。這類思想角度，最後在台灣煙消雲散，沒有留下堪爲悼念的遺跡。可是藉著它們的啓發，「反對」這個概念，卻有可能——雖然到今天爲止，仍然僅屬於封閉在琥珀中的可能——呈現出較爲豐富的內容。

從今天的回憶重建當年這些零散的思想氛圍，許多細節已經模糊了。不過在那個年代，歷史的大局面處處反映著這些思想趨向。我指的，在島外就是中國的無產階級文化大革命、和西方由反越戰所引發的學生運動；在島內，則是一圈又一圈或可泛稱爲「現代主義」的哲學、思想、文化騷動。這些事件如何交錯作用、直接間接地進入那一代人的意識而發酵，必須列爲台灣思想史研究的專題，才能整理出其間頭緒。舉例而言，島外的事件，會與陳映真的文學評論交互發生作用，而現代派的圈子裏，則可以見到邏輯實徵論與沙特式存在主義的成份並存。不過，混亂歸混亂，今天回顧起來，1960-1970年代之交的整個思想氛圍，包括西方學運、中國的文革、以及台灣內部的思想取向，確實可能讓「反對」這個概念，取得一些特殊的形貌。這番轉折，在西方近代歷史上並不是第一次出現，不過即使對於戰後到冷戰年代的西方社會意識而言，1960、1970 年代的浪濤也不能不算是新生事物。

在這個憶舊的場合，我並不覺得有資格對這個「反對」的新概念有所論述。不過，若是能設法指出當年感動過我們的是甚麼，那麼鴻生書裏描繪的許多情緒和衝動，以及迄今我們還在悼念、嚮往的是甚麼，也會變得較爲容易索解。讓我試著從回憶裏的點滴整理出一些線索吧。首先，那是一種認知有人在欺侮別人、並且願意向被欺侮者認同的反對：所有的社會科學都企圖抹煞人間的這個基本事實，所有的規範性理論都企圖開脫你面對這個事實時的責任，可是新的反對概念，在試圖顛覆當日的社會理論與規範理論之餘，正好要問體制爲甚麼系統地造成這項事實。其次，那是一種國際主義式的反對：國家／國族是一個統治／動員的單位，卻不是一個支配與反對支配的單位；如果支配者的運作正以區域、以全球爲範圍進行；如果被欺侮者的苦痛並不因國界線而有不同的道德份量，你怎麼會僅以一國作爲實踐思考的範疇？第三，那是一種必須取社會議題作爲論述著眼點的反對：如果壓迫主要寄身在各種社會關係上，如果財產、出身、學歷、職業、性別、族群、膚色在在決定著你能欺侮人還是被人欺侮，你怎麼會只以政黨政治爲念？第四，那是一種牽涉到文化與價值的反對：如果體制安排好了各種欺侮與被欺侮的系統位置，而整個體制又需要特定的價值觀來加以正當化，你怎麼能不將問題擴展到文化與價值的領域去？第五，那是一種以普遍價值爲訴求的反對：局限於第一人稱——無論單數抑複數——的訴求，不可能取得充足的道德保證、也不會以平等的關懷與尊重爲不容逾越的最高原則。爲著第一人稱的主體而發動的反對，當然只能是取而代之式的反對。

這份清單有意地漏掉了幾個重要思路（例如國家作爲壓迫機器的概念、例如第三世界的概念、例如情欲解放的概念），清單的內容也難免事後聰明之譏。不過我相信，若是這些基本的方向有機會匯流，形成較爲具體的反對意識，這種反對的著眼點會比較深廣、比較全面，它的價值意識會比較清爽，所以它的懷疑取向也就比較強：它確實比較「激進」，對現狀的警惕、抗拒也較爲徹底。某個意義上，整個 1960 年代世界的騷擾動盪，可以看作這樣一套反對意識的難產過程。最後，它不幸胎死腹中，不過還是遺留下來了一些猶有發展可能的理想。說來值得注意：近代世界見過的革命雖然難以計數，可是對於甚麼叫做「反對」，卻仍然需要由一代又一代有實踐自覺的人持續摸索[3]。

無論如何，這種對於「反對」比較複雜、深入的理解，在台灣更找不到土壤去紮根生長。除了大家可以想像的外緣原因之外，當時台灣文化的貧瘠自然是首要的理由。我們一些學生雖然有所感動，可是完全沒有思想的資源與能力去將感動化爲觀點。學界正在嶄露頭角的一代新秀，行將開始領導台灣「自由派」風騷垂 20 年，卻一心套用美國式社會科學和冷戰式的價值觀去「革新保台」，對這些造反式的東西嗤之以鼻猶不及，自然無所感受。而校園中的一些獨派同輩，則對這套「左」味撲鼻的東西忌之如蛇蠍，不惜協同國民黨份子扣以紅帽子。鴻生書裏仔細地分析了這段令人傷感而扼腕的故事，讀者可以參照。

可是，多年來觀察周遭不少自詡居於反抗位置的人，我不

3 摸索當然有難有易，隨時勢有異。我自己通常不太願意稱呼 1970 年代初的保釣運動為「學生運動」，因為運動裏的愛國主義、民族主義成份與其他訴求並沒有機會區分清楚，而釣運相應於 1970 年代初期世界局勢的深一層訴求，也無法明火執仗地拿出來討論。不過比我們年輕許多的一輩學生精明早熟，也就比較沒有顧慮。對他們而言，1990 年的中正堂集會乃是道地的學生運動，並且及時地鑄造了「學運世代」一詞鞏固這場運動的人脈資產。不像遲鈍的前輩，這個世代便不需要在無助與迷惘之中摸索。對他們來說，世界（主要由台灣所組成）簡單極了：打倒國民黨保守勢力、配合李登輝、依附／接收民進黨，就構成了「反對」的大體。台灣本土民主運動發展至今，論述的深廣與議題的開拓，始終無法超越美麗島世代所曾達到的高度，除了要指責新一代領導人將政治操作化、技術化的傾向之外，部分也要歸咎於 1980 年代校園自由派教授的保守自滿、以及在他們的影響之下，這個學運世代的視野太過簡單。好在這批教授已經開始退場，而學運世代中的一部分人，也勢必會開始整理他們自己的《青春之歌》。

能不說，當年偶然感受到的那星星點點思想啓發，確實相當獨特。這種獨特的影響有甚麼具體結果，我尚不敢有結論。畢竟，我們當年對這些獨特的傾向並沒有清醒的自覺，日後的經營發展也成事不足。其實，這套看事情的方式，需要對於具有相當普遍性的、堅實豐厚的人性理念與社會價值有所認定，而這種認定更需要一套立足於社會史的反對傳統來滋潤和維繫。這些，卻都是當年乃至於今天的台灣所付諸闕如的。換言之，我們接觸到了一種思考的角度，在切身環境裏卻找不到任何實質內容放進去。這套思考方式提醒我們從事追求，環境卻只容許滋生懷疑。誠實地說，懷疑與追求豈是容易結合的？這中間的掙扎與撕扯要能夠妥當地處理，在理知與道德兩方面都需要極大的能量。這樣的處境，對幾個小青年，造成了莫大的難題。到今天我都在好奇，靠甚麼機緣庇佑，我們居然沒有在這片泥沼裏沒頂？

▪ ▪ ▪

這次，爲了要替鴻生的書寫這篇小文章，我靜氣平心，試著追想當年的情景與氣氛。爲了靈感，我趁便翻讀一些當年曾經感動過我的書——陳映真、殷海光、鄭學稼、還有其他一些人。結果，還是屠格涅夫——這位早時好幾代人著迷過的舊俄作家——最令我重新感受到當年的困局，特別是他在 1860 年發表的〈哈姆雷特與堂吉訶德〉[4] 一文。我清楚記得，當年曾經

4 張捷譯，收在劉碩良主編，《屠格涅夫全集》（石家莊：河北教育出版社，2000 年第二版），第 11 卷，頁 180-200。

想到過、談到過、甚至於自詰過一個問題：「若是哈姆雷特想當堂吉訶德，會是甚麼結局？」讀者千萬不要誤以爲我們如何博學深思，會想到這麼有學問、這麼做作的問題。其實當年我不曾見過這篇文章；回想起來，多半是在某一本談論屠格涅夫的書裡瞥到了這個題目（我估計是鄭學稼所寫或譯的某一本書），於是在極爲真實、切膚的感受啓發之下，抓住了這個對比的意象。當年的我們，豈不正是渴望擁有堂吉訶德般的果決鬥志，去向邪惡的風車挑戰，卻偏偏如哈姆雷特一般，由於缺乏信仰所帶來的力量，連風車代表什麼都還要再三、再四琢磨？這兩個典型的對襯，豈不正代表著行動與猶豫、信仰與懷疑的對立嗎？

到我真正讀過了屠格涅夫的文章，才發現問題比我想像的要複雜。他筆下的哈姆雷特，以懷疑多思爲特色，故而沒有行動能力，也無法完成任何事業；對比之下，堂吉訶德具備毫不動搖的信念，故而有理想、敢犧牲、能追求。在這個部分，屠格涅夫大體只是在敘述通行的理解，無庸爭議。可是到了評價的時候，屠格涅夫中意堂吉訶德而排斥哈姆雷特，原因在於他所肯定的乃是革命者與戰士，認爲哪怕是瘋狂的信仰者，由於可以「推動人們前進」，也要強過猶豫遲疑的懷疑者。

這種評價，我今天很難同意。其實，看看屠格涅夫筆下怎麼處理幾位反對人物（《前夜》的英沙羅夫、《父與子》的巴扎羅夫、《羅亭》的羅亭）的性情與命運，你就會知道，他對於「反對」作爲實踐模式的看法相當曖昧、游移。他自己對於行動的理解，其實也一直在懷疑與追求之間時進時退[5]。今天我會強調，信仰不是來得容易的事，也通常不會「推動人們前進」。我反而比較會認同哈姆雷特的典型，特別是如屠格涅夫所細細說明的，這個典型所懷疑、所否定的，並不是「善」本身作為一種理想，而是善在這個時代裏的現身、實現，究竟能有多少「真實」和「真誠」。照我稍嫌犬儒精神的理解，「真實」和「真誠」之所以成為問題，倒不是因為某種浪漫主義意義下的本真已不復可求，而是因為在這個時代、在這個理想主義已經不能以正面形式出現的時空環境裏，誠實而不自欺欺人的人知道，能做的事情不是去實現善，而是警惕善的每一次現身都有欺罔的成份。在 1860 年、或者在 1968 年，據說信仰猶可望直通「善」、信仰者還說得出來「善」有甚麼實質內容。一旦那個理想主義的時代消逝，誠實的反對者有甚麼理由奢談「善」的現身？在這種現實條件之下，哈姆雷特的態度，豈不是僅存的反對態度嗎？它能排斥人工孵育出來的信仰，敢鄙視權勢所散佈的幻景，也杜絕了與現狀和好的誘惑。在我們這個時代，在這個充其量要在虛無、現實、和假信之間游移的環境裏，這才是真正的「反對」態度。1960、1970 年代的人多少識出了這一點，卻沒有弄清楚其中所涵蘊的反對實踐應該是怎麼一回事。於是有的人投身左派政權，多數人奔向無政府主義的盲動，盡興之後再回到主流社會安渡中、老年。今天回顧起來，我似乎稍微窺出了其中的一點頭緒。

5　這並不是我強做解人。有興趣的讀者，請參考自由主義者伯林(Isaiah Berlin)與站在他左邊的豪依(Irving Howe)的深入議論。

可惜我們當年不曉得這中間的複雜道理。我們時而陷入虛無與徬徨、時而企圖抓住甚麼堅固不移的磐石。外人會以爲這是青春期的陰晴發作，多少也是實情。不過，我相信那個時代的思想局面——世界的、台灣的，本土的、外在的——部分決定了我們的命運。這種命運，一如哈姆雷特的陰鬱、惱怒心情之無聊與無力，當然註定既不快樂、也成就不了甚麼事業。到今天，這個局面仍未改變，並且看起來也不會改變。

2001年9月寫於南港／汐止

文化叢刊

青春之歌：追憶1970年代台灣左翼青年的一段如火年華

2001年12月初版　　定價：新臺幣280元

著者　鄭鴻生
發行人　劉國瑞

出版者　聯經出版事業公司
臺北市忠孝東路四段555號
台北發行所地址：台北縣汐止市大同路一段367號
電話：(02)26418661
台北新生門市地址：台北市新生南路三段94號
電話：(02)23620308
台中門市地址：台中市健行路321號B1
台中分公司電話：(04)22312023
高雄辦事處地址：高雄市成功一路363號B1
電話：(07)2412802
郵政劃撥帳戶第0100559-3號
郵撥電話：26418662
印刷者　雷射彩色印刷公司

責任編輯　莊惠薰
校對　崔小茹
封面設計　在地研究

行政院新聞局出版事業登記證局版臺業字第0130號

本書如有缺頁，破損，倒裝請寄回發行所更換。
ISBN 957-08-2331-3(平裝)
聯經網址 http://www.udngroup.com.tw/linkingp
信箱 e-mail:linkingp@ms9.hinet.net

國家圖書館出版品預行編目資料

青春之歌：追憶1970年代台灣左翼青年的一段如火年華／鄭鴻生著．--初版．
--臺北市：聯經，2001年（民90）
336面；14.8×21公分．（文化叢刊）

ISBN 957-08-2331-3(平裝)

1.政治運動-台灣 2.政治迫害-台灣

576.29 90020594

聯經經典

●本書目定價若有調整，以再版新書版權頁上之定價爲準●

伊利亞圍城記	曹鴻昭譯	250
堂吉訶德(上、下)	楊絳譯	精500
		平400
憂鬱的熱帶	王志明譯	平380
追思錄一蘇格拉底的言行	鄺健行譯	精180
伊尼亞斯逃亡記	曹鴻昭譯	精330
		平250
追憶似水年華(7冊)	李恆基等譯	精2,800
大衛・考勃菲爾(上、下不分售)	思果譯	精700
聖誕歌聲	鄭永孝譯	150
奧德修斯返國記	曹鴻昭譯	200
追憶似水年華筆記本	聯經編輯部	180
柏拉圖理想國	侯健譯	280
通靈者之夢	李明輝譯	精230
		平150
道德底形上學之基礎	李明輝譯	精230
		平150
魔戒（一套共6冊）	張儷等譯	一套 1680
難解之緣	楊瑛美編譯	250
燈塔行	宋德明譯	250
哈姆雷特	孫大雨譯	380
奧賽羅	孫大雨譯	280
李爾王	孫大雨譯	380
馬克白	孫大雨譯	260
新伊索寓言	黃美惠譯	280
浪漫與沉思：俄國詩歌欣賞	歐茵西譯注	250
海鷗＆萬尼亞舅舅	陳兆麟譯注	200
哈姆雷	彭鏡禧譯注	280
浮士德博士	張靜二譯注	300

臺灣研究叢刊

●本書目定價若有調價，以再版新書版權頁上之定價為準●

臺灣早期歷史研究	曹永和著	精400
清代臺灣之鄉治	戴炎輝著	精480
臺灣的人口變遷與社會變遷	陳紹馨著	精420
臺灣農業發展的經濟分析	李登輝著	精300
光復前臺灣之工業化	張宗漢著	精220
臺灣土著民族的社會與文化	李亦園著	精450
臺灣民間信仰論集	劉枝萬著	精350
臺灣土著社會文化研究論文集	黃應貴主編	精480
日據時代臺灣之財政	黃通、張宗漢、李昌槿編	精150
臺灣歌仔戲的發展與變遷	曾永義著	精250
臺灣開發史研究	尹章義著	精480
臺灣鳥類研究開拓史	劉克襄著	精280
戰後臺灣農民價值取向的轉變	廖正宏、黃俊傑著	精280
臺灣土著文化研究	陳奇祿著	精450
清代臺灣社會經濟	王世慶著	精450
協力網絡與生活結構——台灣中小企業的社會經濟分析	陳介玄著	精350
貨幣網絡與生活結構	陳介玄著	精380
台灣地區開闢史料學術論文集	國學文獻館編	精550
台灣產業的社會學研究	陳介玄著	精550
茶、糖、樟腦業與臺灣之社會經濟變遷	林滿紅著	精350
台灣日治時期的法律改革	王泰升著	精500
頭家娘：台灣中小企業「頭家娘」的經濟活動與社會意義	高承恕著	精380 平280
荷據時代台灣史	楊彥杰著	平300
荷蘭人在福爾摩莎	程紹剛譯註	精550
臺灣早期歷史研究續集	曹永和著	精480

企業名著

●本書目定價若有調整，以再版新書版權頁上之定價爲準●

(2)非理性的時代	吳美真譯	180
(3)推銷高手講座	官如玉譯	180
(5)決策陷阱	張城生譯	180
(6)經濟學家眼中的世界	薛光濤、李華夏譯	280
(7)企業聯盟新戰略	梁炳球譯	150
(8)矽谷女傑	王家英譯	200
(9)揭開哈佛商學院的奧祕	張瓊玉譯	250
(10)豐田式品管	陳耀茂譯	200
(11)品管大師戴明博士	汪　益譯	250
(12)愛心與管理	胡家華譯	180
(13)日本的產業策略	劉仁傑著	250
(14)更上一層樓	梁炳球譯	120
(15)如何增進銷售技巧	樂以媛譯	170
(16)直效行銷術	梁英斌譯	280
(17)強勢推銷術	何灣嵐、張城生譯	180
(18)領導與整合	羅耀宗譯	180
(19)經營之奧秘	吳樹文譯	180
(20)顧客至上	彭淮棟譯	150
(21)日本企業革新與廿一世紀戰略	吳永寬等譯	230
(22)日本企業的兩岸投資策略	劉仁傑著	250
(23)吸引顧客的店	雷吉甫譯	250
(24)吸引女性顧客的店	葉珠娟譯	180
(25)旁觀者：杜拉克回憶錄	廖月娟譯	380
(26)哈佛商學院親歷記	唐慶華譯	200
(27)商業流程的再造	雷吉甫譯	160
(28)生活的經濟學	蓋瑞・貝克著	360
(29)非常訊號：如何做好企業績效評估	勤業管理顧問公司譯	280
(30)不確定年代的專案管理	信懷南著	280
(31)如何利用Internet行銷	張文慧著	200
(32)變動法則	樂為良譯	160
(33)創意合作	黃裕美譯	270
(34)超越競爭	陳綉玲譯	290
(35)NPS新生產技術的魅力	許文治著	280
(36)專案管理	王慶富著	280
(37)國家創新系統與競爭力	徐作聖著	280
(38)公司併購教戰守則	林進富著	250
(39)總經理的新衣	葉匡時著	220

(40)總經理的內衣	葉匡時著	250
(41)柔性行銷：由內而外的經營管理藝術	徐木蘭著	180
(42)資訊時代的商業謬論	石俊峰著	170
(43)辦公室管理	中華民國專業秘書協會編著	180
(44)跨世紀台灣企業風暴	戴安・英曼著	250
(45)推銷員成交策略	李振昌譯	350
(46)經營的實學：會計與經營	林振輝譯	220
(47)MBA完全攻略：MIT、哈佛學生的實戰經驗	方英 等著	220
(48)WOW：台灣企業成為世界贏家之道	戴安・英曼著	220
(49)企業核心競爭力	戴安・英曼著	220
(50)聰明老闆，教一招吧	行政院青輔會經濟日報企畫	180
(51)知識管理：策略與實務	伍忠賢、王建彬著	380
(52)組織學習能力	劉復苓譯	250
(53)未來焦點：21家明星企業的制勝策略	劉復苓譯	380
(54)50位頂尖CEO的領袖特質	鄒應瑗譯	380

全球視野系列

●本書目定價若有調整，以再版新書版權頁上之定價爲準●

(1)無國界的世界	黃柏棋譯	200
(2)日本改造計畫	陳世昌譯	250
(3)投入國際金融世界	蔡慧玲、江東峰譯	200
(4)全球族	賈士蘅譯	250
(5)兩種資本主義之戰	莊武英譯	200
(6)亞洲新世紀發展構圖	黃綵璋譯	280
(7)地球祖國	馬勝利譯	200
(8)贏得全世界	沈中華等譯	250
(9)文明衝突與世界秩序的重建	黃裕美譯	380
(10)全球資本主義危機	聯合報編譯組譯	280
(11)錯誤的決策思考	鄭明萱譯	250
(12)第三條路：社會民主的更新	鄭戈譯	200
(13)未來十年好光景	余友梅等譯	250
(14)人類演化的未來	王晶譯	280
(15)聖嬰與文明興衰	董更生譯	280
(16)櫻花之春：日本的新未來	孫蓉萍譯	250
(17)新君王論	李振昌譯	250
(18)中美交鋒	聯合報編譯組譯	280
(19)二十世紀之旅	董更生譯	350
(20)四倍數：資源使用減半，人民福祉加倍	吳信如譯	380
(21)了解全球化：凌志汽車與橄欖樹	蔡繼光等譯	380
(22)未來市場九大震撼：震撼未來金融市場的九種經濟與社會變動及其因應對策	劉復苓譯	350
(23)老年潮	王晶譯	280
(24)咖啡萬歲	韓懷宗譯	380
(25)蝴蝶效應經濟學	李華夏譯	280
(26)迎接WTO時代	華英惠著	220
(27)虛擬國家：新世紀的財富與權力	李振昌譯	280
(28)知識的戰爭	吳書榆譯	280
(29)生物科技大商機	嚴麗娟譯	280
(30)中國區域經濟發展	耿慶武著	550
(31)開放社會：全球資本主義大革新	柯雷校譯	350

生活視窗系列

●本書目定價若有調整，以再版新書版權頁上之定價為準●

(1)時裝・性・男女	楊慧中等譯	180
(2)三原色：藍、黃、紅	冷步梅譯	220
(3)美感經驗	陳長華著	150
(4)人性八惡	廖月娟等譯	160
(5)喝杯下午茶	孟樊著	150
(6)拆穿男人的謊言	邱彰著	160
(7)實用芳香療法	施沛琳著	180
(8)IQ父母EQ子女	沈怡著	180
(9)漂亮髮型自己做	紅造型製作	280
(10)我有辦法	蔣大中著	250
(11)放慢生活的步調	莊安祺譯	220
(12)後現代絕症	簡捷著	200
(13)兩個女孩的天堂	台北海外和平服務團	150
(14)愛情的危機處理	林仁和著	220
(15)創造你希望的愛情	沈怡著	180
(16)人人是英雄	羅效德譯	180
(17)雙腦革命	邱紫穎譯	290
(18)哭泣的結婚證書	孫藝庭著	200
(19)台灣生死書：婚喪習俗及法律知識	劉俊麟著	250
(20)生活中的修行	陳履安口述 劉洪順整理	160
(21)愛在飢餓蔓延時：台灣世界展望會救援紀事	台灣世界展望會編著	200
(22)你的個性	羅效德譯	200
(23)天天容光煥發：女性輕鬆減壓秘招	林香君著	200
(24)消除生活壓力的禪	羅若萍譯	250
(25)顏色密碼：從顏色看性格	魏易熙譯	300
(26)傻人的愛，給狗	鄭　瑩著	220
(27)如來的小百合	伶　姬著	250
(28)聽心說話	釋心道著	220
(29)SQ：心靈智商	邱莞慧譯	280
(30)生命的意義	莊安祺譯	250
(31)他比總統先到	馮寄台著	220
(32)禪證	梁丹丰等講述	160
(33)人生經營	聖嚴法師等講述	150
(34)情緒的12堂課	張瀞文著	250
(35)愛情劊子手	呂健忠譯	250